河出文庫

四天王寺の鷹

謎の秦氏と物部氏を追って

谷川健一

河出書房新社

四天王寺の鷹

謎の秦氏と物部氏を追って

◉

目次

序章　物語の発端　13
第1節　白鷹の舞う空　14
啄木鳥の襲来　鷹の伝承　守鳥とは何か
鷹と鷲　白鷹と鵲
第2節　四天王寺の三つの謎　26
俊徳道　天王寺の妖霊星　守屋祠
破賊を祀る　守屋祠のもう一人の祭神　公人長者
第I章　豊前の鷹　41
第3節　彦山・香春・宇佐　42
彦山の鷹　香春の鷹　鍛冶翁と金色の鷹
鷹の巣地名と鉱山
第4節　弥勒浄土　56
新羅仏教の流入　弥勒仙花　太陽の洞窟・隧穴

秦氏の弥勒信仰　広隆寺と四天王寺　秦氏と天寿国曼荼羅
狛坂の磨崖仏

第5節　**豊前の秦氏王国**　72
豊国直菟名手　薦神社の三角池　豊前秦氏の分布
秦王国の中心は香春　香春の呼称　豊国奇巫と豊国法師
桑原村主訶都

第6節　**香春岳の神々**　89
香春岳の鉱物　日置氏の役割
辛国息長大姫大目命　現人神社

第7節　**白鳥と鷹**　98
高句麗壁画の白鳥と鍛冶神　たましひの鳥
山辺大鶙と白鳥　鳥取氏と鷹巣山

第8節　**二つの常世の衝突**　107
赤染氏はなぜ常世連か　富士河の常世虫騒動
仙境への憧憬　長屋王の最期

第9節　宇佐辛嶋氏の足跡　122
宇佐八幡神の特異性　稲積山から宇佐盆地へ
宇佐宮の北辰殿　妙見信仰と鉱山
第10節　与曾女と清麻呂の対決　142
僧形八幡神の出現　豊前守清麻呂の復讐
清麻呂の人物像
第Ⅱ章　良弁とは誰ぞ　169
第11節　諸国献上の鉱物　170
金青と良弁　金丹の製法　硫黄の効用
金青の正体　金勝と金青
第12節　鷲にさらわれた子　180
不明の前半生　金粛・金鷲・金鐘と良弁は別人説
金鷲・金鐘と良弁は同一人説　金粛と良弁は同一人説

第13節　山林修行の優婆塞　188
春日奥山と笠置山　良弁と実忠　金鐘行者と辛国行者
優婆塞の実学　山伏と薬草　優婆塞の台頭
第14節　仏都紫香楽宮　201
甲賀寺址　信楽の杣山　燃ゆ
第15節　西海の銅　210
長登銅山
第16節　大仏塗金の実相　217
百済王敬福の策謀　良弁と八幡宮との取引き
新羅の大使節団
第17節　山河漂浪の民　233
甲賀の杣山　飛驒匠と木地屋　近江の秦氏と木地屋
木地屋と鉱山　筏師と川狩人夫　水草を逐って
北杣と南杣

第Ⅲ章　秦姓の舞　257

第18節　秦氏の活動　258
秦氏の展開　智識寺と弓束女
茨田堤と茨田勝　播磨の法隆寺領と秦氏

第19節　秦河勝の命運　272
河勝の亡命地　サクは裂くこと
蹴裂伝説

第20節　猿楽　諸座の名称　279
秦河勝影向の地　榎葉井から円満井へ　秦楽寺と楽戸
アジマという地名　ミマジという名　サカトの名

第21節　四天王寺の舞楽　305
滑稽・猥雑な所作　採桑老の舞
四天王寺楽人と大和猿楽者　三方楽人

第Ⅳ章　永奴婢の末裔　319
第22節　守屋の敗死後の四天王寺　320
馬子の妻　物部戦争の実態　秦氏と白膠木
廐戸皇子に花郎の面影　丙子椒林剣と七星剣
玉造の原四天王寺　秦氏の版築技術　難波吉士について
「日本書紀」の守屋の所領　御手印縁起の地名　公人の苗字と地名
調子丸　敗者のゆくえ
終　章　聖霊会と公人長者　377
聖霊会の光景
あとがき　385
主要索引　399
解説　谷川金属民俗学の掉尾　前田速夫　400

四天王寺の鷹

謎の秦氏と物部氏を追って

塔の上に残るひかりハはし鷹の雲よりかよふ跡ぞうれしき

慈円

序章　物語の発端

第1節　白鷹の舞う空

啄木鳥の襲来

難波の四天王寺に伝わる奇怪な伝承がある。四天王寺の堂塔は、合戦で敗死した物部《もののべ》守屋《もりや》の怨魂が悪禽となって来襲し、そのために多大の損傷を受けるという被害に悩まされた。そこで聖徳太子が白い鷹になって、悪鳥を追い払うことになったという話である。

四天王寺に悪禽がしばしば現われて、人心を動揺させるという話は諸書にある。法隆寺に伝わる「聖皇曼荼羅図《しょうこうまんだらず》」は建長六年（一二五四）南都絵師尭尊の筆になり、鎌倉時代の太子信仰を平易に図示したもので、調子麻呂の子孫と称する法隆寺の僧顕真が制作に大きく関与していたとされるが、それには、れっきとした白鷹の姿が描かれている。「古今目録抄」（「聖徳太子伝私記」・「聖徳太子伝古今目録抄」ともいう）は顕真による法隆寺の記録や聖徳太子伝の秘伝の集大成で、十三世紀の前半の一二三八年に書かれたものであるが、それには悪禽は、啄木鳥（鴷《きつつき》）である、と記されている。啄木鳥は和名をテラツツキと呼ぶ。テラツツキの呼称は「梁塵秘抄」や「日葡辞書」にも記されている。

テラはケラの訛であり、ケラは赤ゲラ、青ゲラ、コゲラのゲラである。ということからケラツツキがテラツツキと訛ったのであるが、四天王寺の伝承に絡めてみると、テラツツキの名も、四天王寺のさきの伝承から生まれたと思われ、いみじくも奇妙な因縁を感じないわけにはいかない。

「源平盛衰記」には「守屋啄木鳥となること」の一条がある。それによると、

昔聖徳太子の御時、守屋は仏法を背き、太子はこれを興し給ふ。互に軍を起ししかども、守屋遂に討たれけり。太子仏法最初の天王寺を建立し給ひたりけるに、守屋が怨霊、彼の伽藍を滅さんが為に、数千万羽の啄木鳥となりて、堂舎をつつき亡さんとしけるに、太子は鷹と変じて、かれを降伏し給ひけり。されば今の世までも、天王寺には啄木鳥の来る事なしといへり。昔も今も怨霊はおそろしき事なり

とある。これで見ると啄木鳥の災はなくなったようであるが、その後も聖徳太子の化身である白鷹は警戒を怠たることがなかったのである。

「和漢三才図会」には啄木鳥をテラツツキと称するのは、

昔初めて玉造りに天王寺を建つる時に、此の鳥群り来て寺の軒を啄き損ず。故に寺啄と名づく。守屋の怨霊、災を為すとの謂なり（巻四十三　林禽類）

とある。また同書の「荒陵《あらはか》山四天王寺」の項に、

天王寺は、初め玉造の岸の上に建つ。海波岸を壊《くづ》し、悪禽来たりあつまりて仏閣をつつき損ふ。是れ乃ち守屋の大臣の怨念か。その禽は啄木鳥《てらつつき》なり。（今に寺啄と名づく）五年後推古帝元年に至りて荒陵山の東に移す

とある。これで見ると、守屋の執念はすでに四天王寺が玉造にあったときから問題であったのである。

守屋の怨霊が悪禽となって来襲したことは平安時代中期に作られた「聖徳太子伝暦」（伝暦と略称）にもある。それには「逆臣の悪禽しばしば現われ、人心を揺動し迷乱し、横しまに凶情をさしはさみ、田地を掠め取り、寺塔を滅破す。是ただ守屋の変現のみ」とある。守屋が早くから悪禽となって、害を及ぼし、堂塔を破壊するという伝承のあったことが証される一文である。

「古今目録抄」にも、

太子宣りたまはく我と守屋とは、生々世々の怨敵、世々生々の恩者なり。影の形に随ふごとく、すでに五百生を過ぐ。太子守屋共に大権の菩薩なり。仏法を弘めんとしてかくの如く示現す。守屋は鴷《きつつき》といふ鳥となり、仏法を障ぐと云ふ。太子は鷹といふ鳥となり、鴷を払ふと云ふ。この密語実なり。今も寺に異相あるの時、此の鷹来り、あるいは、御塔上、あるいは金堂上に居り、あるいは講堂の長押に夜々宿すると云ふ。これ言語道断不可思議の勝事なり。寺住の人、一度に非ず、二度ならず、悉くこれを見るといふ

とある。ここでは太子と守屋は敵対しているようでありながら、むしろ一体感を強調している。

四天王寺に異相のあるとき白鷹が出現するという伝承は、十三世紀の後半、いな江戸中期の元禄の頃まで、伝えられていた。

鷹の伝承

鎌倉中期の僧で北条時頼からも篤く信頼された叡尊には、自伝ともいうべき「金剛仏子叡尊感身学正記」が残されている。その中に次の記載が見られる。

弘安七年（一二八四）四天王寺の仏舎利がながく見えなくなった。これは天下の恠異

であるというので、戒律を正さねばならぬということになり、西大寺の僧叡尊を四天王寺の別当に任じた。叡尊は固辞したが、帝命とあってやっと承諾、弘安八年に四天王寺の別当となった。四月八日になって舎利の袋を受けとり、呪願を唱えたところ、たちまち三粒の舎利が出てきたという。そのときのことを「金剛仏子叡尊感身学正記」は次のように記している。

時に鷹現われ瑞雲簷《のき》に聳ゆ（原漢文）

仏舎利出現を祝して、鷹が現われ、めでたい雲が建物の上にそびえたというのである。おなじく叡尊の生涯を記したものに、元禄年間に編集された「西大勅諡《おく》興正菩薩行実年譜」がある。叡尊は九十歳で寂したが、死後勅命で興正菩薩の号を諡られている。この書は「金剛仏子叡尊感身学正記」を骨子としているが、他の史料も活用している。なんと云っても後代の編集であるから「感身学正記」ほど正確とは云い切れない点もわずかに見られる。「興正菩薩行実年譜」から、さきにあげた「感身学正記」の仏舎利出現の箇所を開いて見る。

金堂舎利去る七月（註、前年の七月）よりその所在を失う。合山の僧衆大いに憂悩することをはじめて聞く。菩薩（註、叡尊）壇を飾り、懇禱、舎利たちまち現われ、光明殿を照す。時に瑞雲軒を繞り、白鷹空を翔けるの祥、菩薩よろこび望外に出づ。
僧侶一千五百人に、舎利会を開かしむ（原漢文）

「感身学正記」を手本にして「興正菩薩行実年譜」は書かれたと思われるが、「感身学正記」では「鷹が現われた」というところを、「白鷹が空をかけった」となっている点がちがっている。鷹より白鷹というほうが四天王寺の伝承として正確である。

辻善之助は、「感身学正記」の中で、ただ一ヶ所、弘安八年天王寺の仏舎利を見るところに、弟子の書いたらしい事がある、これはおそらく竄入《ざんにゅう》であろう、その他はすべて自叙である、と云っている（「日本仏教史」第二巻中世篇之二）。

これは辻の指摘通りかも知れない。叡尊が自ら鷹を見たと書き記したとは保証できない。しかし、仮に弟子があとから付加したとしても、異変のあるとき四天王寺に白鷹が現われて、寺を保護するという伝承が、鎌倉時代の中期、十三世紀頃まで、四天王寺の僧侶の間で信じられていたのは疑い得ない。

はるかに降って、元禄の頃に「興正菩薩行実年譜」を書いた編者も、「鷹」を「白鷹」と訂正しているくらいであるから、その伝承は江戸中期まで、四天王寺にとだえることなく続いていたことはたしかである。

叡尊が四天王寺別当となった年からさらに一世紀近く前、承元元年（一二〇七）に四天王寺の別当に補任された慈円に本書の扉裏に掲げた次の歌がある。

塔の上に残るひかりハはし鷹の雲よりかよふ跡ぞうれしき

四天王寺の塔の上に残っている光は、はし鷹が雲から出て通ってきた跡で、よろこばしいことだ。という意である。これは写実を超えて象徴の域まで高められた、きわめてすぐれた歌である。はし鷹は鷹狩などに用いる小形の鷹で、白鷹ではないが、このような、鷹の話が、四天王寺にながい世紀を超えて、とだえることなく伝わってきたのである。

守鳥とは何か

さきに述べた「聖皇曼荼羅図」の画面中央に太子の母后、その左に膳妃、右に冕冠《べんかん》をいただき笏をもつ聖徳太子が描かれ、その周囲は聖徳太子に縁のある人物たちでかこまれている。画面の最下部には左に秦河勝、その右に迹見赤檮《とみのいちい》、そして黒駒を牽いた調子麻呂の姿が見える。最上段の中央には御廟三尊の真下の左に白鷹が描かれ、それと向きあうように右に守鳥が描かれている。

白鷹にはハクヨウ、守鳥にはスムテウと仮名がふってある。白鷹の上方に、磯長《しなが》御廟が土饅頭の姿であらわされている。白鷹が聖徳太子ということはすぐ分かる。守鳥は一体何をあらわしているのか。「伝暦」によると、聖徳太子を磯長墓に葬ったあと、カササギに似た一羽の鳥が墓の上につねに住んでいて、カラスやトビがやってくると、遠くに追い払ったので、時の人は「守墓鳥」と名づけた、三年後にはもうこなくなった、とある。大阪市の玉造《たまつくり》の鵲杜宮《かささぎのもりのみや》（森之宮）は聖徳太子が四天王寺を玉造に創成したとき、玉造寺の鎮守として作ったと、社伝にある。カササギは聖徳太子に縁のある鳥である。

守鳥は「守墓鳥」の略であろう。守墓《しゆぼ》が守《すむ》と訛ったかも知れない。守屋はキツツキであり、これに対して守墓鳥はカササギに似た鳥であるから、これを守屋の化身と見るのはむずかしい。もっとも守屋が太子の墓を守る鳥となったとすれば話は別だが。一方で「古今目録抄」には「三年の間、墓を守ったのはカササギとも云うが、白鳥とも云う」とある。白鳥と鷹との関係は後述のように見すごせないものがある。

四天王寺の白鷹彫刻

守鳥が太子の御廟を守る鳥であるとすれば、白鷹もここでは太子の化身とみるよりは太子を守る鳥と考えたほうがよさそうな気がする。「聖皇曼荼羅図」に秦河勝が見える。河勝は太子と極めて親しい人物であったから、有徳の太子みずからが鷹となるのではなく、秦河勝が鷹となって四天王寺をおそう悪鳥を撃退したと考えられないだろうか。

鷹と鷲

鷹は朝鮮諸国では馴染み深い鳥であったが、ユーラシア大陸の鷹狩の伝統も古いものがあり、諸部族の間にさまざまな信仰と伝承を生んできた。左にそれを一瞥しておくことにする。

タカ目タカ科の鳥のうち、比較的体が小さく、尾と脚が長いものを鷹と云い、体が大きく、尾は短く、脚が太く、たくましいものを鷲と呼んでいる。熊鷹のように、名前は鷹だが、実態は鷲である例もある。逆にカンムリ鷲は、名前は鷲であるが、実際は鷹に近い。鷹狩に使われる鳥は主として鷹および隼《はやぶさ》のたぐいであるが、まれには鷲を使うこともある。現に中央アジアの草原では、鷲を鷹狩に使っている。

このように鷹と鷲の間には、体の大小による呼称の違いがあるだけで、分類学上の区別はない。とすれば、ここで鷲についての諸民族の民俗習慣を見ておくことも無駄ではないであろう。エリアーデの「シャマニズム」によると、ブリヤート人の間では、鷲の出現がシャーマン的召命の印であると考えられている。鷲と交わった人間の女が最初のシャーマンとなる例がある。ヤクート人の間では、鷲は聖樹の頂上にとまっている鳥霊と見なされている。シャーマンがそのイニシエーション的夢想の中で、宇宙樹のところに連れてこられるが、その頂きにいる至上存在は鷲の形で表わされる。

ヤクート人の間では、さらに鷲はまた鍛冶屋と関係があるのだが、このことは鍛冶屋がシャーマンと起源的に同一であることを思わせるものである。またシベリアのオロチヨン、アレウートなどの諸民族によると、「最初のシャーマン」は鷲から生まれたか、もしくは少なくともその技術を鷲から授けられたという。

シャーマンは鷲の羽で体を飾るが、これは鷲の力を借りて天空を飛翔することをあらわしている。奄美大島でもノロは鷲の羽かざりを冠にさしたことを見ると、これは必ずしも大陸だけの習俗ではなかった。

白鷹と鶻

記紀は白鷹のことを記していない。しかし朝鮮では「三国史記」の百済本記三には百済が新羅に使者を派遣して白鷹を贈ったとある。また同書の新羅本記七には文武王十七年（六七七）に所夫里州が白い鷹を献上したという記事がある。これを見ると、白鷹は古代朝鮮の山野に棲息し、極めて貴重な鳥として大切にされていたことがわかる。

白鷹は日本では棲息せず、朝鮮から飛来した鳥である、と諸書に述べられている。

「定家問答」に、

「白の鷹は日本の巣にありや。答え、白はかうらいの国より渡るなり。日域に巣鷹なし。白は仏神の尊体なり」

とある。

また「貞文雑記」には、

「白鷹は日本にはなし、朝鮮国より渡る、鶴雁鵠等を取るなり」とある。

「和漢三才図会」には、

「背腹白く、觜灰白色なる者を白鷹と称す。爪にいたるまで白き者を雪白鷹と称す。眉の上白き者を目白鷹と称す。古は白鷹を珍奇となす。近世希に之れ有り。羅山文集に云へり。如《も》し白鷹を出せば近来皆不祥の兆に遭ふ」

とある。

これをまとめてみると、白鷹は異国の鳥で、日本では巣を作らない、ということである。また昔には珍重され、神として崇拝されたということである。

これらの記述を信ずるならば、玄界灘をわたって飛来した白鷹はまず北九州の英彦《ひこ》山(彦山)の周辺山地に羽をやすめたにちがいない。彦山の近傍には、新羅の神がとどまったと「風土記」に記された香春《かわら》がある。そこは秦氏を中心とする渡来人の根拠地であった。おそらく白鷹を目撃した彦山や香春の渡来人は故国への思いを馳せたであろう。

山背大兄皇子が蘇我入鹿に攻められて危地に陥ったとき、秦氏の本拠である山城国の深草の地に一時身をひそめ、そこで再起をはかることを山背大兄皇子に進言した者がいたくらいで、聖徳太子一族と秦氏との並々ならぬ親しい関係は明白であった。秦氏は四天王寺とも密接な間柄である。

そこで、聖徳太子が白鷹となって守屋の亡霊の啄木鳥を撃退したという伝承は、秦河勝の役割がいつの間にか、聖徳太子に変っていったと考えられなくもない。それには何よりも白鷹が朝鮮半島から飛来した異国の鳥である、ということがある。鷹の伝承が執拗にまつわりついている秦氏こそ、もっともその伝承の担い手にふさわしいと思われるからだ。

第2節　四天王寺の三つの謎

俊徳道

昔、筆者は、東大阪市にある某大学につとめていたことがある。その大学は私鉄の沿線の長瀬駅で下車するのであったが、長瀬駅の一つ手前が俊徳道という名の駅であった。筆者はそこを通るたびに、胸中に小さなさざなみが起るのを禁じ得なかった。大学につとめだして早々、俊徳道駅で降りて、俊徳丸に縁のある道はどこかと探してみたが、通行人に聞いても分からず仕舞いであった。俊徳道は、俊徳丸が高安から四天王寺へいくのに通った道とされ、宝暦四年の道標には「しゅんとく道」として「西天王寺、東高安」とあるという。この道標が現存するか確かめてないのであるが、俊徳丸が四天王寺（天王寺）と縁をもっているというだけで、私は四天王寺にも心の底でどこかなつかしさをおぼえていた。

説経節の「信徳丸」では、河内国高安の長者一粒種に生まれた信徳丸（俊徳丸）は、皆の嫌う病者となり、天王寺へ捨てられ、寺の縁の下で癩者の生活をするというのが、筋書の一部になっている。

説経節の「山椒太夫」では、厨子王は京都の朱雀権現堂から土車にのせられて、村送りされ、天王寺へ送られる。土車はいざり、癩者、乞食などを載せる車である。土車に載せられて牽かれるのは、小栗判官もそうであるが、これも癩者であった。これらの物語から四天王寺が癩者や乞食の捨て場であり、溜り場であったことが見えてくるが、事実「法然上人行状絵図」には、四天王寺の西門に病者が多数臥している姿が見られ、なかには、柑子蜜柑や梨や柿などの果物も喉を通らなくなってしまった病人に、高僧が鉢にかゆを入れてさじで食べさせている光景が描かれている。

また「一遍上人絵伝」にも西天王寺西門に一遍の姿が見られる。それをかこむ築地塀の前には、車のついた車小屋も見られる。非人や乞食が屯ろし、人々からの施しを受けている。その中には癩者もまじっていたにちがいない。こうした四天王寺西門の光景は他の寺院には見られない。しかしそれだけに四天王寺の奥底のふかさは人々の魂に名状しがたいなつかしさをおぼえさせる。「信徳丸」をはじめ、いくつかの物語が四天王寺に誕生したのも理由のあることである。

天王寺の妖霊星

「太平記」（巻五）は、北条高時の乱酔のさまを次のように記している。高時はある夜の酒宴に正体を失うほど酔い、立上がって舞ったところ、どこからともなく、十余人の田楽法師たちが現われて、舞いかつ、

「天王寺のヨウレボシを見ばや」

と歌いながら拍子をとった。ある官女がこの声を聞いて、あまりの面白さに障子の隙間からのぞいてみると、田楽法師どもは一人もなく、くちばしが曲った鵄《とび》のようなもの、あるいは翼をもった山伏のようなもの、異類異形の化物どもが姿を人に変じていたのであった。官女の知らせを受けて秋田城介《すけ》安達時顕がかけつけて見ると、化物どもは掻き消すようにいなくなり、北条高時は前後不覚になって酔い臥していた。燈をかかげて遊宴の席を見ると、天狗が集まったとおもわれ、踏みけがした畳の上に鳥や獣の足跡が点点と残っていた。安達時顕はしばらく虚空を睨んで立っていたが、眼につくものは何もなかった。しばらくして北条高時は眼をさまして起きたが、茫然として正気もなかった、という話である。

高時の田楽好きと乱酔を物語る話であるが、ここに田楽法師たちがハヤシ立てて歌った「妖霊星《ようれぼし》」というのは、天下が乱れようとするとき現われる悪星で、天王寺辺から天下の動乱が出てくることを予言したと受け取られた、と「太平記」は述べている。

「天王寺のヨウレボシ」というのは四天王寺の境内に巣くっていたヨロボウシ（弱法師）という放浪者の一団を指している。ヨロボウシにかけてヨウレボシ（妖霊星）を呼び出し、その星が空に現われるときは兵乱が起るというところから、北条氏滅亡の近いことを予言したのだという。

能の「弱法師《よろぼし》」は元雅の作と推定されているが、その中に次の詞章がある。

「ツレこれに出でたる乞丐人《ほかいびと》は、いかさま例の弱法師な、シテ現なや、この乞食に名をつけて、皆弱法師と承るぞや、げにもその身は乞食の、盲亀の心寄るべもなき、足弱車の片輪ながら、よろめき歩けば弱法師と、名付け給ふは理《ことわり》や」

とある。こうして弱法師の話はその一人である俊徳丸（信徳丸）の話につながる。

私の四天王寺への関心は、私鉄の沿線に俊徳道という駅名があるのに目をとめたところから始まり、足弱の弱法師さながら、四天王寺の西門にたどりつき、そこで展開される「しんとく丸」の物語を吟味してみようとするに至ったのである。

河内国、高安郡信《のぶ》よし長者のひとり息子のしんとく丸は、まま母の讒言にあい、呪詛を受けて、醜いいれい（癩病）となって天王寺に捨てられる。そこへ、しんとく丸と夫婦の約束をした乙姫が、しんとく丸を探し求めてやってくる。四天王寺に着いて、金堂、講堂、六時堂、亀井の水あたりまでたずねたあげく、いせん堂に参拝した。いせん堂というのは、四天王寺西門の外、鳥居の内、南よりの引声堂《いんじよう》のことで、ゆるやかな節をつけて弥陀の名を唱える引声念仏を修する念仏堂である。乙姫が鰐口を鳴らして「願はくは夫のしんとく丸に、尋ね会はせてたまはれ」と深く祈誓をした。そのときまで、しんとく丸はどうしていたか。

しんとく丸は乞丐人となってさすらい、「『物を食はぬか、よろめくは。いざや異名を付けん』とて町屋の人から弱法師の名をつけられ、（和泉の国の）近木の荘よりひんどり、『人の食事を賜るとも、はったと絶って、干死せん』とおぼしめし、四天王寺いせん堂に、縁の下へ取り入れて、干死にせんとおぼす」という有様であった。そこへ乙姫が引声念仏堂の鰐口を鳴らして祈願したのを見て、しんとく丸は、「後ろ堂（戸）より、弱りたる声音にて『旅の道者か地下人か、花殻たべ』（施しを下さい）とお請ひある。乙姫、この由きこしめし、縁より下に跳んで降り、後ろ堂に回り、蓑と笠を奪い取り、差しうつむいて見たまへば、しんとく丸におはします」

ここに云う引声堂（いせん堂）は、石の鳥居と極楽門（西大門）との間の参道の右側にあって、かなり大きな建物であり、今日の建物で云えば、六時堂（建坪三五一平方メートル）くらいの大きさはあったという。その引声堂と向いあって短声堂があったが、この両堂は称名念仏の道場で、毎年春秋彼岸の中日に融通念仏がおこなわれていた。しかし、この両堂も戦災で焼けたという。そのあたりは乞食や廃疾者のたむろする場所でもあった。

しんとく丸は引声念仏堂のうしろ堂（後戸の縁の下）にひそんでいたのである。

守屋祠

四天王寺から生国魂神社にいたる上町台地は、その西側が急な傾斜の崖をなしていて、昔は海が入りこみ、眼前の淡路島はもとより、須磨明石あたりまで遠望されたという。四天王寺の西大門は極楽門とも称され、石の鳥居の東にあたっている。石の鳥居は発心門とも呼ばれ、もと木造であったが、永仁二年（一二九四）忍性《にんしょう》が勅を奉じて石造に改めたという。鳥居の上部中央に「釈迦如来法輪を転じ給ふところ、極楽の東門の中心に当る」という意味の文字を浮彫りにしたブロンズの扁額が掲げられている。春秋の彼岸の中日には、太陽がちょうどこの鳥居の中心にかかり、ついに西の海に入るので、日想観の修行が盛んであった。

謡曲「弱法師」に「弥陀のみ国も」「極楽の」「東門に向ふ難波の西の海、入日の影もまふとかや」と謡われたところである。弱法師は盲目の身で、夕陽を拝んだ。

藤原家隆は、晩年、病のために出家、夕陽丘の地に草庵をむすんで念仏生活に入り、そこで没したという。「古今著聞集」巻十三には、彼が死の前日に詠んだ、

契あれば難波の里にやどりきて波の入日ををがみつる哉

の歌を収めている。夕陽丘の中心にある愛染堂の北西に家隆の墓所とされているところ

がある。勝鬘院《しょうまんいん》はふつう愛染堂の名で呼ばれている。愛染明王は愛欲煩悩がそのまま悟りにつながることを表す明王とされており、江戸時代には遊女たちが着飾って愛染参りをし、恋愛成就の願をかけたという。

折口信夫の最初の小説「口ぶえ」をよむと、天王寺中学に通っていた頃、この愛染堂の前を毎日通っていたことが分かる。愛染堂のこまかい描写もあり、その雰囲気が伝わってくる。ただ、現存の赤門や堂塔は昭和六十年に建て直したものである。

四天王寺の四箇院である敬田院、悲田院、施薬院、療病院の一つである施薬院がここにもうけられていた。施薬院は、薬草類を栽培し、薬を調合し、あまねく施与するところである。愛染堂のある横丁を出て、大通りを横断すると、敬田院である四天王寺に行きつく。

四天王寺を訪れるたびに感じるのは、いかめしく囲われた貴族的な法隆寺に比べて、いかにも四天王寺が庶民の匂いをただよわせている寺であるということである。寺の堂塔の軒下や木蔭に浮浪者が三々五々屯ろして憩っている姿を見かけないことはない。私もまたそうした人生に疲れた人々と同じ仲間であるという気安さをもつことができる。

四天王寺は夜に入っても門を閉さず開放している。寺の周辺の界隈の通行路として利用されているからでもあるが、そのために怪しげな風体の者が入りこむのを意に介するようにも見られないのは、ずっと前からのことで、戦前は、寺域の一角に竹矢来をこしらえ、その囲いのなかに、ハンセン病の一家が小屋がけして暮していても格別それを咎め立てする風もない時期があったという。弱者、落伍者、敗者へのいたわりに満ち、業病とおそれられた癩者へのあわれみを惜しみなく与える姿勢は、ふつうのとりすました寺院に接した目で見るとき、いかにも異様に映らざるを得ない。この底のないやさしさは何だろうか。仏教の慈悲にもとづくものなのか。「和漢三才図会」には「悲田院」は「天王寺の坤にあり、乞丐《こつがい》の居る所なり。その魁《さきがけ》を呼んで長吏と曰ふ。蓋し彼等伝へて云ふ。聖徳太子始めて立置きたまふ所の悲田院なり」とある。その伝統が今もつづいているのだろうか。今も四天王寺に隣接して悲田院の地名が残っている。

破賊を祀る

筆者はかつて物部氏の足跡を全国にわたって追い求め、それを「白鳥伝説」という作品で発表したことがある。その筆者が物部氏関連の記事に人一倍反応してきたことはとうぜんであるが、蘇我氏との葛藤のすえ物部守屋が敗死したという日本通史にとりあげられる事件については、歴史家にまかせて通りすぎていた。

その無関心が突如打ち破られる日がきた。

ある日、何気なく「摂津名所図会」を開いていたときのことである。四天王寺の項に次の文章が記してあった。

守屋祠　太子堂の後《うしろ》にあり。今参詣の者守屋の名を悪《にく》むや、礫《つぶて》を投げて祠《ほこら》を破壊《はえ》す。寺僧これを傷《いた》んで熊野権現と表をうつ。祭る所、守屋大連、弓削《ゆげ》小連、中臣勝海《なかとみのかつみの》連《むらじ》の三座なり。

四天王寺は蘇我氏や聖徳太子の怨敵であり、しかも恨みを呑んで死んだ物部守屋とその一味を祀っている。参詣者が守屋の名を悪《にく》んで小石を投げつけ、祠が破壊されることもあった。そんなとき四天王寺の寺僧は、守屋祠をかばうために、参詣者をあざむき、熊野権現の標札を立てた、とも述べている。四天王寺に守屋祠が祀られていて、大切に寺僧に保護されているという事実は私には大きな衝撃であった。四天王寺創立に関わるとされる聖徳太子や蘇我馬子に亡ぼされた物部氏の領袖を、寺域の一角に、しかも人眼につかない場所というのではなく、参詣者の訪れるところに堂々と祀っている。これは怨敵の鎮魂を目的とした祠と考えるよりほかはない。

「摂津名所図会」はさきの記事につづけて、平安時代後期に作成された四天王寺の縁起資財帳である「荒陵寺《あらはかでらご》御手印縁起《しゆいんえんぎ》」の文章を紹介している。

守屋臣は是生々世々相伝の破賊なり。(中略)田地を掠め取り、寺塔を破壊しける事、是只守屋変現するのみなり。吾と守屋とは影と響との如し、寺塔を滅亡せば国家も壊失せんと云々。伝に曰ふ、守屋臣も仮には法敵となると雖《いえど》も、却《かえ》つて太子の興隆を成ぜんが為の方便なり。

この中の「吾」は聖徳太子が自分を指している言葉である。守屋は仏教の法敵のように見られているが、聖徳太子の仏教興隆を成就させるための方便であった、と記されているのである。これにはかならずや守屋の怨霊を慰撫しようとする動機が含まれているにちがいない。「寺塔を破壊しける事」というのは守屋の霊がテラッツキとなって襲ったことを意味している。「古今目録抄」にも「或説に云ふ守屋は地蔵化身云々」とあり、また太子は玉造の地に柱を立て、その日から毎日四天の一体を守屋の善根のため供養したとある。さらには中臣勝海は天王寺の奴となった後、出家して禅を修したというが、これは毒薬を甘露にするようなものである、と云っている。これらの伝説は後世に作為されたものであるが、敗死後の守屋を敵視することなく、むしろ聖徳太子の仏教興隆を手助けした役廻りとして評価しようとする気運が見られる。それにしても、四天王寺に守屋を祀って、それを庇護するとするのは、尋常の措置とは考えられない。私は早速、その真偽をただすべく四天王寺の本坊をたずね、応対に出た学僧のM師から今でも守屋祠があるとの答えを得た。

四天王寺の守屋祠

　早速私はM師に願い出て、守屋祠のある場所に案内してもらった。それは今では参詣者が足を踏み入れない寺域の片隅にあったが、流《なが》造《れ》りの朱塗のりっぱな社殿に意外な気がした。どこか人目につかぬ堂宇の一隅に埃をかぶって置かれた龕《がん》や厨子ぐらいの大きさと思いこんでいたのであった。社殿の傍には元禄七年の銘のある石燈籠が寄進してあり、これを見ると四天王寺での守屋祠がけっしておろそかに扱われていないことがはっきりする。この守屋祠は、大田南畝の「葦の若葉」によると、享和元年（一八〇一）十二月の四天王寺の雷火に罹ったが、後に再建されたという。

浅井了意の「浮世物語」（寛文五年、一六六五年）に浮世房と名乗る僧が四天王寺に参詣する条がある。

　今は昔、浮世房さらばこれより天王寺に詣でばやと思ひ、堺町筋を下りに南を指して行く。新清水、庚申堂をも打過て、石の鳥井に着く。生玉の東の岸極楽の東門に当りける。仏法最初の霊地、聖徳太子の建立なり。古は石の鳥井の許まで海にて有けるとかや。今は一里余遥かに西の方に海面は見ゆ。二月二十二日は太子の薨じ給う日なりければ、土塔会として、毎年に天王寺の楽人伶人の舞をいたすと也。拝み廻れば、本堂・金堂・守屋堂甍を磨き玉を鏤《ちりば》め、奇麗なる事言ふばかりなし。（傍点引用者）

ここに守屋堂の名が記されている。守屋堂というのは守屋祠のことである。また二月二十二日は聖徳太子の聖霊会《しょうりょうえ》で、天王寺の楽人が舞いを披露する日であった、とある。

守屋祠のもう一人の祭神

守屋祠は守屋大連のほかに弓削小連と中臣勝海連の三座が祀られている。弓削小連については不詳であるが、弓削というからには、おそらく守屋の一族であろう。中臣勝海は「日本書紀」に登場する。中臣勝海は守屋と行動を共にしたが、守屋側の形勢がよくないので、寝返って、今まで人形を作って呪殺しようと謀った彦人皇子の方についた。しかし中臣勝海が彦人皇子のところから帰るのを待ち伏せて、迹見赤檮《とみのいちい》が切り殺してしまった、と用明天皇二年四月の条は伝える。中臣勝海は蘇我馬子と守屋の合戦のまえに歴史の舞台から退場している。一方、迹見赤檮は守屋が朴の枝間《えのきけい》に昇って戦うのを弓矢で射落して、守屋を殺した。こうした勲功により「田一万頃を以て、迹見首《おびと》赤檮に賜ふ」という破格の恩賞にあずかったのである。これを見ると、守屋祠に守屋と共に中臣勝海が合祀されている理由も納得がゆく。物部守屋はともかく中臣勝海は途中で抹殺されたのだから、鎮魂のためにわざわざ祀るほどもない人物である。それを合祀したのには蘇我馬子ではなく迹見赤檮の供養の意志が働いているのではないか、と私は推測する。中臣勝海は天王寺の奴《やっこ》となった後、出家して禅を修したという、たわいもない伝承が流布されていて、これは毒薬を甘露にするものである、というまことしやかな説明までされているのも、敵方の霊魂を慰撫する気持が見えかくれしている。

迹見赤檮の名はその後現われないが、中臣勝海を殺したときは「舎人《とねり》」となっている。

この「舎人」は「伝暦」が云うように太子の舎人ではなく、彦人皇子の舎人と考えられる。

後世の伝承とはいえ、聖徳太子の補完役として守屋をまつりあげるということは、太子側は寛大すぎるのではないのか。四天王寺に守屋が悪霊となって禍いをもたらすことをおそれるあまりの阿諛追従ではないかと、疑われもする。

公人長者

守屋祠の前でしばらく時を過したあと、再び四天王寺本坊の薄暗い応接室に戻ると、M師は物静かな口調で云った。

「四天王寺には守屋に仕えた者たちで、守屋の敗死後、四天王寺の奴婢になった連中の末裔が、今なお四天王寺でいろいろな仕事に就いており、それらの人々は公人《くにん》と呼ばれています。その中の公人長者はとくに四天王寺の大祭の聖霊会には欠かせない役柄です」

私は思わず耳を疑った。そんなことが実際にあり得るか、よく系図に古代豪族の末裔を名乗るものがいるが、系図の不確さやいかがわしさはここで口にするまでもない。しかしこの場合は事情がまるでちがうのである。守屋敗死の後、その奴が四天王寺の奴婢となったことは正史に記されている。しかし守屋滅亡の五八七年から今日まで一四〇〇年余の歳月が流れている。その奴婢の末裔と称する者がいまだに四天王寺にくらしているというのである。それが事実とすれば奇蹟にちがいない。

「日本書紀」の崇峻天皇の即位前紀に、

乱《みだれ》をしづめて後に、摂津国にして、四天王寺を造る。大連の奴《やっこ》の半《なかば》と宅《いえ》とを分けて、大寺《おおでら》の奴・田荘《たどころ》とす。

とある。ここでいう大連は守屋のことで、守屋の乱平定後、摂津国に四天王寺を創立した。その際、守屋の奴婢の半分と家宅を分けて、大寺の所有する奴隷と耕地とした、とある。歴史は一過性の過去のものと見られている。しかしそれに訂正を迫る途方もなく、長く持続する連続体がここに現われた。M師の話があまりにも生ま生ましいので、私はおどろきをかくすことができなかった。

早速私は公人と呼ばれる人々に会いたいと切望した。M師は私のねがいを快く容れて、応接室から電話をかけて三人の公人の家に連絡をとってくれた。だが三家からの返事ははかばかしくなかった。どの家でも、先祖の履歴をよく知っていた祖父や父は、近年亡くなってしまったという返事であった。私は数年遅かったと、唇を嚙んで落胆の色をかくすことができなかった。

私は応接室を辞し、M師と共に外へ出た。私を見送ってきたM師は金堂の近くでふと立ちどまり、指さした。

「金堂の破風《はふ》に緑色の欄間が見えます。その傍に、やはり緑色で描いた冂の形をしたものがあるでしょう。あれが鷹の止り木なのです」

「え？　鷹の？」

私はおどろいて、金堂の破風をまぶしく見上げた。

こうして私はM師と出会った日に、はからずも四天王寺参詣人の気の付かない三つの謎があることを思い知った。第一は守屋が啄木鳥となって攻め、聖徳太子が白鷹となって防いだという伝承があり、その証拠が今も金堂の破風に冂の形で残っていること、第二に守屋の祠がながくその奴婢の末裔の人々によって祀られていること、第三に、守屋の奴婢が公人として現在も四天王寺に暮していること、である。この謎にどのような背景がかくされているか。それを追って私はしばらく、豊前に旅立たねばならない。私が目指したのは、豊前の彦山、香春、宇佐である。そこを舞台として展開する物語を見てみよう。

第Ⅰ章　豊前の鷹

第3節　彦山・香春・宇佐

彦山の鷹

彦山に祀る高住神社の裏手の藪の中の半ば朽ちた大木の上に乗って、危い足許を気にしながら、前方を望むと、右から一ノ鷹巣、二ノ鷹巣、三ノ鷹巣と三つの峰をもつ鷹ノ巣山（九七九メートル）が鮮やかに空際を限ってそびえている。鷹ノ巣山の名は鷹がすむことにちなむとされている。事実、彦山には熊鷹が昭和初期まで生息していた。

高住神社の拝殿の正面に掲げられた「豊前坊」の額の左右の幕には、鷹の羽の神紋が染め出されているのが眼につく。この神紋は、高住神社がかつて「鷹栖宮」と称していたことを物語っている。

鷹ノ巣山にはかつてスクナヒコナが祀られていたという。スクナヒコナはクスシ（クシ）の神であり、クスシが転化して薬師となる。古記に鷹ノ巣山は薬師如来を本地とするとあるのも、それに由来しているのであろう。

スクナヒコナは現在では高住神社の祭神の一つとして合祀され、畜産の神として彦山周辺の農民の信仰を集めている。

高住神社からの帰路、山の中腹にある「英彦山修験道館」に立寄ると、館内に珍らしい仏像が展示されていた。高さ二十二センチメートルの、掌に載るような可憐な如来立像であるが、しっかりした表情をそなえている。

説明文によると、この金銅仏は昭和五十七年十月、英彦山の学術調査団によって、彦山（一、一九九メートル）の北岳山頂で、銅筒と一緒に発見されたものである。しかしそれが最初の発見ではなく、はるか昔に発見されたことがあるという。発見者は彦山の宿坊に滞在していた越後の慶俊という僧で、永正十三年（一五一六）四月八日に、発見した北岳山頂に、彼が願主となって仏像を銅筒に納めて埋めた。その銅筒にはそのいきさつを述べた慶俊の銘文が刻まれていた。したがって仏像は二度発見されたことになる。

この金銅仏は専門家によって、統一新羅時代（七世紀後半―九世紀）のものと見なされている。新羅仏が彦山の北岳（法躰岳）から出土したことは、ほかでもない、新羅と彦山の信仰との深いかかわりを示す証拠としてきわめて注目を引くのである。

それは彦山の古記である「彦山流記」や「彦山縁起」からもうかがうことができる。建保元年（一二一三年）に書かれた彦山最古の記録「彦山流記」には第六鷹巣窟の説明として、

「月氏《げっし》国の本主が王者の衣服を脱ぎ、鷹となって、万里の山海を超え、千里の峰に遊ぶ。その御体は石の鷹と変じ、今も霊峯にあり、故に鷹を以て垂迹となる。この因縁をもって、鷹栖としたのである」

とある。

これで見ると、鷹ノ巣（鷹栖）山は、月氏国の王者が垂迹して石鷹となった山である。

さらに、元亀三年（一五七二）に書かれた「彦山縁起」には次のような説話が述べられている。

継体天皇二十五年（五三一）に魏の国の僧の善正が来日して彦山に入り、岩窟にこもって修行中に、たまたま山中で猟をしていた豊後国日田郡藤山村（大分県日田市）の猟師である藤原恒雄と会い、殺生の罪を説き聞かせた。恒雄は善正の戒めも聞かずに猟を続けるうち、一頭の白鹿を射た。そのとき空中より三羽の鷹が現われ、傷ついた鹿に檜の葉を浸した水を含ませると、鹿は蘇生して逃げ去った。恒雄はそれを見て、鷹が神の化身であることを悟り、自らの殺生を恥じて弓矢を捨て、家財を抛《なげう》って、岩窟の傍に祠をたてて、善正の持ち来った異国の神像を祀って霊山と名づけた。そして自らも善正の弟子となり忍辱と名乗って練行を重ね、山頂の三岳に阿弥陀、釈迦、観音の垂迹をみて、上宮三社を建立した。

この話で直ちに気が付くことは、藤原恒雄という姓が、猟師の名としてはいかにも異様で、作りあげた感じを否めないことである。恒雄という名からは、朝鮮の古代神話、

「三国遺事」に見られる桓雄を思い出さずにはいられない。

古朝鮮に桓国（桓因）の庶子の桓雄がいて、三千の部下をひきいて太白山の頂上の神檀樹の下に降りて来て、そこを神市と呼んだ、とある。このことから、彦山の開山説話が新羅の神話を意識して作られていることは疑うことができない。

「彦山縁起」はつづけていう。この山の寺は、善正が基礎を作って、忍辱がそれを継承したが、そのあとをつぐものがなく、久しく荒廃に帰していた。大宝年間（七〇一—七〇四）の初めに役行者《えんのぎょうじゃ》が歩をしるしたが、各地を遍歴するのに忙しく、この寺を興すには至らなかった。それを復興させたのが法蓮である。弘仁十年（八一九）法蓮はすでに数百歳の齢を数えていたが、依然として強健でよく苦行に耐え、宇佐・日子の間の数十里を往復しても疲れることがなかった。ある日この山で飛来した鷹の落した羽に、「日子を彦と改めよ」と記してあったのを見て瑞祥を感じたが、はたして嵯峨天皇より「法蓮は邦家の彦・本朝の仙である。日子を改めて彦とし、霊山を改めて霊仙寺と名付けよ。九州一円をその檀家とし、四方七里を寺領にあて、比叡山に準じ、三千の衆徒を置いて天台の学を学ばしめ、勅願寺とせよ」との詔《みことのり》を賜った。法蓮は直ちに山に帰り、本宮・摂社・仏閣・僧房・経蔵・鐘楼をことごとく整え、天神七

彦山・鷹ノ巣山

代・地神五代になぞらえて十二社を祀り、四十九の窟を弥勒浄土兜卒《とそつ》の摩尼殿に擬した。世に法蓮を弥勒菩薩の化身といい彦山中興の祖としている。

法蓮の彦山伝承を叙した「彦山縁起」に鷹が登場するのは重視すべきである。それと同時に次の箇所も見逃すことはできない。「法蓮は姓は宇佐氏、宇佐郡小倉山に住して苦修練行す。兼ねて方薬を精し善く衆病を治す」（傍点、引用者）とある一条である。方薬を精するとは薬剤を調合することであるが、方術といえば神仙の術を意味するように、方薬も神仙の薬のことである。文武帝は法蓮が薬をめぐみ、病を治療する功績をたたえ、大宝三年九月に詔を出して豊前国の野四十町を施したと「続日本紀」には記されている。法蓮が平安時代まで生き延びてそこで嵯峨天皇から日子山を彦山に改めよという聖勅を賜ったというのはもとより伝承にすぎない。

法蓮はスクナヒコナが天下を経営し、人民や畜産の神として病を治療するのを慕ったとあるが、そのスクナヒコナが祀られていた鷹ノ巣山は山岳修行者たちに薬草を提供することもあったのではないか。

彦山には四十九窟があって、それぞれに守護神が守っている。「彦山流記」によると、三窟があって、一ノ鷹栖は虎天皇、二ノ鷹栖は金比羅大将、三ノ鷹栖は八大童子となっている。これらの洞窟はいずれも鷹ノ巣山の周辺にあり、一ノ鷹栖は薬師如来を本地としているのが注目される。また高住神社がかつて「鷹栖宮」といわれていたことも留意される。

彦山の「窟」は多くの人が指摘するように、新羅の慶州南山に似ている。それにしても彦山に鷹にちなむ伝承があるのはなぜであろうか。それを解く鍵は香春《かわら》にある。

香春の鷹

香春の駅に降り立つと、真正面に香春岳の一ノ岳と向き会うことになる。一ノ岳はかつて四九一メートルあったが、昭和十年以降石灰石の採掘がおこなわれ、現在は三一五メートルまで削られ、見るからに痛ましい姿を露呈している。香春の人たちは見馴れているかも知れないが、はじめての旅人にはつよい衝撃を与えずにはおかない風景である。香春岳の二ノ岳は四六八メートル、三ノ岳はもっとも高く五一一メートルである。香春岳は香春の原点である。香春は宇佐八幡宮祭祀の出発点であり、また、日本における新羅文化の最初の根拠地である。香春で見のがすことのできない地名は採銅所である。そこは古代に銅を採掘したところからつけられた地名であり、今も鉄道の駅名となっている。

ところで、香春町大字採銅所の龍ヶ鼻権現には、彦山の山伏が書いたという「縁起」が二通残っている。その縁起の一つに、彦山の三つのあやしい峰に鷹が住んでいて、つねに龍ヶ鼻との間を往来していて、鷹の羽の落ちた所にはかならず幸いがあるというので、鷹の羽の落ちるかぎりの里を鷹羽郡と呼んだとある。

伊藤常足の「太宰管内志」には田川郡はもと鷹羽郡と称していたとあるが、その名称の背後には必ずやこの類の伝承が存在していたにちがいない。ちなみに彦山の三つのあやしい峰というのは鷹巣山の三つの峰を指すと思われる。

これはもとより伝承にすぎないが、鷹巣金鉱山が香春町大字採銅所の御領谷の上方にあり、坑口は四ヶ所、数百メートルにわたって溝状の遺構が見つかっている（地域相研究会「地域相研究」一九九九年・第二七号）。

採銅所字七ツエには高原金鉱山がある。これは「太宰管内志」が高原も鷹羽に由来すると述べているところであり、鷹巣金鉱山の東にあたり、日田彦山線の沿線の近くにある。坑口は四ヶ所あり、また銅鉱石を御神体とした山の神を祀っている。

高原金鉱山の真南には高巣という地名がある。これは高巣金鉱山とは別の場所にある地名であるが、これも彦山の鷹ノ巣山に関連のある地名ではあるまいか。法蓮は彦山に入るまえに香春岳で修行したといわれるから、それに由縁の地名かも知れない。

ところで、このあたりは鍛冶屋敷や後入道と云った地名がある。入道という地名はたたらを千度吹くと、大入道の怪物が現われるという伝承にちなむものであろうか。

佐渡の相川鉱山の近くに入道という地名がある。また三重県四日市市の足見田《あしみだ》神社の裏山である入道山から水銀が産出する。

香春町の後入道には、ふしぎなことが年々起るというので鬼神を鎮め奉った小祠が残っているが、鬼神というのはたたら吹きの怪物のことと考えられる。

もう少し鷹の話をつづけねばならない。

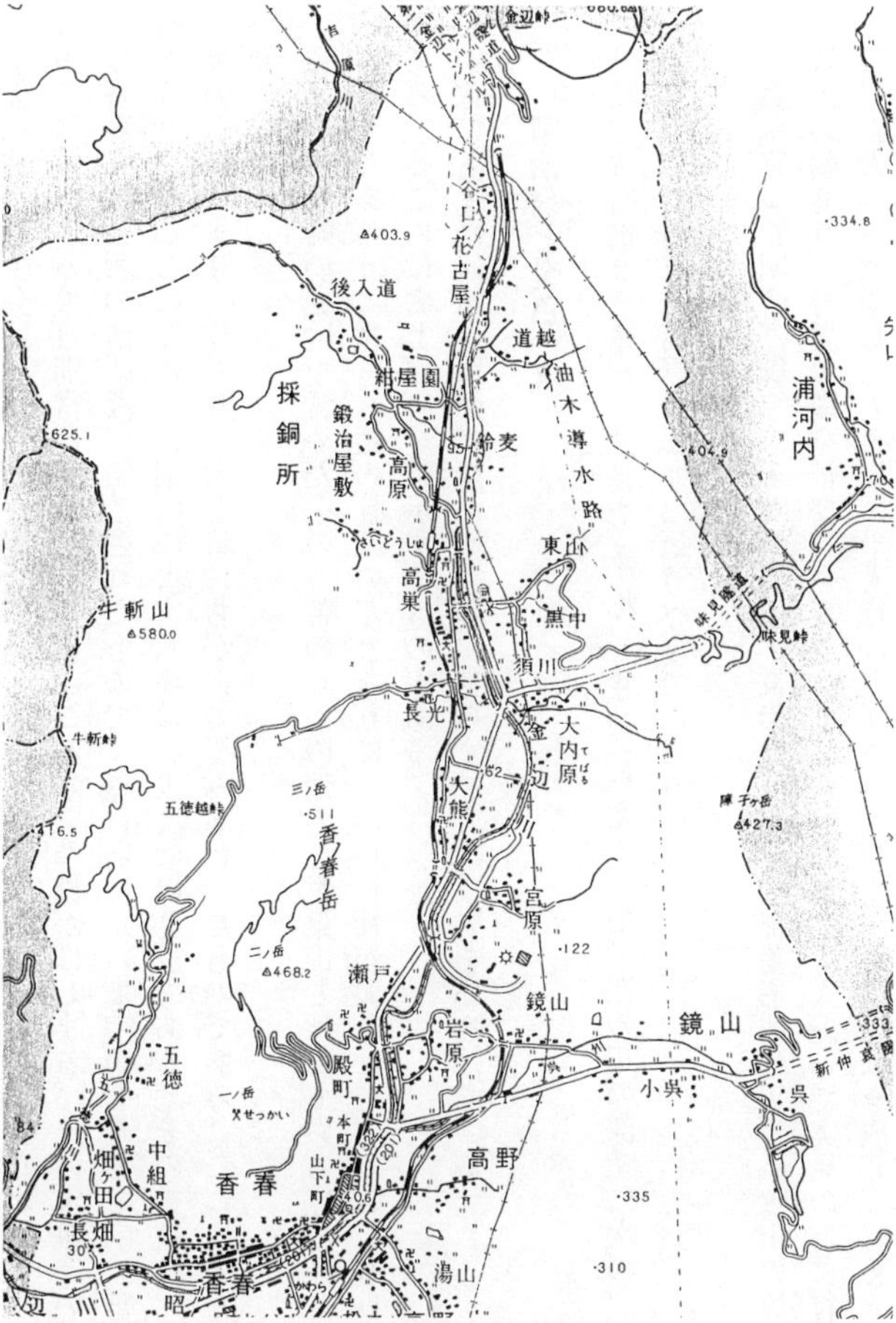
金辺峠
谷口
花古屋
後入道
道越
油木導水路
採銅所
紺屋園
鍛冶屋敷
高原
浦河内
東山
高巣
須川
味見峠
牛斬山
△580.0
625.1
△403.9
404.9
334.8
長光
牛斬峠
金辺
大内原
大熊
三ノ岳
511
香春岳
五徳越峠
障子ヶ岳
△427.3
宮原
122
二ノ岳
△468.2
瀬戸
鏡山
岩原
殿町
五徳
一ノ岳
せっかい
本町
小呉
呉
高野
中組
畑ヶ田
香春
山下町
長畑
335
310
湯山
香春の地図

宇佐八幡宮放生会《ほうじようえ》は、香春町採銅所にある古宮《こみや》八幡宮が、豊前国中津郡草場村（現行《ゆく》橋《はし》市）に鎮座する豊日別宮に宝鏡を納めるところから準備がはじまる。その宝鏡というのは香春町採銅所の清祀殿で鋳造されたもので、豊日別宮からは宝鏡を奉じて宇佐宮にむかうということになる。採銅所の古宮八幡は放生会の出発点である。その神紋は「違い鷹の羽」つまり二枚の鷹の羽を斜にちがえて組みあわせたものである。ここにまた鷹が現われる。

更に古宮八幡の社殿を含めたその一帯の森山の地名を鷹巣山と呼んでいる点に注意を払うべきであろう。古宮八幡の社殿の左どなりに、白鳥神社が祀られていることも重要である。そこには鷹と白鳥を暗示するものがある。

宇佐にもまた伝承の鷹が、彦山や香春に劣らず、大きな翼をひろげている。

鍛冶翁と金色の鷹

「八幡宇佐宮御託宣集」（託宣集と略称）巻五に見える「菱形池の辺の部」に次の記事がある。これもまた奇怪な伝承と云うべきであろう。

金刺宮（欽明帝）御宇二十九年戊子。筑紫豊前国宇佐郡菱形池の辺《ほとり》、小倉山の麓に鍛冶の翁有り。奇異の瑞を帯び、一身と為《し》て、八頭を現す。人聞いて実見の為に行く時、五人行けば即ち三人死し、十人行けば即ち五人死す。故に恐怖《おそれ》を成し、行く人無し。是に於て大神比義《おおがひぎ》行きてこれを見るに、更に人無し。但し金色の鷹、林の上に在り。丹祈《たんき》の誠を致し、根本を問ふて云く。誰か変を成すや、君の為す所かと。忽《たちまち》に金色の鳩と化《な》り、飛び来って袂の上に居る。爰《ここ》に知りぬ。神変人中を利すべしと。然る間、比義五穀を断ち、三年を経るの後、同天皇三十二年辛卯二月十日癸卯、幣を捧げ、首を傾けて申す。若し神為《た》るに於ては、我が前に顕るべしと。即ち三歳の少児と現れ、竹の葉の上に置て宣ふ。辛国の城に、始て八流の幡と天降って、吾は日本の神と成れり。一切衆生左《あふさ》にも右《きるさ》にも、心に任せたり。釈迦菩薩の化身なり。一切衆生を度《すくは》むと念ふて神道と現るなり。我は是れ日本人皇第十六代誉田《ほむた》天皇広幡八幡麻呂なり。

香春岳・一ノ岳

これによると、菱形池のほとりに鍛冶翁がいて、通行人の多くを殺していた。そこで誰も近よるものがいなかったが、大神比義が行ってみると、林の上に金色の鷹がいるだけであった。そこで鷹にむかってお前の仕業であるかと聞くと、たちまち金色の鳩となって、袂の上に飛び来った。そこで大神比義は五穀を断って三年間精進したあと、幣帛をささげて、もし神であるというのであれば自分の前に姿を顕現してほしいと祈った。すると三歳の少児の姿となって現われ、竹の葉の上で、自分は辛国の城にはじめて八流の幡と共に天降って、日本の神となった。もとは釈迦菩薩の化身であるが、一切衆生を済度するために神道の形で現われたのである。自分は応神天皇で広幡八幡麻呂《ひろはたのやはたまろ》であると告げたというのである。この中で神が「八流の幡と天降っ」たとある。八幡の名もこれに由来するものであろう。この話は後述するように、辛嶋氏の伝承が大神氏の伝承にすり変えられたものであるが、そのことはここではひとまず措くことにする。

また鍛冶翁は金色の鷹となって通行人を妨害し殺したとあることを見ると、鷹は鍛冶の翁の化身であったと推測される。

それは次の「託宣集」の挿話からも裏付けられる。

彦山権現のもっていた如意宝珠を法蓮が受け取ったが、それを白髪の翁が欲しがった。法蓮がすぐそれを渡さないでいると、翁はそれを盗んで豊前国下毛郡の諫山《いさやま》郷の南の高い山の洞に逃げた。法蓮が追いかけていって、自分の如意宝珠を盗んだことを詰問すると、金色の鷹に変り、金色の犬を連れて高い山に飛び移り、法蓮にむかって、自分は八幡である。この宝珠を貰い受けて、一切の生き物に利益を与えよう、と言ったとある。法蓮がそれを許したので、八幡大神は神宮寺の弥勒寺が建立されると、法蓮を別当に任じたという。諫山というのは、福岡県京都《みやこ》郡勝山町にある。犬は地下に埋もれた鉱物資源を発見する能力をもっていると信じられた。

前にも述べた所だが、「太宰管内志」には次のようにある。「延喜式に豊前国田川郡あり。田川は多加波と訓《よ》むべし。名儀は鷹の羽に由ありて負せたるべし。当郡、彦山の縁起には、鷹羽郡と書けり。また上古、彦山鷹栖の窟に、鷹来たりて住めりし事をも記せり、更に、景行紀に、高羽ノ川上とあるも、高は仮字にて鷹の意なるべし」と、信仰のつながりをもつ三つの地域におびただしい鷹の逸話と地名が見出される。

かくも鷹の伝承や地名が彦山、香春、宇佐に頻発するのは何故であろうか。

これをたんなる偶然とするわけにはゆかないことは、鷹が彦山においても宇佐においても説話の中心にあるという点からも明らかである。しかもその鷹は香春では金鉱山に関係のある地名ともなっている。

鷹の巣地名と鉱山

鷹が彦山、香春、宇佐の地名、伝承と結びつけられてしばしば登場するのを偶然として見すごすことはできない。このことには大和岩雄がすでに着目していて、その著「日本にあった朝鮮王国」「秦氏の研究」で鷹が鉱山や鍛冶に関係あることを力説している。私もそれに同調するものであるが、この事実は全国各地に見出すことができる。それを私の調べた範囲で左に列挙してみよう。

秋田県北秋田市脇神の法泉坊沢遺跡は縄文後期から十世紀後半までつづく遺跡である。その近くにはタタラ、カネザワ、カネボリなどの地名が残っている。

またおなじく北秋田市七日市には明又鉱山があり、銅や亜鉛を産した。

山形県の南陽市に奈良時代にはじまるとされる吉野鉱山がある。その近くに鷹ノ巣鉱山がある。鷹ノ巣鉱山は、私も訪れてみたが、小高く狭い空地にその坑口があった。これは向明鉱山とも呼ばれ、近くにある大足金山と共に日坂鉱山とも称した。金山で寛政頃にはさかんに採掘された。

新潟県魚沼市の銀山平（上田銀山）には、鷹ノ巣という集落がある。更に新潟県岩船郡関川村の鷹ノ巣という集落の近くから、砂金や砂鉄がとれる鉱山がある。

このほかにも鷹ノ巣の名前にちなむ鉱山は見付かるかも知れない。ここに西岡好治の「小字に伝わる淡路島のタタラ」という私家版の小冊子が私に送られてきて手許にある。それを開くと、私の疑問の解明に役立つとおもわれる箇所に出会った。

「鷹の巣山　淡路島では、往古鉄穴師《かんなじ》が住んでいた山を鷹の巣山という。またこれに類似する唐《とう》の巣山もある」

と述べてある。唐の巣は鷹の巣が変化したものと考えられる。西岡によれば、淡路島には「鷹の巣」と名のつく地名が三ヶ所ある。

A　鷹の巣山　五色町鮎原宇谷、栢野《かやの》
B　鷹の巣　淡路市佐野興隆寺大塔《おおとう》峠付近山上
C　鷹の巣　淡路市大町木曾下《きそしも》鷹の巣池周辺

この中で私が最も注目するのは、Bである。そこには製鉄に関係あると推測できる芋谷、釜口、高丸などの地名がある。芋谷は鋳物谷であろう。釜口はタタラのある山の入口か。高丸はタタラ炉のあったところ。高はタタラが訛ったものか。また、大塔谷や大塔峠の地名もある。私の推測ではタカノスがトウノスと訛ったと考えられるのである。最も注意を引くのは、鷹の巣の地名のある大塔峠付近を妙見山と称し、妙見堂が祀られていることである。香春では、採銅所に妙見山と称する小字があり、そこに妙見金鉱山がある。その直ぐ近くに鷹ノ巣金鉱山がある。

両者の関係はかくも密接である。このほか妙見信仰または妙見の地名と鉱山や鍛冶とのつながりは日本各地に見られ枚挙にいとまがない。そこで、淡路島の三ヶ所の鷹の巣地名のうち、すくなくともBの鷹の巣は、鉱山またはタタラ炉のあった公算が大きい。鷹ノ巣山は、むかし鉄穴師の住んでいたところと問題を提起する西岡説は今のところ動かせない証拠を見出すまでにはいたらないが、注意を払う必要がある。

第4節　弥勒浄土

新羅仏教の流入

ここで話題を変えて、仏教が日本に流入してきたいきさつに触れておきたい。その前に朝鮮の古代三国がどのようなルートで中国から仏教を受け入れたかをまず知って置く必要がある。鎌田茂雄によると、次のごとくである。

「朝鮮古代三国のうち百済に伝播した仏教は、長江沿岸、なかでも金陵（南京）を中心とする南朝仏教であり、百済の梁に対する遣使朝貢にともなって、梁から百済へと仏教が伝わったのである。これに対して、高句麗へは地理的に中国東北部とつながっているため、高句麗に伝わった仏教は、黄河流域の仏教、北朝の仏教であったことは明らかである。新羅へは初め北朝仏教の系統を受けた高句麗仏教が流入し、のちには百済仏教が入り、さらに統一新羅になると大陸仏教が直接に新羅に伝播したのであった」（「朝鮮三国の仏教」)

　これを見ると、一概に仏教伝来と云っても高句麗から新羅を経由して伝わった仏教と百済から伝わった仏教はルートが違っていて、最初はその受容の仕方も内容も異なるものがあったということになる。

　新羅で仏教が公認されたのは五一四年(継体帝八年)に即位した法興王の時代であるが、個人が仏教を信じることは「私宅仏教」と呼ばれて、その百年も前からおこなわれていた。四一七年に即位した訥祇《とつぎ》王の時代、高句麗から新羅に僧がやってきて家の中に窟室を作って仏像を拝んだとある。そのあとも高句麗から阿道という僧がやってきたという記録がある。新羅仏教の中で最も顕著な特色をもつものは、法興王の甥の真興王(在位五四〇―五七五)の時代に作られた花郎《ファラン》制度であった。花郎とは名の示す通り美少年であるが、花郎制度の生まれる経緯を「三国遺事」第四は次のように伝えている。

弥勒仙花

　新羅第二十四代の真興王は深く仏教に帰依したが、美しい娘二人を選んで「原花」とし、その下に娘を三、四百名集めた。ところが二人の「原花」の一方が嫉妬して他方を殺すという事件が起ったために、真興王は「原花」を廃止し、良家の品行のよい男子を選んで「花郎」として、はじめて薛原郎を国仙とした。これが花郎国仙のはじまりである。真智王(在位五七六―五七八)の代(日本では敏達帝の時代)になって、真慈という僧が興輪寺の弥勒像の前に行って願をかけ「どうか、花郎に化身して、この世に現われて下さい」と祈った。すると、ある夜、夢に僧が現われて「熊川《ユウセン》（今の公州）の水源寺に行けば、弥勒仙花を見ることができるであろう」と言った。真慈は十日ばかり歩いて、その寺に到着した。すると美しい少年が彼を迎えた。それが弥勒仙花であった。真智王はその少年を国仙として遇した。その姓は未尸と云った。未は弥と音が似ており、尸は字形が力の字と似ている。つまり弥力＝弥勒だったのである、という話である。

「三国史記」（新羅本紀）によると、美貌の少年を選び、化粧させたり、着飾って花郎と名づけて優遇すると、大勢の若者たちが雲のように集まってきて、互いに道義を練磨し、互いに歌楽をもって遊んだ。その中から見目よい者を選んで朝廷に推挙した、とある。

ここにも花郎であった少年が、じつは弥勒仙花であったと記されている。弥勒菩薩の化身が花郎だったというのであるから、弥勒下生信仰が具体的に示されているのである。

鎌田茂雄は次のように述べている。

「花郎団の修養の指導原理となったのは、仏教、とくに弥勒信仰である。中国においても弥勒信仰は東晋以来、民間に普及して、とくに六朝時代は未来の衆生済度の仏として、弥勒信仰が盛んであった。（中略）花郎集会はこの弥勒信仰によって団結し、集会の中心人物である花郎は弥勒の化生と信じられ、花郎の構成員たちは弥勒によって守られていると確信していたのであった。その仏教の弥勒信仰と呪術による怨敵退散の思想と、さらに後代、花郎のことを『国仙』と称せられたことからわかるように、道教的要素も混入し、花郎集団の精神修養の方法がとられたのであった」

「三国遺事」によれば、花郎国仙であった新羅の金庾信《ゆしん》は、七曜の精気を受けて生まれたので、背中に七星の紋があったと云い、また「三国史記」によれば、金庾信が独り宝剣をたずさえて山中に入り祈っていると、宝剣に天から光が垂れて霊気が宝剣に入ったとある。これは中国から道教系の星辰崇拝つまり、七星剣の信仰が朝鮮に伝わったことを示している。後述するように四天王寺の寺宝である七星剣もまた、この道教思想をふまえた刀剣であり、朝鮮から輸入されたことはまぎれもない。

太陽の洞窟・隧穴

花郎の党である青年戦士団が歌舞を演ずる国家的行事である八関会は、高句麗の神話伝承とつながっている。「魏志高句麗伝」には次のような記載がある。

「十月をもって天を祭り、国中大会し、名づけて東盟《とうめい》という。……その国の東に大穴あり。隧穴《すいけつ》と名づく。十月国中大会し、隧（穴）神を迎え、国の東（水）上《ほとり》に遷してこれを祀り、木隧を神坐に置く」

これは東盟祭のありさまを叙べているが、この中の「隧穴」とは地中の道のことである。つぎの隧神と木隧とは何か。三品彰英はこれを禭神と木禭の誤記であるとする。禭は禾木科の植物の穂の秀いでた貌を示す。そこで禭神は穀神のことであり、木禭は木で穀穂を象ったものであると三品は云う。それを神体として神座に奉安して、国家的な収穫祭である盛大な穀神迎えの儀式をおこなったのである（「古代祭政と穀霊信仰」）。井上秀雄も三品説を肯定しながら、ただし、隧（穴）神は水神であるとしている。

しかし天を祭るツングース系のばあいは、扶余や濊《わい》のばあいもそうであるが、かならずしも収穫祭とは関係がない。東盟祭は収穫祭というよりは、むしろ冬祭の型であるという大林太良などの説がある。

私は隧神と木隧を三品のごとく穟神と木穟の誤記とは考えない。むしろ「燧神」と「木燧」の誤記であると見なすのである。辞書を引くと「燧木」という言葉は、火をきり出す木製の道具を指す、とある。したがって「木燧」もおなじ内容の語と見て差支えない。それを神坐に置く、とあるから、新しい火をきり出して太陽の復活を祈願し、促進させる祭祀にちがいない。それであれば「燧神」もまた「燧人」に近い言葉ではないか。「燧人」とは木から火を切り出して、はじめて民に煮炊きのやり方を教えた中国の上古の帝王である。そこで東盟祭に登場する「燧神」とは、太陽神と考えられる。朱蒙は東明聖王と称したが、東盟は東明であって、太陽神を象った意味である。また、さきの文章の「国の東（水）上に遷《ようすい》してこれを祀り」というのは水辺での祭祀である（ちなみに太陽からとる火を「陽燧」という）。

これらのことから私は、古代の高句麗には、冬至の頃にいったん死んだ太陽が、隧穴（燧穴）と呼ばれる地下道を通って東の穴から生まれかえり、その再生のしるしに水遊びをするという考えがあり、それの儀礼化したものが東盟祭ではなかったかと考える。

はじめて生まれた太陽が「咸池《かんち》」や「甘淵《かんえん》」で水を浴びることは古代中国の「楚辞」「淮南子《えなんじ》」「山海経《せんがいきよう》」に見える。私が沖縄の宮古島で採集した老巫女からの聞き書きでも、太陽が誕生して間もなく水浴びする「太陽の洞窟」の話がある。古代中国の例のように、水浴びは太陽の誕生または再生と関わりをもっている。「隧穴」は「燧穴」のあやまりで、そこは太陽が誕生する「太陽の洞窟」であったと考えられる。

「魏志扶余伝」には「殷の正月を以て天を祭る」とあるから、扶余と同じツングース系の高句麗でも天を祭った東盟祭は、冬至を中心とした古代中国の正月の風習にならったものと見なすことができる。

これらからして新羅の花郎（年齢は十四歳から十八歳）と称する青年集団が冬至後一陽来復を祝って歌舞するツングース系の祭を受け入れ、歌舞に熱狂したと見られるのである。三品彰英は「新羅花郎の研究」の中で、十月末におこなわれた新羅八関会も収穫祭的なものであったと云っているが、私はそうではなく、冬至＝新年の祭であったと思う。

もとより花郎の歌舞は八関会のときだけおこなわれたものではない。「三国史記」に花郎は「徒衆雲集し……相悦び歌楽をもって山水に遊娯し、遠きに至らざる無し」とある。これは古代のシャマンの歌舞と通じるものがある。その歌舞のなかで、自らを弥勒と同一化し下生の弥勒菩薩の化身と信じこむ考えが生まれた。柳東植は「朝鮮のシャーマニズム」（一九七六）で、現代巫俗においても、歌舞をおもにおこなう巫夫を「花郎」と呼んでいる、と述べている。

秦氏の弥勒信仰

ところで日本では、蘇我氏が仏教を受入れたのは、「元興寺縁起」や「上宮聖徳法王帝説」によると、欽明帝七年（五四六）に公伝した百済仏教であった。それに対して秦氏の信奉する仏教は私的な新羅仏教であったというちがいが見られる。秦河勝と親交のあった聖徳太子の習ったのは高句麗の仏教であったが、その高句麗の仏教は新羅に伝わった。新羅に伝えられた仏教はさらに日本にもたらされたが、それは百済からの仏教公伝よりもかなりはやい時代にはじまったのではないかと思われる。

鎌田茂雄は未鄒王二年（二六三）に、高句麗から新羅に仏教が伝わったという異伝のあることをふまえ、もし新羅への流入を三世紀だと仮定してみると、日本への伝播も、仏教公伝とされる欽明帝七年よりも、相当引き上げる必要があるとしている。田村圓澄も同様で、仏教公伝以前に、葛城、物部、大伴、蘇我、紀、巨勢などの中央豪族が朝鮮半島との間を往来しているから、朝鮮の堂塔などが目に触れない筈はなかったとしている。

「日本書紀」によると、允恭天皇の三年正月の条に、「使《つかわ》を遣して良き医《くすし》を新羅に求む」とあり「秋八月に医、新羅より至《もう》でたり。即ち天皇の疾を治めしむ。幾時もへずして、病すでにいえぬ。天皇よろこびたまひて、厚く医に賞して国に帰したまふ」とある。雄略帝のとき、豊国奇巫《とよくにのきふ》が帝の治療にあたったということがあるが、そこに新羅仏教の匂いを嗅ぐのである。ただその仏教は香春《かわら》付近に渡来した人々のもちこんだもので、新羅での公認以前の仏教であり、民間道教の匂いのするものであった。真興王の時代花郎制度が作られて以来、新羅では、花郎と弥勒信仰がむすびついた。真平王（五七九〜六三一）の時代にも弥勒下生の信仰による花郎の団結は固かった。真平王のとき、新羅から弥勒像が日本に送られてきた。こうして公式には新羅仏教は仏像と共に日本に招来された。

推古紀十一年（六〇三）十一月一日に次の記事がある。

皇太子、諸《もろもろ》の大夫《まえつきみたち》に謂《かた》りて曰《いわ》く「我、尊き仏像有《たも》てり。誰か是の像を得て恭拝《ゐやびまつ》らむ」とのたまふ。時に、秦河勝すすみて曰《いわ》く「臣《やつがれ》、拝みまつらむ」といふ。便《すで》に仏像を受く。因りて蜂岡寺を造る。

ここにあるのは広隆寺（蜂岡寺）の本尊の弥勒半跏思惟像で、新羅使が聖徳太子に贈ったものである。

ここに弥勒像が出てくることは注目される。田村圓澄によれば、太秦の広隆寺の半跏像は、花郎＝弥勒信仰の集団的帰依の対象として安置されたと考えられるといい、また難波の四天王寺の本尊も半跏像であることを指摘している。田村は聖徳太子建立の七寺（すなわち、法隆寺、四天王寺、中宮寺、橘寺、広隆寺、法起寺、葛木寺）のうち、弥勒半跏思惟像もしくは弥勒半跏像を安置して、これによって聖徳太子信仰を支えてきたのが、法隆寺を除く六寺であったと考えられる、と云っている。

広隆寺と四天王寺

「日本書紀」の推古天皇十八年七月の条には、新羅から使者の竹世士《ちくせいし》という者がやってきた。また任那から使者の首智買《すちばい》がやってきたとある。その十月には、新羅と任那の使者が京に到着した。秦河勝らが導者となって客人たちを朝廷に案内した、とある。

またそれから六年後の推古天皇二十四年には、新羅はまた竹世士をよこして、仏像を献上している。更に五年後の二十九年二月には聖徳太子が斑鳩宮で亡くなったとある（これは翌三十年の二月二十二日が正しいとされている）。

三十一年の七月には「日本書紀」に次の記事が載っている。

新羅、大使奈末智洗爾《なまちせんに》を遣し、任那、達率奈末智《だちそちなまち》を遣して、並に来朝《もうけ》り。仍《よ》りて仏像一具及び金塔あはせて舎利を貢る。且《かつ》大きなる観頂幡一具・小幡十二条たてまつる。即ち仏像をば葛野《かどの》の秦寺《うずまさでら》に居《ま》しまさしむ。余の舎利・金塔・観頂幡等を以て、皆四天王寺に納《い》る。

この記事は、廐戸皇子没後一年余にして、新羅任那から仏像、金塔、舎利、観頂幡などを送ってきたことを告げている。これには多分に太子追善供養の意味があると思われるが、これらが秦氏の氏寺である広隆寺と難波の四天王寺に納められたことに、私は注目する。

推古天皇十八年には秦河勝は新羅の使者の導者として宮廷に案内したと「日本書紀」にあるように、新羅との外交関係で活躍していた。そこで推古女帝の意向を伺った上で、仏像は広隆寺に、他の仏具は四天王寺に納めたと考えられる。河勝は広隆寺と四天王寺の橋渡しの役をつとめていたのではないか。

秦氏と天寿国曼荼羅

「上宮聖徳法王帝説」によると、聖徳太子の第三妃は「尾治《おわり》王女子位奈部《いなべ》橘王」である。尾治王は敏達と推古との間に生まれた尾張皇子である。尾治王の子の橘《たちばな》王は推古にとっては孫にあたっている。「天寿国曼荼羅繡帳」銘文に「尾治大王女名多至波奈大女郎《おおいらつめ》」と見える。この妃は太子没後に太子の往生の相を偲びたいと推古に奏して繡帳二帳を造らせた。この製作を監督したのが椋部秦久麻《くらべのはたのくま》であったと銘文に記されている。この妃名に冠せられている位奈部は猪名部とも書く。前川明久によると、橘王の名に位奈部を冠するようになったのは、同皇女が太子妃になってからであり、秦氏と同族の結合をもつ猪名部から資養の料の貢納を受けていたからではないかという。大きく云えば、橘王は皇族出身であったため、太子と深い結びつきをもっていた秦氏からの援助を受けていたのではないかと推考している。

橘王の居宅を寺とした中宮寺と秦氏創建の広隆寺には、それぞれ弥勒菩薩半跏像が安置されていた。小林剛によると、中宮寺所在の弥勒像は推古二十九年頃のものと推定されるという。また広隆寺所在の宝冠弥勒像は推古十一年紀にみえる新羅所献で、太子より河勝が賜ったものとされている。しかし両像の技法は異なり、久野健によると、広隆寺のそれはアカマツの一本彫で、今日韓国慶州南五陵付近出土の半跏像に酷似し、材料・造法が日本の七世紀前半の木彫と異っているのに対して、中宮寺の方はクスノキの寄木造で、手本としたのは朝鮮渡来の半跏像であったろうかといわれている。橘王に資養の料を貢納していた猪名部と族的結合をもつ秦氏との関係を念頭に置くとき、中宮寺弥勒像は、推古十一年に新羅より伝えられて太子より河勝に賜わった広隆寺所在の弥勒像を手本として、彫刻したものであろう、とされる。

このように、弥勒像をめぐる中宮寺と広隆寺との関係は密接であり、太子は蘇我氏の百済仏教に対抗して中宮寺を新羅仏教の拠点とする企図を有していたのではあるまいか。もちろん、元中宮寺は推古朝創立当初のものではなく、その寺跡については、昭和三十八年（一九六三）九月の発掘調査によって、四天王寺伽藍配置ではあるが、規模は大きくない寺であったことが判明した。居宅を寺とした例は推古朝に多いが、橘王居宅の中宮寺改建は、奈良時代に寺工・木工として史料にあらわれる猪名部の造作にかかるのではないかと前川明久は云う。法隆寺の金堂の北一町ばかりの近くに猪那部池があって、猪名部が池を築造したとある（「法隆寺別当次第」）。このように法隆寺の近くに猪名部の地名があるのは、橘王の名となんらかの関係があるのではなかろうかと前川は推測している（「日本古代政治の展開」）。「天寿国曼荼羅繡帳」の製作を監督したのが、秦久麻であったことも、秦氏の関与を示している。

ところでこの繡帳銘文に出てくる「天寿国」はどこを指すか、ということで古来論議がつづいている。それを詳しく紹介する余裕はここにないが、結論だけを云えば、天寿国は西方浄土、つまり極楽という説がある。それは太子の信仰をあらわした「世間虚仮、唯仏是真」の句が繡帳にあり、それが弥陀浄土信仰にふさわしいという印象に由来する。これに対して、天寿国は弥勒浄土、つまり兜率天という説がある。繡帳には、兎と桂の木のある月が描かれていて、天を示しているところから、弥勒浄土説が唱えられた。多くの弥勒像が寺院に安置されるようになった推古帝の頃に、兜率天に往生しようとする弥勒信仰が生まれたことはまちがいない。とくに聖徳太子と秦河勝は新羅仏教の弥勒仏を受容しているから、「天寿国」を弥勒浄土とする説は納得できるのである。

狛坂の磨崖仏

九州の彦山は新羅文化がいちはやく流入したところである。そこで統一新羅時代のものと思われる金銅仏が発見されたことは、すでに述べたところであるが、新羅の文化は日本列島の内陸ふかく入りこんでいた。その有力な証拠の一つが、近江の狛坂《こまさか》にある磨崖仏である。金勝寺の別院であった狛坂寺は、今は廃寺となっているが、金勝《こんぜ》山の西端の峰に建てられ、山林修行僧の道場であった。その廃寺と相対して、巨大な花崗岩の岩肌を利用して、半肉彫に彫り出された磨崖仏がある。

　この磨崖仏と由縁の狛坂寺は「狛坂寺縁起」（一五二六）によると、もと蒲生郡の狛長者の持仏であった千手観音像が嵯峨天皇の皇后に献上されたのち、皇后の護持僧の願安によって、金勝寺の近くの狛坂寺に安置されたものであるという。狛坂磨崖仏について、宇野茂樹は次のように述べている。

「……須弥壇の上に、大きな三尊像を浮き彫りにし、周囲に二組の三尊仏と三軀の菩薩像を薄肉彫りにしている。この三尊のこまかい特徴は省くとして、足の結跏趺坐も、奥行がとれない関係から無理な表現法をとっている。その不自然さは、新羅系の石仏に見られる。七世紀前半とされる韓国慶州郊外の東南山《とんなむさん》俳盤洞仏谷の仏坐像は、膝前に奥行きがなく、また七世紀後半末とみられる同南山里渓寺趾（七仏庵）の脇侍の足先も、狛坂磨崖仏両脇侍の足先に近く、その垂下する手法は全く同法である。このことから、狛坂磨崖仏は韓国慶州南山の系譜に属するものとみなされるむきが多い。その造像期は、奈良時代の後期、すなわち八世紀後半においた方が妥当である」（「草創期の金勝寺」）

佐々木進も、南山の磨崖仏との類似点を指摘する。「統一新羅時代の影響のもとに刻まれた狛坂の磨崖仏は、近江・湖南地区における渡来系文化の影響を物語る格好の資料であり、奈良時代にさかのぼる保存状態のよい磨崖仏としてまことに貴重である」（「国華」一二一六号）

佐々木によれば、狛坂磨崖仏を刻んだのは、良弁配下の新羅の仏像彫刻師ではないかという。九州の彦山はじめ、豊前には南山の文化が直接に伝わってきていると、見られているが、それが近江にまで及んでいるのは注目に値する。

慶州郊外の南山は石仏のメッカである。高さ四六八メートル、南北二里東西三里のこの山には三十余の渓谷があり、五十五ヶ所の寺址、五十九体の石仏、三十八基の石塔が調査されている。そればかりでなく、山頂で多くの骨壺が発見されているのを見ると、新羅人は南山を弥勒浄土と考えたらしい、と云われている（「慶州文化財散歩」秦弘燮）。南山は新羅仏教だけでなく、日本の仏教にも強い影響を与えている。

近江・狛坂の磨崖仏

「南山文化は六七六年の新羅統一前から九一八年の高麗建国にいたるまでが最盛期であり、その高麗建国以後、しだいに衰えて、山号も寺号も消えていった寺院が多いようである。（国東半島の）六郷山は七世紀から八世紀に影響をうけ、宇佐宮弥勒寺創立と同時にその行場として発足、十世紀以後十二世紀の間に寺院ができたのである。その間に大小三十余の谷々に六五箇の寺院が建った。しかも南山の山岳仏教は密教的な要素だけではなく、自然崇拝の新羅固有のシャマニズム等の信仰が仏教と融合し、天神降下の霊蹟がそのまま釈迦真身常住の地とされた山寺であったのである。このような点では南山の源流は中国五台山の山寺並びに密教文化のそれによく似た存在であるが、新羅南山のあり方にとくに六郷山の発生発達は余りにもよく似た山寺であることがわかる」と中野幡能は述べている（「八幡信仰と修験道」）。

南山はその嶺土に弥勒仏が奉安されており、弥勒の霊場が花郎《ファラン》の遊娯地であった、と三品彰英は述べている（「花郎伝説の研究」）。

南山鮑石亭は花郎が遊んだというが、元来南山の山神を祭る祭場であった、ということからして、南山の文化が仏教以前の新羅固有の民俗信仰と深くまじりあっていることを知る。このことは、新羅仏教の影響を受けた豊前の彦山、香春の文化を考えるのに、手がかりを与えるものである。

「彦山流記」によると「彦山の岳も石も木も是れ弥勒の化身」とあり、また「法蓮和尚は弥勒の化身なり」と伝えている。

「日本書紀」によると、敏達天皇の十三年に、鹿深臣《かふか》が百済から弥勒の石像一体をもたらしたが、馬子はそれを自分の家の近くに仏殿をつくって安置し、三人の尼に供養礼拝させたという。「伝暦」には、その石像は法興寺（元興寺）の東金堂にあると伝えている。

鹿深臣は近江国甲賀郡の豪族であったと思われる。琵琶湖東岸には、甲賀郡の北に愛《え》知《ち》郡がある。そこには依智秦氏が蟠踞していた。

「日本書紀」によると、天智元年十二月、百済の王である豊璋《ほうしょう》とその臣下の佐平福信《さへいふくしん》、狭井連《え》、朴市田来津《ちのたくつ》が、新羅との戦争のための基地を移すことを謀議していたが、そのうち仲間割れして、豊璋は福信に謀反の心があると疑って殺した。やがて百済と日本は唐の大軍を白村江で迎え討ったが、大敗した。百済王の豊璋は高句麗に逃亡し、朴市田来津は壮烈な戦死を遂げたとある。

この中に出てくる朴市田来津の姓は朴市秦造であり、近江の依智秦造と考えられている。朴市は市の転訛とされる（「地名辞書」）。また佐平福信は殺されたが、その子と思われる鬼室集斯《きしつしゅうし》が百済の民四百余人と共に日本国に亡命し、近江の神前郡に置かれている。

これを見ると、すでに天智帝の頃から、依智秦氏は大きな勢力をもっていて、朝鮮半島でも活動していることが分かる。近江における秦氏が百済でも活躍しているのを見ると、その実力のほどが推し測られる。

第5節　豊前の秦氏王国

豊国直菟名手

景行紀によると、景行天皇は十二年九月に周防国佐波にいて、九州に賊が多くいることを警戒し、三名の部下に偵察させた。多臣《おおのおみ》の先祖の武諸木《たけもろき》、国前臣《くにさき》の先祖の菟名手《うなて》、物部君の祖の夏花《なつばな》である。この三名はいずれも九州の土豪と見られる。多氏の同族に大分君があり、また物部氏は豊前の企救《きく》郡と関係がふかい。景行帝は豊前国の長峡県《ながおのあがた》にいって、行宮《あんぐう》を建て、そこを京《みやこ》と呼んだ。「和名抄」の豊前国京都《みやこ》郡で、今の行橋《ゆくはし》市あたりである。

ところで、国前臣の先祖と記されている菟名手が景行帝の命で形勢を探るために、豊前国の仲津郡の中臣村にいったときに、白い鳥に出会った。白い鳥は餅になり、さらに芋となった。菟名手が朝廷にそれを奏上したところ、天皇はよろこび、菟名手に豊国直のカバネを賜ったと「豊後国風土記」にある。仲津郡の中臣村は「和名抄」の仲津郡仲津郷で、福岡県行橋市草場や福富など今川の流域とされている。豊前国の国府もみやこ町国作にあった。国作は豊国直《あたい》もしくは豊国造の住んだところとされる。そこの国作神社について「地名辞書」は「古事記」に見える豊日別、あるいは豊国直菟名手を祀ったのであろうと推測している。国作神社は廃絶して地名だけが残っている。

今日、豊日別宮は行橋市草場に鎮座する。宇佐神宮の放生会では、香春町の採銅所にある清祀殿で鋳造した宝鏡は、まず豊日別宮に納め、それから国作に仮宮する。そこから国府の総社八幡宮の氏子たちが供をする。そのあと、祓川《はらいがわ》でみそぎをする、という順路をたどって宇佐本宮にむかう。

こうして見ると豊国直菟名手は行橋市とみやこ町にまたがる地域を中心に治めていたことは確実である。

ここで私が問題にしたいのは菟名手という人名である。神功皇后摂政前紀に、筑前の那珂川の水を引いて神田を潤そうとして、灌漑用の溝（ウナデ）を掘ったという記事がある。つまりウナデは田の用水の溝を指す。

話はとぶが、三重県の名張市平尾にある宇留富志禰《うるふしね》神社は宇奈根《うなね》神を祀っている。神社の南側の崖下の道路をへだてて西に名張川が流れる。そのすぐ下手から名張川の旧河道を利用して名張市街地へ用水路がひきこまれた。森川桜男によれば、治暦二年（一〇六六）には名張川の旧河道に用水溝（ウナデ）を掘り、みごとに開発した例があるという。またその一世紀前には当社の神主みずからが「宇奈抵社《うなで》」と記した文書もあるという。こうして見れば、実際の用水路開鑿をふまえてウナデ神が祀られ、それがウナネ神に移行していった道筋がたどれる。ちなみに宇留富志禰はウルシネ、今でいうウルチ米のことである。

もう一つの例を示す。奈良県橿原市の雲梯《うなで》にある河俣神社は、曾我川の東畔に鎮座して事代主を祀っている。これは雲梯神社ともいわれた。ここでも川から水を引く溝をつくって田を潤したと考えられている。

このことから、菟名手という人物も、川の水を引いて田にそそぐ溝を作る工人ではないかという疑いがもたれる。そこで想起されるのは秦氏のことである。秦氏系の一族が灌漑土木に長じていたことは、京都の葛野の桂川の水をせきとめ、大きな堤をきずいたことで有名である。茨田堤《まむたのつつみ》もきずいている。

豊国直菟名手は田に水を引く溝を作ったことからつけられた名であろうから、朝廷は財と技術に優れていた秦氏系の人物に菟名手の名を与えて、豊前国を治めさせたというのが、景行紀や「豊後国風土記」の菟名手の登場の真の意味ではないか。

「新撰姓氏録」に、雲梯連《うなて》が見える、高向村主《たかむくのすぐり》と同祖で、右京諸蕃である。高向村主は魏武帝の太子文帝より出たものとある。豊国直菟名手も、渡来系技術者かも知れない。

薦神社の三角池

中津市の大貞にある薦神社《こも》は、昔から景勝の地とうたわれた神社である。その中心となる三角池《みすみ》は宇佐の「行幸会」に際してその池の中の真薦を刈りとって枕を作り、神の験《しるし》として宇佐八幡宮に納める行事で知られている。三角池は東西二町南北三町ばかりで、三つの角があるので三角池の名がある。この池を内宮、神社を外宮として崇めている。もともと池自体が御神体であった。そしてこの池の水を引いて下流の穀倉地帯をうるおすのは昔も今も変りはない。この池に湧水はあるが、さりとて自然池ではなく、その堤をきずくのに明らかに人手を加えた溜池の様相を呈している。それは誰によっておこなわれたか。茨田池をきずいた茨田勝《まむたのすぐり》などの例から、誰しも勝姓をもつ秦氏を思い起こさずにはいられないであろう。

薦神社・三角池

さきに豊国直菟名手がもともと田に水を引く溝（用水路）にもとづく名であると述べたが、この三角池を管理したという宇佐池守もはじめは職名であったにちがいない。宇佐氏系図では宇佐池守の父に手人がいる。これも実在の人物と見るより「工人」と解すべきであると中野幡能は云う。この工人によって、三角池に築堤がなされ、そのあと池守の時代がつづいた。池守の名も池を守るということから出たもので本名かどうかうたがわしい。

「薦神社については、大宝三年（七〇三）に法蓮が賜った野四〇町の一部が郷域に含まれるところから、秦氏の力を借りた法蓮や一族の宇佐池守らによって三角池や『うなで』(用水路)が作られ、大規模な水田造成工事がおこなわれたという説がある」と平凡社版「大分県の歴史」に述べている。また角川書店版の「日本地名大辞典」も三角池が秦氏によって作られたことを示唆している。さらに中津市教育委員会の報告でも薦神社は秦氏の氏神であり、三角池は秦氏によってもたらされた版築の技術によって築堤されたとしている。版築というのは板で枠を作り、土をその中に盛り、一層ずつ杵でつきかためて土壁や土壇をきずく方法である。当時、三角池をきずいた堤は今も残っている。

ちなみに薦神社の所在する豊前国下毛郡野仲郷(「和名抄」)と隣接した大家郷には、大宝二年の丁里戸籍に、大家勝《おおえのすぐり》衣麻呂の名が見える。双方の郷はわずか数キロしかはなれていないから、野仲郷にも勝姓の秦氏が居住していたとしても一向におかしくない。それは豊前の秦氏の分布を見れば一目瞭然である。

薦神社は中津市大貞にあるところから大貞八幡宮という別名がある。大貞は大宇佐田という説がある。その一方で、大貞は皇位継承や諸侯の任命などについて卜定をする漢語(古代中国語)という福永光司の説がある(「日本の道教遺跡」)。その中で、薦はまた神への供物を意味すると福永は云うが、薦枕という枕詞がある位であるから、実際に薦を枕に使ったと考えたほうがよい。

宇佐八幡宮の二大神事と称されている「行幸会」の出発点は薦神社であり、また「放《ほう》生会《じょうえ》」の出発点は香春《かわら》の古宮《こみや》八幡宮である。いずれも秦氏が大いに関与している重要な拠点である。その背景を見てみよう。

豊前秦氏の分布

豊前国は福岡県と大分県の境を流れる山国川によって二つの勢力に分かれる。福岡県側には秦氏の渡来人が圧倒的に多く住んでいたことが、平野邦雄の調査した大宝二年（七〇二）の正倉院文書の中の豊前国戸籍から推定可能である。

平野が作成した表を見ると、秦部と勝姓をあわせた秦氏系が総人数に対して占める比率は、丁里九四パーセント、塔里九六パーセント、加自久也里八二パーセント、某里一〇〇パーセントである。全体の平均では人口の九三パーセント以上を占める。

このうち塔里は「和名抄」の上三毛郡多布郷で、福岡県築上郡上毛町唐原にあたる。

また加自久也里は「和名抄」の上三毛郡炊江《かしきえ》

<table>
<tr><th></th><th>秦部</th><th colspan="4">勝　姓</th><th>その他の姓</th><th>総人数</th></tr>
<tr><td rowspan="3">丁　里</td><td rowspan="3">217</td><td>丁勝</td><td>狭度勝</td><td>川辺勝</td><td>某勝</td><td rowspan="3">27</td><td rowspan="3">404</td></tr>
<tr><td>51</td><td>43</td><td>34</td><td>32</td></tr>
<tr><td colspan="4">160</td></tr>
<tr><td rowspan="3">塔　里</td><td rowspan="3">63</td><td colspan="2">塔　勝</td><td colspan="2">某　勝</td><td rowspan="3">4</td><td rowspan="3">131</td></tr>
<tr><td colspan="2">55</td><td colspan="2">9</td></tr>
<tr><td colspan="4">64</td></tr>
<tr><td rowspan="3">加自久也里</td><td rowspan="3">26</td><td colspan="2">河辺勝</td><td colspan="2">上屋勝</td><td rowspan="3">12</td><td rowspan="3">66</td></tr>
<tr><td colspan="2">15</td><td colspan="2">13</td></tr>
<tr><td colspan="4">28</td></tr>
<tr><td>某　里</td><td>10</td><td colspan="4"></td><td></td><td>10</td></tr>
<tr><td>累　計</td><td>316</td><td colspan="4">252</td><td>43</td><td>611</td></tr>
</table>

豊前秦氏の分布

郷で、福岡県豊前市八尾にあたる。

丁里は「和名抄」の豊前国仲津郡高尾郷で、福岡県みやこ町犀川高尾あたりである。

これらの里は中津市にある山国川の北岸から、行橋市にいたる八里ぐらいのあいだにあたる。勝とは秦氏のもとにある在地の小首長であると平野邦雄は云う（「帰化人と古代国家」）。

秦王国の中心は香春

豊前にかくも秦氏が居住していることからその出自が問われねばならない。その手がかりになるのが、「隋書倭国伝」の記事である。

明年、上、文林郎裴清を遣わして倭国に使《つかい》せしむ。百済を度《わた》り、行きて竹島に至り、南に耼《たん》羅国を望み、都斯麻《つしま》国を経、迥《はる》かに大海の中にあり。また東して一支《いき》国に至り、また竹斯《ちくし》国に至り、また東して秦王国に至る。その人華夏に同じ、以て夷洲となすも、疑うらくは、明らかにする能わざるなり。また十余国を経て海岸に達す。竹斯国より以東は、皆な倭に附庸す。

和田清・石原道博の訳文（岩波文庫）は次の通りに解している。

明年（大業四年、推古十六年・六〇八）上（煬帝）は文林郎裴清《はいせい》（裴世清《はいせいせい》）を遣わして倭国に使させた。百済を度《わた》り、竹島（絶影島か）にゆき、南に耽羅国（済州島）を望み、都斯麻国（対馬）をへて、はるかに大海の中にある。また東にいって一支国（壱岐）に至り、また竹斯国（筑紫）に至り、また東にいって秦王国に至る。その住民は華夏（中国）に同じく、そこで夷州（台湾）とするが、疑わしく、その点は明らかにすることはできない。また十余国をへて海岸に達する。竹斯国から以東は、みんな倭に附庸する。

ところで、ここに出てくる「秦王国」の所在地については諸説がある。まず「秦王」は「周防」の音を写したのではないかという説がある。しかし「日本書紀」の推古十六年四月条は、

小野臣妹子《いもこ》、大唐より至る。唐国、妹子臣を号《なづ》けて蘇因高《そいんこう》と曰ふ。即ち大唐の使人《つかい》裴世清・下客《しもべ》十二人、妹子臣に従ひて、筑紫に至る。

とある。裴世清は小野妹子と同行して秦王国に至っているのであるから、そこの住民が中国と同じという印象をもったとしても、周防国を秦王国と聞きちがえる筈はない。

それでは秦王国に至るまで隋使たちはどのようなコースを辿ったのであろうか。「日本書紀」によると、隋使来朝の翌年の推古十七年の夏、「筑紫大宰」が、百済の僧の道欣《どうきん》や恵弥《えみ》などを首長として、僧が十人、俗人が七十五人、肥後国葦北津に泊っているると朝廷に報告している。筑紫大宰の名があるから、大宰府が海外との交渉のための大

和朝廷の出先機関となっていることはまちがいない。

裴世清一行はまず大宰府に赴き、役人らの接待を受け、大宰府から陸路東への道をえらんだと推定される。それには「続日本紀」天平十二年十月の広嗣の乱に見える田河道と同じ道である。すなわち、大宰府を起点として、伏見、綱別、田川駅などを通過し、香春に達し、さらに行橋の草津から難波にむけて海上の道を旅したのだと考えられる。その行程にある香春や行橋は、秦氏の集中して居住していた地域であるから、そこを「秦王国」と見做したのであったろう。周防の国を秦王国と聞きちがえたとするのは、あたらない。

さきに紹介した「隋書倭国伝」のさいごに「また十余国を経て海岸に達す」とあるが、これは使節の船が瀬戸内に面した十余国の港々に立ち寄りながら、難波津に着いたことを意味している。

裴世清が通過した当時の香春は、日本人が後世朝鮮の釜山や尉山に設立した倭館のような趣きを呈していたのであろう。そこは渡来人の首領が統治していたにちがいない。それを示しているのが、香春という地名であると私は考えている。香春は今「カワラ」と呼ばれているが、昔も同じ発音であったと推定される。

香春の呼称

「豊前国風土記」を見ると、鹿春の郷の中に河があって年魚《あゆ》が住んでいる、と記されている。

河は金辺川であって、その源は郡の東北のかたである杉坂山から出て、金辺峠から南に流れて、採銅所を通る。採銅所に宮原という小字地名が残っている。さらに河原《ごうら》という小字の集落地名もある。宮原は台地であり、内行花文鏡を出土した宮原古墳群があり、この台地と金辺川の氾濫原が作った平地との境付近には、古くから集落がいとなまれていたと考えられている。河原もその一つである。

秦氏系の鉱山採掘に従事した渡来人は宮原や河原に住み、三ノ岳の山の神である豊比《とよひ》咩命《めみこと》を奉斎していた。古宮《こみや》という集落のやや上方の三ノ岳の山麓に阿曾隈《あそくま》の森があり、そこには今でも宮原や長光の人たちが、「阿曾隈様」またはジョウゴンと呼んでお祭りしている石祠が残っている。ところで「風土記」には、金辺川の瀬は清浄《すがすが》しいので、清《すが》河原《かわら》の村と名づけた。それを今は鹿春《かはる》の郷と訛って呼んでいる、とある。また、むかし新羅の国の神がやってきて、この河原に住んでいたので、鹿春の神と云ったとある。

これでは、清河原の村といっていたのが、鹿春（香春）の地名となった、とするのである。とすれば、はじめはカワラと呼んでいたものが、カハルとなったことは明らかである。河原という地名は石がごろごろしている川床や石地を指す地名で、自然地形地名である。しかしそこは清河原という村名ともなっているから、人々が住んだ場所である。人々というのはとうぜん、新羅からの渡来人で、香春岳の鉱山を採掘した技術者や労働者であったろう。それらの人が集まって村を形成していたのであるから、首長がいたのはまちがいない。このことを念頭に置くと、香春の地名も「風土記」が説くような自然地形地名の河原に由来するというのとは別の解釈が可能である。

吉田東伍は「地名辞書」の中で、「高良は香春の音便なり」と述べている。つまりカワラがコウラ（ゴーラ）となったとするのである。また筑後高良神社の項で「高は古書に多く古の仮字に用いたれば、古羅なるべし。新井白石は訶和羅は甲の古名にて、俗に亀甲を訶和羅といふも同意と曰へり、然らば玉垂命も、若しくは韓国征伐の時、武内大臣の服給ひし甲にやあらむ」と推測している。コウラはもとカワラに由来するという説には賛意を表する。しかし東伍のようにそれを武具に擬するよりは、首長や首領という風に理解するのがいっそう自然である。すなわち筑後の平野を一望に収める高良山は首領がいて采配を振るにふさわしいところである。一方香春は秦王国の首領のいたところであるから双方にカワラ（コウラ）という名が付けられたと考えられる。

朝鮮半島の帯方郡に居住していた中国系の住民は、四世紀の初め、帯方郡が消滅すると、大量の流民となって、辰韓や弁韓の地に南下し居住した。彼らはみずからを秦の遺民と称した。秦や秦王国の「秦」にはそのような意味が含まれていて、日本に渡来したのちも、秦始皇帝の後裔という伝承を引きずっていたことは「姓氏録」にあらわれている。たとえば「太秦公宿禰」は「秦始皇帝三世孫孝武王より出づ」と記されている。秦忌寸、秦造、秦人、なども始皇帝の後であるとしている。これはもとより自称であって、事実ではないにしても、秦氏がそうした意識を抱いていたことはまちがいない。しかし日本に渡来したのは実際は古い新羅の文化をもつ韓人であった。新羅の古文化を担った人々は、仏教や道教、それに新羅固有の呪術などのほか、さまざまな技術、河川池堤など土木事業や鉱山開発にめざましい能力を発揮した。こうした渡来人の首領を「豊前国風土記」は「新羅の神」と称したのである。その居住地の中心は香春であり、その首領のいた所がカワラと呼ばれた。

筑後に隣接する私の郷国の肥後では、私の幼い頃方言で頭のことをゴラと呼んでいた。ゴラはたぶんコウラに由来し、そのコウラはカワラに由来すると考えられる。

肥後方言のゴラを奄美方言でグラルと呼ぶ。「おもろさうし」という琉球最古の歌謡集では「孫八《まごはつ》」という男が沖永良部島の城をきずいた、とうたわれている。奄美の古い伝承にも、本土から渡来したグラル孫八という棟梁が沖永良部島の城をきずいたことになっている。カワラ→コウラ→ゴラ→グラルという方言の変遷を辿って、グラル孫八は、「頭《かしら》の孫八」すなわち棟梁の孫八という意味になっている。十六世紀初頭に、南島の最南端の八重山にホンガワラ・オヤケアカハチという首領《かわら》がいて首里軍に烈しく抵抗したので、ほろぼされた。ホンガワラというのは真の首領という意味である。ここではカワラが頭目あるいは首領の意味で使用されている。奄美ではグラル（カワラ）は大工の棟梁である。こうしてカワラには、カシラの意味があり、新羅からの渡来人団体の指導者が住んでいたために命名された地名と推定できる。

豊国奇巫と豊国法師

「新撰姓氏録」には次の記載がある。

雄略天皇御体不予、茲《ここ》に因りて、筑紫豊国奇巫《とよくにのきふ》を召上げ、真椋《まくら》をして巫を率ゐて仕へ奉らしむ。仍《よ》つて姓を巫部連《かんなぎのむらじ》と賜ふ

この文章に見るように、遠隔の地の九州から巫を呼びよせて、雄略帝の病気の看護と治療にあたらせたというのは、豊国奇巫の名が天下に鳴りひびいていたからである。「旧事本紀」の天孫本紀に、物部真椋連公は巫部連の祖とある。巫部を統率していたのは、物部真椋連であった。しかも、豊国の奇巫と呼ばれたのには、日本古来の巫術とどこか違った面があったからである。

その豊国奇巫の正体は何か。それに関連する記事が「日本書紀」に伝えられている。用明天皇の二年、天皇は磐余《いわれ》の河上で新嘗《にいなめ》をしたのち、病を得て宮廷に帰った。そして集まってきた群臣にむかって、自分は仏教に帰依しようと思うが、皆で相談してほしいと云った。物部守屋と中臣勝海《なかとみのかつみ》は、日本の神々をさし置いて、他神《あだしがみ》、すなわち外来の神を敬拝することは、これまでの日本の伝統にあるまじきことである、と反対した。それに対して、馬子は「天皇のみことのりにしたがって、天皇を助け奉るのがとうぜんであ

る」と云った。そこに用明天皇の皇子である穴穂部皇子が「豊国法師《とよくに》」を連れて、内裏に入ってきた。それを見て物部守屋は、大いに怒って睨みつけた、とある。

さきに「豊国奇巫」が雄略帝の病気の治療に当ったということがあり、またここに「豊国法師」が用明帝の病気治療のために宮中に連れてこられた。奇巫の場合は物部真椋連が管理している巫部の一人であるから、仏教に縁がない。しかし豊国法師は仏教の僧侶であるから、守屋は大いに怒ったのであろう。とはいえ、この法師はたぶんに呪術的な施療を行なうものであった。豊国奇巫も豊国法師も民間道教の呪術まがいのことをやっていたと思われる。これは法蓮についても云える。

「続日本紀」は、大宝三年（七〇三）九月二十五日の条に、

「僧の法蓮に豊前国の野四十町を施す。毉術を褒めたるなり」

とある。また、養老五年（七二一）六月三日の条に、

（沙門法蓮は）最も毉術《いじゅつ》に精しく民の苦労を済ひ治む。善きかな。かくのごとき人、何ぞ褒賞せざらむ。その僧の三等以上の親《しん》に、宇佐君の姓を賜ふ。

とある。

ここに法蓮は毉術に精通しているとしているが、毉は巫医のことである。巫術と医術の双方をもって治療するのが巫医である。あるいはその間をいう。豊国奇巫から豊国法

師へ、法蓮へと、豊前、豊後には巫医の伝統が脈々と流れていることを認めざるを得ない。それもこの三人だけではなかった。

桑原村主訶都

「日本書紀」は、朱鳥元年（六八六）四月に「侍医桑原村主訶都《くわはらのすぐりかつ》に直広肆《じきこうし》を授けたまふ。因りて、姓を賜ひて連《むらじ》と曰ふ」とある。これは「続日本紀」の文武天皇三年正月の記事と同じである。侍医は、天皇の診察、医薬のことにあたる医師。直広肆は従五位下相当。大宝・養老令制では内薬司に侍医四人が所属することになっている。この一人に百済人億仁《おくに》がいたとあるが、「日本書紀」は桑原村主については何にも触れていない。ところで「新撰姓氏録」は「桑原村主」について、「左京諸蕃　漢高祖七世孫万特使主より出ずるなり」とある。また大和国諸蕃の桑原直も、摂津国諸蕃の桑原史も共に桑原村主と同祖とある。いずれにしても渡来系氏族である。天武天皇の侍医であった桑原村主訶都の出自については、豊国の巫医の伝統からしてもまず豊前に求めて見るのが順序と云うべきであろう。

桑原の地名の手がかりとしては「日本書紀」の安閑天皇二年（五三三）の条に、豊国に置いたとある五つの屯倉の一つが、桑原屯倉である。桑原は「和名抄」の時代には、豊前国田川郡香春郷に属していたと考えられている。そこは今日の福岡県田川郡大任町《おおとう》の今任原にある桑原であろうとされている。大任町は香春のとなり町である。

桑原の地名は、もう一つ、「和名抄」の大隅国桑原郡にも残っている。元明天皇の和銅七年（七一四）三月に「隼人、昏荒野心にして、憲法《のり》に習はず、因りて豊前国の民二百戸を移して、相勧め導かしむ」（「続日本紀」）とあるが、隼人を鎮撫する目的で豊前国から移民二百戸を移したのは、大隅国桑原郡であった。ここに桑原の郡名があるのは、桑原屯倉の所在地、「和名抄」の時代の香春郷と関連があると思われる。大隅国の桑原郡には、大分《おおきた》郷、豊国《とよくに》郷、答西《とうせ》郷、稲積《いなづみ》郷、広西《ひろせ》郷、桑善《くわよし》郷、仲川《なかつがわ》郷の七郷が属している。このうち、仲川郷は豊前国仲津郡仲津郷と関連すると思われ、現在の鹿児島県霧島市牧園町の中津川流域と推定されている。また答西郷は、豊前国上毛郡多布（塔）郷と由縁の地であろう。豊前国の塔里、加自久也里、丁里など、中津市と行橋市の間には、秦氏や勝氏など秦氏系の住民が大勢住んでいたことはすでに述べた通りである。

佐伯有清は、秦氏本系図の譜文に阿佐豆麻（朝妻）の加知、槻田（調田）加知とあることをもって、加知を勝（カチ）と見なしている。そうであれば訶都も勝、すなわち秦氏系の名前であろう。桑原村主訶都も、もともとは香春郷に含まれる桑原屯倉の出身で、桑原勝であったものが、中央に出て桑原村主となり、さらに勝を訶都としたと考えられなくはない。

訶都が授位されたのは六八六年であり、法蓮が褒賞を受けたのは七〇三年であるから、その差は二十年たらずである。桑原村主訶都と法蓮の間につながりがあったかどうかは判らないが、豊前の巫医の伝説は後代まで受けつがれていったと見るべきである。それにしても豊前の巫医たちは呪術と医術の双方を踏まえたものであったから、医術の治癒のためには草木を原料とした本草薬と鉱物を原料とした石薬を用いたと思われるが、石薬といえばその原料である鉱物を得るのに香春岳にまさる場所のないことは次節を見ても明らかである。

第6節　香春岳の神々

香春岳の鉱物

「豊後国風土記」逸文は、「鹿春郷《かはる》」について次のように記している。

「郷の北に峯あり、頂に沼あり、黄楊樹《つげのき》生ひ、兼《また》、龍骨あり、第二の峯には銅並びに黄楊、龍骨あり、第三の峯には龍骨あり。」

「豊後国風土記」に二ノ岳に銅を産出するというのは正確ではなく、それは三ノ岳の誤りであるとする向きがあり、それが今は通説のようになっている。しかし実情は必ずしもそうではない。

「地域相研究」(第二七号)は平成九年から十年にかけての調査の報告をおこなっている。それによると、香春《かわら》神社(香春町大字香春)周辺の一ノ岳の南側山麓から、これまで坑口二ヶ所、鉱滓散布二ヶ所を確認したとある。また二ノ岳鉱山もある。これは瀬戸鉱山とも呼ばれている。三つの坑口があり、黄銅鉱、黄鉄鉱、磁硫鉄鉱などを産出した。

さらに二ノ岳と三ノ岳の鞍部東側山麓の香春町大字採銅所字古宮《こみや》に鉱山がある。この古宮鉱山は、香春でもっとも古い鉱山と考えられており、「豊後国風土記」逸文にいう「第二の峯には銅並びに黄楊、龍骨あり」の記述の位置を裏付ける有力な鉱山であると報告書は述べているのである。古宮鉱山からは多数の「からみ」（鉱滓）が発見されている。この古宮鉱山からほど遠くない古宮鼻には、三ノ岳の阿曾隈にまつられていた女神の豊比咩命を移したという古宮神社が鎮座した地がある。そこは道路ぎわの崖の上の藪となっているので私もたずねて見たが、もはや確認しがたい。いずれにしても古宮神社と古宮鉱山の位置関係だけははっきりたどれるのである。

そのほか三ノ岳東北山麓には、香春町大字採銅所の神間歩《かんまぶ》鉱山がある。間歩は鉱物を採掘する穴を云う。神間歩はそこで神祀りをした間歩を指すのであろう。また御手水鉱山、そして香春岳最大の横鶴鉱山がある。横鶴の鶴は「鉉《つる》」すなわち鉱脈をさす。横鶴は横につづく鉱脈を意味する。坑口は二十二ヶ所もあり、また露頭掘りも広い範囲におこなわれた。ここからは金、銅などの鉱石がとれる。そのほか水晶を産出するので水晶鉱山と命名された鉱山や床屋《とこや》鉱山がある。床屋は金属精錬所を意味する鉱山用語である。

これらを見ると香春岳の鉱山は三ノ岳を北西からとりまくようにつらなっているが、二ノ岳にもないわけではない。産出する鉱物は金、銅、水銀、水晶が主である。「豊後国風土記」逸文には各峰に龍骨がある、と述べてあるが、龍骨は太古の動物の骨の化石として漢方薬に珍重される。香春岳では石灰岩かも知れない。

渡来人はこのように豊富な鉱物資源がある香春に住みつき、採鉱や鉱石の精錬に従事したと考えられる。「豊後国風土記」逸文に「むかし、新羅の国の神、自ら度り到来《わたきた》りて、此の河原に住みき、便即《すなわ》ち、名づけて鹿春の神と曰ふ」とあるのはそのことを指している。この河原は自然の地形をあらわす地名だけではないことはすでに述べた。

日置氏の役割

香春の最古の神は三ノ岳のふもと阿曾隈に祀られる山の神の豊比咩命であった。はじめは阿曾隈の森に置かれた石祠にしかすぎなかったが、拝殿を目と鼻の先の古宮鼻にもうけ、宮原の人たちは、そこで祀りをおこなっていた。ところが日置紒子《へぎやくし》という人が和銅二年（七〇九）に阿曾隈の豊比咩命を一ノ岳のふもとにある香春神社に勧請した（「太宰管内志」）。日置氏はおそらく三ノ岳の金銅を採掘する氏族ではなかったかと推測される。長州長登鉱山の労働者たちの中には日置氏の名前が多く見られる。「姓氏録」によれば、「日置造」は高麗国人伊利須意弥より出ず、とあるから、渡来人であろう。

これについて思い起されるのは、疋野神社（熊本県玉名市立願寺《りゆうがんじ》）のことである。疋野は日置野のことと解される。井上辰雄によると日置氏は玉名郡日置郷に本拠を置き、菊池川沿いに勢力を張った豪族である。日置氏は菊池川の砂鉄を掌握し、製鉄に従事したと見られ、匹野神社はその氏神とみられる。主神の波比岐《はびき》神はふいごに関係のある名前と考えられる。現に匹野神社を訪れると大きな鉄滓塊が置いてある。垂仁紀三十九年の条には、五十瓊敷《いにしき》皇子が茅渟《ちぬ》の菟砥《うと》川上宮で剣千本を作らせたとある。それに協力し従事した部民に日置部があるところを見ると、鉄や銅を溶かす鍛冶に関係していた氏族であると考えられる。大神比義の比義も日置に由来するという説があるが、検討に値するとおもう。

辛国息長大姫大目命

前述のように三ノ岳のふもとの阿曾隈に祀られていた豊比咩命は和銅年間に香春町大字香春下香春の現在地に勧請され、それを新宮と称した。香春神社である。これに対して、阿曾隈の神を古宮鼻の地に祀っていたところから、古宮社と呼ばれた神社は、慶長年間に現在地の香春町大字採銅所字鷹巣山に移されたが、そこは宇佐八幡宮の銅鏡の作製の際、それを最初に持参する神社であることから、応神天皇と神功皇后をも併祀して古宮八幡宮と称するにいたった。

新宮である香春神社は、辛国息長大姫大目命《からくにおきながおおひめおおめのみこと》、忍骨《おしほね》命、豊比咩命の三柱を祭神とする。「太宰管内志」によると、香春神社の神職として、赤染氏二家、鶴賀氏一家とあるが、鶴賀氏が代々豊比咩神社（古宮）の神官をつとめていることから、渡来系氏族と目される赤染氏は辛国息長大姫大目命神社・忍骨命神社に奉仕したと考えられている（「角川

日本地名大辞典　福岡県」)。とすれば、鶴賀氏は鉱山神である山の女神を最も古くから奉斎したことになる。このツルガは鉱脈をツルと呼ぶところから、それに由来するか、あるいはツヌガノアラシトと由縁の氏族名であるか、はっきりしないが、私は前者をとりたい。三ノ岳の北麓にある横鶴鉱山のツルは、とうぜん鉱脈を意味する。

鉱床としては鷹ノ巣脈、太郎脈、紅岩脈、牛斬脈、鶴山脈などがあるが、この鷹ノ巣脈や鶴山脈などの鉱脈と鶴賀氏の姓は関係があると考えられる。

また上高尾の集落から妙見坂を通り、尾根をのぼると、愛宕山の中腹に妙見を祀る石祠がある。妙見社は香春町大字高野字岩丸山の上に鎮座する。妙見社は北辰すなわち北極星を信仰する神社であり、鉱山に関係がふかい。一方、香春町大字採銅所に含まれる小字の一つに妙見山がある。香春町大字採銅所字妙見に、妙見鉱山がある。

宇佐八幡宮の二之御殿に祀られている比売大神とその脇殿として妙見神を祀る北辰殿があることから両者を一体として考える必要があることは後で述べるが、北辰神は辛嶋氏が奉斎してきた神であり、香春に由縁の神である。ではそれが阿曾隈の姫神とどんな関係にあるか。

そのことを考察するには、香春神社の神を検討する必要がある。

香春神社は、辛国息長大姫大目命、忍骨命、豊比咩命の三柱の神を祀っているが、「太宰管内志」によると、豊比咩命は「中比より、採銅所村に移り給へるによりて常には空殿なり」とある。香春神社の第三の御殿はいつも空殿であるとするが、もともと三ノ岳の阿曾隈に祀られていた豊比咩命が、香春神社に移されても、採銅所にある古宮八幡宮に帰るというのは、本来の場所に戻ることを意味するので、「空殿」はごくとうぜんのこととしなければならない。したがって香春神社は実質的には二柱の神を祀っていることになる。その一柱である忍骨命はニニギノミコトの父のアメノオシホミミ（天忍穂耳命）のことであるが、忍を大とみて、香春岳に産する大なる骨、すなわち龍骨を神とみなしたとも考えられなくはない。

もう一柱は辛国息長大姫大目命である。辛国は韓国《からくに》であろう。息長は息が長いということで、ふいごの風がよく通るという説が一番有力である。大姫は神と人との間をとりもつ巫女的な存在である。大目はたんに大きな目という意味ではない。大目はダイマナコで、ダイマナコはヒトツメコゾウ、メヒトツコゾウ、あるいはイッチョメドンとも呼ばれて、一つ目を指す。一つ目の神は古代では天目一箇神《あまのまひとつかみ》と称して金属精錬に従事する鍛冶集団の神であった。さきの息長帯比売命（神功皇后）を想起させるが、近江の三上山を神体山とする三上神社の祭神は、天津彦根命の御子の天之御影命である。それは天目一箇命の別名であることが社伝に記され、今も我国の鍛冶の祖神として崇敬をうけている。天之御影命の子孫に息長帯比売命がある。このことは息長が鍛冶に関係のある話としての傍証である。こうして辛国息長大姫大目命は新羅から香春にやってきて、ふいごを使って銅を鋳造する金属神である一つ目の神に仕える巫女ということになる。

宇佐の放生会のとき香春の採銅所にある古宮八幡宮の祭主の長光家で銅鏡を鋳造して

宇佐本宮に納めるが、この放生会に細男舞《せいのお》が舞われる。その祭で、

いや身をきよめ　ひとめの神にいく
いやつかつか　まつりせぬはや

という歌がうたわれる。この歌の意味は不明であるが「ひとめの神」は一つ目の香春の神だろうと云われている。これらのことは拙著「青銅の神の足跡」ですでに書いている。

香春神社の主神は忍骨命ではなく辛国息長大姫大目命であろう。では豊比咩命との関係はどうか。私はこの二柱の神は同一神であると考える。阿曾隈に祀られていたのは三ノ岳の女神であった。この女神は鉱山に働く人々の守護神として崇拝の対象となっていた。「豊前国風土記」逸文に「新羅の神」とあるのは阿曾隈の山の女神にほかならなかった。その神はあとで古宮鼻に祀られていた。しかるに香春神社が創建され、宇佐神宮と同じく三柱の神を祀ることになった。そのとき豊比咩の神の本質を明確に示す必要から、辛国息長大姫大目命が創り出されたのではないか。豊比咩命の本質は、韓国からやってきた鉱山採掘者の女神ということを明らかにする必要があったのである。

香春神社・阿曾隈神社

香春神社における忍骨命の存在は稀薄で、つけ足しの感がある。したがって辛国息長大姫大目命は結局豊比咩命の外向きの公式的な名であると私は云いたいのである。

現人神社

香春でもう一つ見落すことのできない神社がある。それは同町採銅所現人《あらひと》にある現人神社で、ツヌガノアラシトを祀っている。彼は垂仁紀によると、意富加羅《おおから》国の王子であり、敦賀《つるが》に上陸しているが、天日槍《あめのひぼこ》の渡来とは往々にして混同して伝えられており、両者は互いに自他を区別する理由をもち得ない存在である。この二者にまつわる記紀の記述は、金属精錬の技術者が日本に渡来したという事実を、説話風に物語っているにすぎない。とすれば香春町の現人神社も、天日槍及びその妻の足跡と見なして差支えない。天日槍の妻は夫を助けて金属精錬に従事した巫女であったろう。古代には鍛冶工を助ける巫女的な存在が必要であった。それは鍛冶工の妻であり、また母であった。天日槍の妻の赤留比売命《あかるひめ》もそれに類する存在であった。天日槍より一足早く日本に上陸したその妻の足どりはややはっきりしている。まず福岡県糸島半島の前原市高祖《たかす》に高祖神社がある。もとは高礒《たかす》神社と呼ばれていた。この神社は天日槍の妻をまつるとされている。

次は大分県の姫島に比売語曾《ひめこそ》神祠がある。また香春の南となりに赤村がある。「地名辞書」によると、赤に鎮座する八幡の縁起に、上古この嶺の頂上が震動して鳴りとどろき、赤光を放ち、神霊があらわれた。よって「明流《あかる》の神岳」と称し、その里を赤村といったという。この縁起をさらに遡れば、そこに天日槍の妻の阿加流比売とのつながりが暗示されている。この赤と同じ村名が山口県美祢郡美東町大字赤として残っている。美東町赤には銅山があり、地名もアカガネに由来するとされている。また美東町大字赤宮の馬場には赤郷八幡宮があることから、香春のとなりの赤村もアカガネのアカにもとづく地名かも知れない。しかし、香春神社の祠官の一人であった鶴賀氏をツヌガノアラシトに結びつけるのは、後代に派生した俗間の説であろう。

第7節　白鳥と鷹

高句麗壁画の白鳥と鍛冶神

筆者はかつて拙著「青銅の神の足跡」で白鳥に関わる地名や伝承が、金属と深く関わりあっていることを指摘したが、白鳥と大鍛冶との関係は、日本列島に生まれた伝承であるかというと、そうではない節がある。たとえば「高句麗文化展図録」（一九八五）を見ると、それには高句麗古墳の輯安五塊墳四号墓（六世紀）の壁画が紹介されている。その壁画には、白鳥に乗った神（乗鶴神）とともに、青竜をはさんで、左端には松明《たいまつ》をかざす燧神（火の神）、右端には小槌で鉄塊を鍛造する鍛冶神が、いずれも松の樹の下に描かれており、すでにこの時代、製鉄文化の源流に白鳥に乗った神が関与していたことを証明していると、山内登貴夫はいう（「金属と地名」所収）。

そうすれば、播磨国宍粟郡岩鍋に降臨した金屋子神が白鷺に乗って天空を飛び、出雲国能義奥西比田黒田の桂の木にとまったという「鉄山秘書」の伝承も、その淵源を遠く辿れば、はるかな昔、高句麗の壁画に描かれた絵とつながっていく可能性をもっている。そしてこの事実は次に見るように、白鳥（鶴や鷺も含む）と鍛冶との関係だけでなく、白鳥と鷹との関係にまで発展していく。

たましひの鳥

折口信夫は「鷹狩りと操り芝居と」「恋及び恋歌」の中であらまし次のように言っている。

「鷹はたましひの一時の保有者であった。だからこの鷹によって、鎮魂を試み、あるいはうらなひを行うことになった。鷹には鈴をつけて放すのが定りである。この鈴の音が、呪術とうらなひとに交渉を持って居るものであろう。白鳥はたましひの鳥であり、もっとつよく云えば、逸れ行くたましひをつきとめ、もたらし帰るもの、と考えられた方面もある。こうしたものを求める動作は、たましひの場合に限って、こひと称している。こひは白鳥を指す『こふ』という語からも裏付けられる。垂仁帝の皇子のほむちわけの場合は、たましひの鳥、鵠を追うていったのは山辺大鶙となっている。たましひの鳥を追うがために鷹の名をとったのか、あるいは説話学の考方にしたがって、鷹の人格化せられた名と見るべきか、いずれにしてもたまごひと鷹との関係を思わせる――。」

折口の考えによれば、「日本書紀」仁徳天皇四十三年に百済から伝えられたと記されている鷹狩の技術以前に、日本には放鷹の信仰と呪術があった。空高くゆく鷹の鈴の音を聞いて、神がそれに憑《よ》ったことを知る信仰があり、またそれを占う呪術があったとするのである。さらに鷹が「たましひの鳥」である白鳥を追う行為は霊魂の逸失を防ごうとする信仰儀礼によるものだと云う。

遥かな太古の信仰を折口は語っているのであるが、鳥の人格化であった山辺大鶚《やまべのおおたか》は歴史時代になると、実際の人物の山辺公の姓で現われた。また鷹と白鳥を一対として捉えた神社も出現することになった。かつて「白鳥伝説」を追究した筆者は、今、鷹を追跡する過程において、再び白鳥を念頭に置かねばならぬ仕儀になったのである。

山辺大鶚と白鳥

鷹が白鳥と対となっている存在であることをつよく意識したのは、香春町の古宮八幡宮を訪ねたときにはじまる。古宮八幡宮は慶長四年に、古宮鼻から現在地の採銅所字鷹巣山の森に遷ったが、そこにはすでに白鳥神社が祀られており、白鳥神社の社地に古宮八幡宮は鎮座した、と記録にある。今でも、古宮八幡宮の境内の小高い場所に白鳥神社が祀られている。そこを鷹巣山と呼ぶのはいつ頃からのことだろうか。白鳥神社だけが祀られていた慶長四年以前に、すでに鷹巣山の呼称があったとすれば、鷹と白鳥との間に一つの線を引いてみることは可能である、という考えが閃めいた。そこで各地の事例を調べて見ることにした。

白鳥信仰のもっとも熱烈な宮城県の南部の刈田郡と柴田郡に眼を向けてみよう。

宮城県刈田郡唯一の式内社である苅田嶺神社は白鳥をまつっている。それと同様に隣りの柴田郡ただ一つの式内社である大高山神社も白鳥をまつっている。大高山神社は現在宮城県柴田郡大河原町金ヶ瀬に鎮座する。柴田郡が刈田郡から分かれたのは和銅年間のことである。元禄十年（一六九七）に撰述された「大高山神社縁起書」には敏達天皇の元年（五七二）に創建されたとなっている。もちろん、これをそのまま信用することはできないが、この由緒の古さをみとめてもよいであろう。

「延喜式」には大高山神社とあり、また「吾妻鏡」にも「大高山」と記されている。しかし正応六年（一二九三）の銘のある鰐口には「大鷹宮」とある。その名からして、「古事記」の山辺大鶙と関連のあることが推測される。

山辺大鶙をまつる神社はほかにもある。群馬県前橋市に鳥取という小字がある。そこに上野国勢多郡従三位の鳥取神社がある。鳥取神社は現在は大鳥神社と名を変えており、祭神は山辺大鶙である。このように宮城県の大高山神社や群馬県の鳥取神社では鷹と白鳥とがセットとして扱われている例を見ることができる。

山辺大鶙については「古事記」に次の一節がある。

垂仁天皇の皇子ホムツチワケは成人してもものを云わなかった。しかし空をゆくクグヒ（白鳥）の声を聞いて、はじめて声を出してものを云った。そこで天皇は山辺大鶙という者をつかわして白鳥を捕えさせた。大鶙は白鳥を追って紀伊、播磨、因幡、丹波、但馬の国を訪ね歩き、さらに近江、美濃、尾張、信濃と経巡って、越の国の和那美《わなみ》のみなとに至り、そこで網を張って白鳥を捕え、天皇に献じた。啞の皇子は白鳥を見てものを云おうとしたが、思ったほど声が出なかった、という物語である。

「古事記」のこの物語は「日本書紀」には、天湯河板挙《あめのゆかわたな》の話として語られている。天湯河板挙は命を奉じて諸国をまわり、白鳥を出雲国で捕獲して献じた。その白鳥を弄んでいるうちに、啞の皇子はついにものを云うことができたので、垂仁天皇はたいへん喜んで、天湯河板挙に鳥取造という姓をあたえ、さらに鳥取部、鳥養部、誉津部の部民を制定した、というものである。

「古事記」の山辺大鶙は「日本書紀」では天湯河板挙という人名に変っているから、それを特定の人物と考える必要は毛頭ないが、その姓名には検討すべき意味がこめられている。

鳥取氏と鷹巣山

「山辺」は三輪山麓を指し「大鶙」は鷹の擬人化にすぎないという説があるが、そうではあるまい。そこで「新撰姓氏録」に「山辺」を探して見る。

山辺公　和気朝臣同祖　（右京皇別）
山辺公　和気朝臣同祖　大鐸石和居命の後也　（摂津国皇別）

とある。

ここに見る大鐸石和居命《おおたくしわけ》は、鐸石別命《ぬてしわけ》のことである。山辺公は出自において和気朝臣と同祖とある。

和気朝臣については、「姓氏録」は「垂仁天皇の皇子鐸石別命の後なり」として次のような挿話を述べている。

神功皇后が新羅を征伐して都に凱旋する途中、忍熊皇子らが兵を集め、明石で待伏せしていた。皇后はそれを知って弟彦王を播磨と吉備の堺につかわし、関所をつくり防いだ。皇后は忍熊皇子の乱をしずめたのち、弟彦王に、吉備の磐梨県に封地を与え、功に酬いた。そこが始まりで、光仁天皇の宝亀五年に和気朝臣の姓を賜わった。

ところで「神村山記」に引く「弘文院記」には、「和気氏の祖の鐸石別命が河内国大県郡高尾山に薨じた」とある。高尾山は鷹巣山と呼ばれたことが「河内志」にあり、現在でも土地の人に「鷹巣山」の名で呼ばれている。山辺公の先祖の鐸石別命が鷹巣山（高尾山）に葬られたという伝承があることからして、鷹巣山の「鷹」も山辺大鶙の姓名とつながりがあるのではないかと思われる。

高尾山頂からの見晴しはよく、摂津、河内、和泉の平野を一望に収め、遠く大阪湾から六甲山塊、淡路島まで眺望することができる。山頂から南西に延びた小さな尾根の斜面からは、弥生時代の多鈕細文鏡《たちゆうさいもんきよう》が発見された。高尾山頂には巨岩が露出しており、巨岩信仰があったと見られ、多鈕細文鏡もそれとの関連で祭祀に用いられたと考えられている。高尾山麓にある鐸比《ぬでひ》古《こ》鐸比《ぬでひ》売《め》神社も、以前には高尾山頂に祀られていた。ということからしても、高尾山頂の祭祀はきわめて古くからはじまっており、高尾山頂に鐸石別命が葬られたという伝承にもなにがしかの事実が反映していると思われる。

河内国大県《おおあがた》郡は大里・鳥坂《とつさか》・鳥取・津積《つつみ》・巨麻《こま》・賀美《かみ》の六郷よりなるが、大県郡の大部分は現在の柏原市（その北部）に含まれ、一部分が八尾《やお》市（その南東部）にはいる。なかでも注目すべきは、大県郡に鳥取郷と鳥坂郷があるということである。鳥坂郷は鳥取郷の坂下という意味といわれる。とうぜんのことながら、これらの地名は鳥取部を率いた鳥取氏の存在を思い浮べさせずにはすまない。

柏原市の高井田には天湯川田神社が祀られている。天湯河板挙命を先祖とする鳥取氏は、明治時代まで高井田に居住して、天湯川田神社の社家として奉仕していた。その後は小田原市に移住しているが、今も同家に残る三尊形式の神像の中央の一体は、衣冠束帯で白鳥を抱いている姿であるという。

高井田の地名がいつから起ったかは分からないが、「地名辞書」には高井田は「竹原《たかはら》井《い》」に由来するとある。「竹原井」は「鷹原井」ではなかったか。そうすれば白鳥を捕捉した天湯河板挙の子孫である鳥取氏の居住地にふさわしい地名となる。また高井田となれば「鷹居」を連想しやすい。

天湯川田神社の近くには高井田廃寺がある。そこは孝謙天皇が河内六寺を巡拝した際に立ち寄った寺の一つ、鳥坂《とつさか》寺の跡と見られる。鳥坂寺は奈良時代の前期に創建されたが、順序としては堂宇にさきがけてまず塔が建てられた。その塔の建った場所は、鳥坂宮古墳のきずかれていた円丘状の台地の端である。その古墳はこの地に定着した鳥取氏の先祖の墓地として守りつがれてきたものであろう。この鳥取氏の先祖の墓所である鳥坂宮古墳は、七世紀になって、各氏族が寺院を建立する風潮の時代には、鳥坂寺の塔として再生したのであろう。鳥坂寺は鳥取氏の氏寺であった。鳥坂寺が廃絶したのち、平安時代に、鳥坂寺の塔あとに天湯川田神社が建てられた。こうして天湯河板挙を先祖とする鳥取氏の聖地となり、今日に伝えられてきたのであろうと、山本昭は述べている(「謎の古代氏族鳥取氏」)。

　鳥取氏が古墳時代から鳥坂寺をへて天湯川田神社まで同一の場所で祭祀をおこなってきたことは注目に値する。鷹巣山といい、天湯川田神社といい、大県郡には白鳥と鷹がセットとして存在する。そこの遺跡は弥生時代にまでさかのぼることができるのである。柏原市の青谷《あおたに》は大県郡鳥取郷と考えられているが、そこには鳥取千軒の云い伝えが残されている。××千軒というのは鉱山によくある地名で、鉱夫の長屋などがあったところにつけられることが多い。そこで製鉄がおこなわれていたのであろう。それを示すように、青谷には式内社の金山孫《かなやまひこ》神社(今は金山彦神社)がある。青谷を通って山をのぼると、雁多尾《かりんどお》畑《ばた》がある。大県郡賀美郷に比定されるところであるが、そこには式内社の金山孫女神社(現在は金山姫神社)が祀られている。金山孫女神は金山孫神と共に、鉱山の神である。

上手の山中では鉄滓《かなくそ》が採取されている。雁多尾畑には「畑千軒」の地名がある。山本博は「古代の製鉄」の中で、竜田神社の西の山脈につながる雁多尾畑の近くで、二ヶ所の鉄滓を発見したことを報告している。そこは嶽山の北側にあるが、そのさらに北にある御座《ござ》峰から吹きつける自然風を利用して製鉄がおこなわれていたことを示しているという。

御座峰は古くから竜田神、すなわち風の神の降臨する聖地とされていて、今もって毎年四月四日の竜田神社の例祭の日、神官が登山して祭祀をつづけている。また嶽山の頂上に金山姫と金山彦の二神が祀られていたのが、あとで現在地の雁多尾畑の位置に下りた。御座峰の風神も天武朝になって、現在地の竜田神社に移した、と山本博は云う。

ちなみに雁多尾の「雁」は朝鮮語のカル、すなわち刃物を意味する語であり、「多尾」はタワ、すなわち峠を意味する。このように金属に由縁のある地名がここには残されている。

ところで、柏原市と隣接する八尾市神宮寺には、赤染氏の奉斎する常世《とこよ》岐姫《きひめ》神社がある。赤染氏は豊前香春の香春神社の社家である。赤染氏が河内大県郡で常世岐姫を祀るのはなぜか。

第8節　二つの常世の衝突

赤染氏はなぜ常世連か

豊前香春《かわら》の香春神社の社家が赤染氏であることはすでに述べたが、その赤染氏は他国でも活動していた。「続日本紀」によると、天平十九年八月「正六位上赤染造広足・赤染高麻呂ら九人に常《とこ》世連《よのむらじ》の姓を賜ふ」とある。また宝亀八年四月には、「右京の人従六位赤染国持ら四人、河内国大県郡の人正六位上赤染人足ら十三人、遠江国蓁原《はいばら》郡の人外従八位下赤染長浜、因幡国八《や》上《かみ》郡の人外従六位下赤染帯縄ら十九人に、姓を常世連と賜ふ」とある。

常世連は「姓氏録」河内諸蕃に「燕国王公孫淵より出ず」とある。そこで太田亮は「本貫河内にして、燕帰化族となるを知るべし」と「姓氏家系大辞典」で述べている。

河内大県郡の赤染氏は染色の技術をもっていたと考えられる。また八世紀の令内官司である画工司の中に、赤染佐弥万呂、赤染古万呂の名前が見える。しかし、染色工や画工は赤染氏の分流であった。

承和七年（八四〇）正月十七日入唐を前にした最澄は豊前国田河郡において赤染連清を檀越として法華経を収めた堂を建てたとある（太宰管内志）。赤染氏の本流が香春神社を動いていないのはこれでたしかめられる。

染色工や寺院の画工としての赤染氏がその功で常世連を賜うということはありえない。赤染氏は河内国大県郡、遠江国蓁原郡、因幡国八上郡など各地に分散して地方豪族となっていたが、それらがほぼ時期を同じくして共に常世連を賜わったというのは、個々の赤染氏の職能に関することというよりは豊前香春に居をかまえる本流の赤染氏に関係のあるものであったにちがいない。

赤染氏はなぜ常世連を賜わったのであろうか。この疑問に対する納得できる回答は、今日まで誰からも出されていないように思う。

常世は、古代日本人が描いた死者の魂の赴くところである。しかし、赤染氏は渡来の新羅系人民の集まる香春にあって、新羅の神を奉斎する香春神社の神職である。総じて朝鮮半島には古代日本人の描いた常世、根の国、妣の国のような他界観は乏しい。それなのに赤染氏が常世連を賜わったというのはなぜか。

それにはこの常世のイメージを古代末期の日本人が抱いた常世観に近づけて解するほかない。常世を道教の匂いのする蓬萊島に似た原郷、それから導きだされる不老不死の世界と見なす古代人の他界観、つまり日本古来の常世観から道教の影響を受けた常世観に変質した七、八世紀頃を考えると、赤染氏が常世連を賜わったということが納得できるのである。不老長寿は民間道教の最大の目標であり、そのためにさまざまな仙薬が用いられた。それを大別すれば植物の草根木皮から採取した本草薬と、鉱物から採取した石薬の二つがある。つまり植物性の仙薬と鉱物質の仙薬である。香春岳は多くの鉱物にめぐまれていた。赤染氏はそれらを採掘し、調合し、石薬を作り、家伝薬として伝えていったのではないか。「大同類聚方」を見ると、神社の扱う薬は六十を越えている。神職の家で代々伝える秘伝薬として、その特権をみとめられたものであろう。「姓氏録」を見ると、常世連は燕国王の公孫淵より出ず、とあるから帰化民族である。したがって、平野邦雄の説のように古代新羅、加羅系の呪術と関わっていると解する向きもある。しかし赤色が魔を撃退する特効をもつことはひろく世界各地に見られ、朝鮮半島に限らない。赤色塗料を問題にするならば墓所に侵入する悪霊を退けるため、墓室の壁や柩を赤く塗ることが古代日本でもおこなわれてきた。

しかしそうした効用とは別に、香春では香春岳の周辺の辰砂から水銀をとり、丹薬を精製することが赤染氏の手でおこなわれ、不老長寿の仙薬が作られたのではないか。赤染の姓も水銀の朱色を意味していることはまちがいない。その証拠には、前にも述べたが「彦山縁起」に法蓮が「方薬を精し」たとあることである。方薬は仙薬である。法蓮は巫医として、朝廷から褒賞にあずかったほどであるから、薬を調合することはできたであろう。かくして法蓮や豊国の巫医たちも、香春神社の神職をかねていた赤染氏の精製した仙薬を用いたであろう。

水銀採掘や加工の技術のおこなわれた香春の技術は赤染氏にも伝わったであろう。

常世は古代日本では死後の魂の赴く島であった。そこには不老長寿とか不老不死という観念的な考えはなかった。しかし七、八世紀頃になると、道教の影響を受け、常世を不老不死の神仙郷とする考えに変ってきた。「丹後国風土記」逸文には、浦島の子の迷いこんだわたつみの宮を、仙都または蓬萊山と記し、それをトコヨノクニと訓ませている。そこで古来のトコヨという言葉はそのままであっても、内容は道教の神仙郷という風になり、常世を不老長寿の世界と同じものと見るにいたったのである。赤染氏の姓も、また赤染氏に常世連が与えられたのも、不老長寿の仙薬を作ったからという以外に考えられない。

仙薬を作るのに必要な鉱物は香春岳にはすべて揃っていた。

香春岳は銅のほか金や銀、水晶などを産出していた。それでは水銀はどうであるか。

ここに一九七〇年代初頭の地元の古老の聞き書きが残っている。それによると香春町の百舌鳥原《もずはら》金山の製錬所では水車で鉱石を砕き、そのあと石臼で粉末状にしたが、鉱石を砕くときに、金が逃げないように、水銀を入れて金を吸収させた。そうすると、水銀が重いので、金が流れ出て逃げることはない。鉱石は一昼夜搗《つ》いて、そのあと笊で淘汰《ゆ》って水銀を除く。さらにその砕いた金の鉱石を女鹿の毛皮に入れて搾ると、水銀が出てしまい、後に金が残るという。

それでも水銀を搾ったあとの金には水銀がちょっと巻いていて、金色をしていない。それを焼けば水銀はなくなって黄金色になる。香春町の鷹ノ巣金山でアマルガムと云って水銀の混じっている鉱石を皿に入れて焼き、水銀をとりのぞいたが、そのとき水銀の煙を吸って、歯が痛くなった人もいたという。また水車で鉱石を搗くとき、臼の底の平たい所に毛布を敷いて置く。それに水銀のまいた金の鉱石がひっかかる。その毛布をあとでしぼり、水銀をのぞいて、金をとることもおこなわれた。

これらの聞き書きから、香春町の百舌鳥原金山や鷹ノ巣金山では、金に混じっていた水銀をとっていたことが分かる。

こうした方法は他所でもおこなわれた。内藤正敏の「遠野物語の原風景」の報告によると、岩手県の遠野地方では、

「臼の中に水銀を加えて鉱石を搗き、鉱石中から割れでた金はアマルガムとして水銀に溶ける。この時、臼の中にはたえず水が流されるが、流れ出る粉鉱をさらに布を敷いた桶の上を通して金分をとった。

水銀アマルガム状の金は、丸型のユリ板を使って土砂とゆり分ける。次にアマルガムを鹿のなめし皮の中に入れて絞ると、水銀だけが外に絞り出され、皮の中には金が残る。ただ、この金にはまだ水銀が含まれているので、乾留器で蒸留して水銀と金を分離し、ルツボで熱して成形する。乾留器のない場合、当時は水銀の危険性を知らなかったので、

ルツボでそのまま熱して水銀を空中に蒸発させて同時に成形したという」

これは陸中遠野の例であるが、こうした話は山形県南陽市の吉野鉱山でも聞いた。

赤染氏が香春岳の周辺からとれる金に水銀をまぜて、丹薬を調合することは可能であったにちがいない。水銀は金と共に不老不死の薬に欠かせないものであったから、それを巧みに調剤した仙薬は都でも重用され、常世すなわち永世の世界に現世を出現するものとして珍重がられ、赤染氏はその功績で常世連の姓を与えられたものであろう。

赤染氏が燕国王の公孫淵に出自をもつ渡来氏族であると「姓氏録」に述べられていることから大和岩雄は、赤染氏は、もともと公孫淵の支配していた朝鮮半島の帯方郡にいた鏡作りの工人の一派で、倭国むけの三角縁神獣鏡を製作していたが、二四〇年以後、鏡の需要の多い倭国に移住した。鏡作師の末裔は香春岳のまわりに住み、その一部が赤染氏を名乗った、という仮説を展開している（「東アジアの古代文化」九七号、九八号）。大和は公孫淵の支配した燕国に神仙思想が盛行していたことから、公孫淵を先祖とする赤染氏も常世連に改姓したと主張するが、その理由は薄弱である。第一に赤染氏が公孫淵に出自を求めているのは渡来氏族の自前の伝承にすぎない。次に赤染氏が鏡作りの工人の末裔であることも立証できない。第三に、常世連を賜わったのは、燕国での神仙思想の影響とするのもすこぶる短絡的である。赤染氏が常世連に改姓を認められたのは、丹薬を精製することで朝廷の不老不死の欲求に応えたからにほかならない。

富士河の常世虫騒動

「日本書紀」皇極天皇三年七月の条は次のように記している。

東国の不尽河《ふじかわ》の辺の人大生《おおう》部多《べのおお》、虫祭ることを村里の人に勧《すす》めて曰はく、「此《これ》は常世の神なり。此の神を祭る者は、富と寿とを致す」といふ。巫覡《かむなきら》等、遂に詐《あざむ》きて、神《かむ》語《こと》に託《の》せて曰はく、「常世の神を祭らば、貧しき人は富を致し、老いたる人は還りて少《わか》ゆ」といふ。……都鄙の人、常世の虫を取りて、清座《しきゐ》に置きて、歌ひ儛《ま》ひて、福を求めて珍財《たから》を棄捨《す》つ。都《かつ》て益《ま》す所無くして、損《おと》り費《つい》ゆること極て甚し。是に、葛野《かどの》の秦造《はだのみやつこ》河勝、民の惑はさるるを悪《にく》みて、大生部多を打つ。其の巫覡等、恐《おそ》りて勧め祭ることを休《や》む。時の人、便ち歌を作りて曰はく、

太秦《うづまさ》は　神とも神と　聞え来る　常世の神を　打ち懲《きた》ますも

大生部多が常世の神と云いふらした虫は、タチバナまたは山椒の木についた親指ほどの大きさの幼虫で、緑色に黒の斑点があって、蚕によく似ている、と「日本書紀」は注記している。これはナミアゲハという揚羽蝶の一種である。これを常世の神と称したのには根拠がないわけではない。古来蝶は霊魂のかたどりだという信仰があったということ、それに蝶は幼虫から蛹、そして成虫へと脱皮、再生、復活するということ、またタ

チバナはトキジクノカグノ木の実と呼ばれて、常世国の果実だと思われていたこと、これらの考えが古代に信じられていたという背景がある。それは日本の原始信仰と見てよい。しかし常世虫を崇拝すれば、富貴になり、若返るというのは、日本古来の純粋な信仰にはない。富を追い不死を求める後来の民間道教の匂いがする。つまり大生部多の常世虫の信仰は、日本古来の常世信仰と渡来の民間道教の折衷体である。それに比して、秦氏の系統の赤染氏の常世は、仙薬を服用することによって到達できる道教的な不老不死の理想界であって、それから見れば、大生部多の常世虫信仰は、異質なものが混在している不純なものと目に映ったであろう。まして、常世虫を崇拝するあまり、自分の財産を投げ棄てるものが帝都でも出てきたとなると、世間を騒がすことは必定で、由々しき社会問題である。

それに秦氏は赤染氏と系譜上のつながりをもっている。秦氏の系列に属する赤染氏は帰化人である。守屋討伐の用明二年(五八七)からして皇極三年(六四四)は五十七年を経過しており、秦河勝が少くとも七十代であったことを考えると、その頑固な老人の心が赤染氏の常世観のほうを受け入れたのはとうぜんのことであろう。

「続日本紀」宝亀二年(七七一)には、私物を窮民救済にあてたということで、遠江国蓁原郡主帳無位の赤染造長浜が爵二級を授与された、と記されている。この長浜は宝亀八年には常世連の姓をもらっている。袋井市の板屋遺跡から「赤染郷」と墨書した土器が出土している。また「続日本後紀」承和十四年八月の条に「蓁原郡人秦成女」と名が見える。さらに島田市にある敬満神社《けいまん》は、式内社の敬満神社《きようまの》に比定される。敬満神社は秦氏の祖の功満を祀ったものと伝える。こうして見ると、秦氏と赤染氏との関係が、地域的にも密接であったことは疑えない。

蓁原郡は遠江国の中でも、もっとも東に位置し、大井川をへだてて駿河国と接している。

その一方で大生部《おおうべ》（多《おお》）氏と赤染氏が同じ場所に住んでいる例も多い。

上田正昭は「古代の道教と朝鮮文化」の中で「山背の秦氏とつながりをもつ愛宕郡出雲郷の出雲氏人のなかには、大生部の資人となった者がいたことが神亀三年（七二六）の山背国愛宕郡出雲郷の『雲下里計帳』によってうかがわれる」と云っている。

このような事実を平野邦雄は、次のように要約している（「秦氏の研究」）。

一、山背国愛宕郡雲上里戸主出雲臣真足の戸口赤染依売は大生部三穂麻呂と同里で、ともに出雲臣と同族関係にあり、また但馬国朝来郡戸主赤染部大野も大生直山方と同地域である。

二、備中国都宇郡河面郷辛人戸主に赤染部首馬手があり、この辛人里には戸主秦人部稲麻呂、戸口秦人部弟嶋の名が見え、両氏は同一の生活集団をなしていたと思われる。

右の記述を見ると、秦氏、赤染氏、大生部氏、出雲臣は、同じ地域に居住し、互いに密接に交流しているさまがうかがわれる。秦河勝は、大生部多の常世虫信仰を邪道として退け、制裁を加えたが、それは見知らぬ者どうしの間でおこなわれたのではなく、むしろ秦氏は大生部氏（多氏）を自分の配下または同族とみなしていたことはたしかである。これによって、「日本書紀」では唐突の感のある秦河勝の行動もよく理解できるのである。

仙境への憧憬

一九八〇年代の後半、長屋王宮の跡と見られる場所から大量の木簡群が発見されたが、その中に、家令の赤染豊嶋の名を記したものがあったことから、「日本書紀」に記した壬申の乱のとき高市皇子の従者として活躍した赤染造《あかぞめみやつこ》徳足《ことたり》の名が浮かびあがった。長屋王は天武天皇を祖父とし、高市皇子を父としている。高市―長屋の王家に、二代にわたって赤染氏が近侍したのではないかという想定が働いても無理はない。

その上、長屋王発願の神亀五年の大般若経の奥書に「検校使作宝《さほ》宮判官従六位上勲十二等次田赤染石金《いわかね》」の名が記されている。

長屋王と赤染氏とを結びつけたものは何か。それは長屋王の道教への傾斜であり、赤染氏にとっては仙薬の調合であるとおもわれる。

日本最古の漢詩集で、大友皇子、大津皇子、長屋王など悲劇の主人公たちの漢詩をあつめた「懐風藻」の底を流れるのは、仙境への憧憬である。

葛洪《かっこう》の「抱朴子《ほうぼくし》」には仙人が鶴に化して空を飛ぶ話が記されている。唐詩にも有名な「黄鶴楼」の詩がある。

長屋王（六八四〜七二九）は黄鶴楼をうたった唐の詩人崔顥（七〇四?〜七五四）とほぼ同時代の人であるが、その妃である吉備内親王の邸である北宮に鶴を飼っていたことが、出土したおびただしい木簡群の調査の結果判明した。木簡の中には鶴司や鶴司少子の文字の記されているものがある。鶴司少子というのは、鶴の飼育係の者という意味である。ほかに馬司、犬司とか犬司少子もある。馬や犬のような家畜を飼うのはありふれているが、鶴を飼うというのは珍らしい。長屋王は儒教を重んじたとされているが、そこには長屋王の道教嗜好が働いているのではないか。

「懐風藻」の詩にはしばしば鶴が詠まれている。たとえば藤原朝臣史（不比等）は「吉野に遊ぶ」と題して、五言の詩を作っているが、その中に次の語句がある。

霊仙鶴《たづ》に駕《の》りて去《い》に
星客査《いかだ》に乗りて逡《まかる》る

（霊妙な仙人は鶴に乗って天上に去って行き、星の世界に至った客は筏に乗って再び帰ってきた）

「懐風藻」をみると、詩宴は長屋王の邸のほか佐保に作らせた別邸でも開かれた。賓客には新羅からの使節も招かれているから立派な庭園も築かれていたにちがいない。その庭園を遊歩する鶴の姿があったとしても怪しむに足りない。

長屋王の最期

長屋王は神亀六年（七二九）二月十日、漆部《ぬりべ》君足と中臣宮処東人《なかとみのみやこあづまひと》の二人から「密かに左道を学び、国家を傾けようとしている」と訴え出られた。左道とは中国の観念である。中国では右は尊貴を意味し、左は賤愚を指し、右は正しく、左は不正であり、総じて悪しきものが左であり、左道とは国家、社会の秩序に反するものである、とする。「礼記」に「左道を執りて以て政を乱すものは殺す」とある。

長屋王の自害から二ヶ月たった神亀六年（七二九）四月三日に、聖武天皇の聖勅として次の布告が出ている。その布告が長屋王自刃の直後に出されていることを考えあわせると「左道」の具体的内容がほぼ推定できる。

一、異端を学習し、幻術を蓄積すること
二、厭魅《えんみ》呪詛して百物を害ふこと
三、山林に居住し、いつわって仏教を云うこと
四、書符（符書）を封印すること
五、薬を合わせて毒を作ること

などである。

厭魅とは図形や人形《ひとがた》などを用いて、人を害するまじない方法である。符書とは、まじないや呪詛の文章を書きつけたものである。

律令の一つの賊盗律に「憎悪する所有りて、厭魅を造り、及び符書呪詛を造りて、以て人を殺さむとせらむは」云々という規定がある。その注に「厭」は人身を刻み、手足を縛ることであり「魅」は鬼神に仮託したり、左道を行うことの類とされている。それが天皇に向けられた場合は絞首刑となっている。

これらの実体については辰巳正明の「悲劇の宰相長屋王」に詳述されている。それによると厭魅の方法として、県犬養姉女《あがたいぬかいのあねめ》が、厨真人厨女《くりやまひとくりやめ》の悪人たちと結託し、朝廷を傾けようとはかり、そのために称徳天皇の髪の毛を盗み取って、佐保川の髑髏に髪の毛を入れて宮中に持ちこみ、厭魅をしたという例をあげている。

長屋王の最期について、辰巳正明は次のように述べている。長屋王の邸宅は前日の夜に宇合《うまかい》の率いる六衛府の軍が取り囲んでいた。そして翌日の午前中、藤原武智麻呂《むちまろ》が窮問使として邸内に入り、長屋王の罪を追及した。武智麻呂が動かぬ証拠として持ち出したのは、いくつかの木で作られた人形であった。しかも、人形には、両眼と心臓に釘が打たれているのがはっきり見て取れた。これは密告を受けて、宮廷の井戸や建物の床下に埋めてあったといって捜し出された呪いの人形であった。人形は密告者の告げた場所に埋められていた。密告者の告げるところでは、長屋王は左道を学習し、天皇を呪詛して謀反を企てているということであった。その謀反の動かぬ証拠として呪人形が持ち出された。「扶桑略記」によると長屋王は、罪なくして囚えられても刑を免れないと感じて自尽したという。妻の吉備内親王や子の膳夫王、桑田王、葛木王、釣取王も自剄した。

一説によると、長屋王がまず妻子に毒薬を飲ませて絞殺したあと、みずからも服毒自殺をはかったものとされている。毒は窮問使が持参したものというが、あるいはかねて長屋王が用意したものとも考えられる。その場合、毒薬を調合したものは誰であろうかと推理してみると、とうぜん家令の赤染豊嶋の名が浮び上がってくるのである。また、長屋王の別邸に次田赤染造石金がいたことは前述したが、石金という名前も鉱物に関係があるらしく思われる。そうすれば赤染氏は長屋王に仕えながら、なにがしか毒薬の調合などにも関与していたのではないかという疑いがあるのである。仙薬というのは道教の実践に不可欠のものであり、それゆえに赤染氏は常世連を賜った。赤染氏は、香春岳の神を奉斎しながら、香春岳の鉱物を採取、調剤して石薬をこしらえ、そのために、その一味は桑原村主訶都のごとく、天武天皇の侍医として信任を得、他方、赤染氏は天武天皇の長子高市皇子にしたがって活躍、その場合も戦士というよりは、負傷者の治療にたずさわる巫医として行動したかも知れぬ。さらにはその子は長屋王の側近として家政をまかせられたが、薬の扱いに長じていたから、長屋王のために、かねてから「薬を合せて毒を作」って、毒薬を用意していたかも知れない。

加藤謙吉によれば、長屋王家木簡に「下入里《しもにゅうり》」と記すものがあるが、そこは「和名抄」の近江国坂田郡の上丹《かみつにゅう》郷で、今は滋賀県米原市下丹生にあたり、朱砂の採取・貢納に従事していた人々が住んでいたと考えられている。また朱砂を扱う技術を利用して、絵画・工芸の分野まで進出していたらしい、という。こうして見ると、その朱砂からとれる水銀を赤染氏が石薬として用い、さらに、水銀を毒薬として使用したことも考えられなくはない。

長屋王の自尽の背景についてはすでに「万葉集の精神」（昭和十七年）において保田與重郎が「王の自尽ののち半歳にして、光明子の異例の立后あり、左府の獄に於て、王の一門自尽せる中で、不比等の外孫なりし者はすべてつつがなきを得ている」と述べている。歴史家の岸俊男もまた「日本古代政治史研究」の中で次のように言う。光明皇后ははじめ夫人であって皇后ではなかった。大宝令では天皇の皇后、后は内親王でなければならないと規定されていた。ところで神亀四年閏九月に光明子は皇子を生んだが、待望の皇子は若死にした。一方、聖武天皇の別の夫人である県犬養広刀自《あがたいぬかいのひろとじ》に安《あ》積《さか》親王が生まれた。安積親王が成長して皇太子となり、皇位を嗣ぐと、藤原氏は天皇の外戚としての地位を失う。その危機感から光明子を急いで皇后にする必要があった。それにもっともつよく反対すると考えられた皇親勢力の長屋王を排除しなければならなかった。長屋王は天武天皇を祖父に、その子の高市皇子を父にもって皇位継承の有力候補でもあった。そこで藤原氏は長屋王を誣告によって抹殺するという非常手段に訴えたというのである。

第9節　宇佐辛嶋氏の足跡

宇佐八幡神の特異性

日本の数多い神々のなかで宇佐八幡の特異性はきわだっている。記紀のどこにも名を記さない八幡神は、九州の一角から突如として中央に乗り出していく。そのきっかけは聖武帝の大仏造立の悲願であった。聖武帝が河内大県郡の智識寺に行幸して大仏造立を思い立ったことは、すでに智識寺の盧遮那《るしやな》仏を造立したという成果をもつ秦氏系と思われる渡来氏族の存在を決定づけ、その背後にある豊前の八幡神の立場をきわめて有利なものとした。

日本の神々と仏教とは本来立場を異にする宗教である。そのために排仏または崇仏の論争や政争も起っている。しかし八幡神は仏教に帰依し仏教を擁護する姿勢を断乎として露骨に打出した。

それに加えて宇佐八幡に伝統的に伝わっているシャマニズムを基調とした神託を存分に利用した。八幡神の行動はすべて神託によって決められた。朝廷もそれに従うほかなかった。神託は当時の政治情勢を見抜き、それにあわせて朝廷の意を迎える配慮がなされた。しかも八幡神がみずからの像を世に示すのはきわめて大胆で意表をつくものであった。大仏塗金の黄金が必ず国内に出ると託宣し、その預言を成就させた。また道鏡事件においても清麻呂は八幡神の神託を仰いだのであった。

八幡神が中央志向のつよいことも神社としては異例である。すなわち、東大寺の鎮守として、手向八幡宮が鎮座する。また平安京では石清水八幡宮が男山に奉祀される。源頼朝が鎌倉に幕府を開くと、源氏の氏神または武家の守護神として、鶴岡八幡宮が迎えられるというように、八幡神に土着性がないことが中央政権に密着する志向性を可能にした。八幡神の特異性を左に列挙してみよう。

宇佐八幡

一、「託宣集」によると、八幡神は自ら「我は是れ日本人皇第十六代誉田（応神）天皇広幡八幡麻呂なり」と名乗り出ている。「住吉大社神代記」によると、宇佐八幡神が応神天皇であるとするのは天平三年とされている。人間が神に擬せられた点では八幡神が最初である。

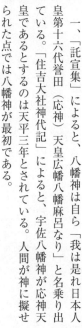

一、人神である宇佐八幡神は天平十八年に三位に叙せられ、天平勝宝元年に一品を授けられた。このように神祇に位階をたてまつったのも宇佐八幡宮をはじめとする。

一、宇佐八幡神は本地を釈迦如来と自ら唱えた。その前に多度神《たどしん》の例もあるが、日本の神が仏菩薩の垂迹という説を、具体的な形で示したのは宇佐八幡が最初である。こうして宇佐八幡は八幡大菩薩、さらには護国霊験威力神通大自在王菩薩とも称した。

一、また隼人征討で多くの隼人を殺した報いとして魚や鳥を山林や河川に放つ放生会《ほうじょうえ》は養老四年九月に宇佐八幡宮ではじめて実施された。これはもと仏教の思想にもとづく。

一、「託宣集」に「日本静かならず、我鎮守と成って、我が朝を護らん。吾をば八幡と号す。我慈尊の出世に結縁せしめんが為に、弥勒寺を建立して神宮寺と為んと擬る」とある。かくして宇佐八幡は東大寺の鎮守神となる一方では、また、宇佐八幡宮の神宮寺として弥勒寺を宇佐神宮境内に建て、法蓮が初代の別当となった。このように神宮寺を置いたのは宇佐八幡がはじめてである。これらを見ると宇佐八幡神はわが国古来の神観念からいちじるしく逸脱している。人格神として神階や品位を受け、また仏教に帰依し、仏教を擁護し、本地垂迹の説の基を作り、他方では、みずから鎮守神となり、あるいは神宮寺を建て、神仏習合の実を挙げた最初の神が宇佐八幡神であった。八幡神が国家神に発展する一番大きい契機は養老四年（七二〇）の隼人征討である。この戦に八幡神と共に活動した法蓮一派は宇佐氏法蓮集団である、と中野幡能はいう。放生会も隼人征討の供養としておこなわれた。

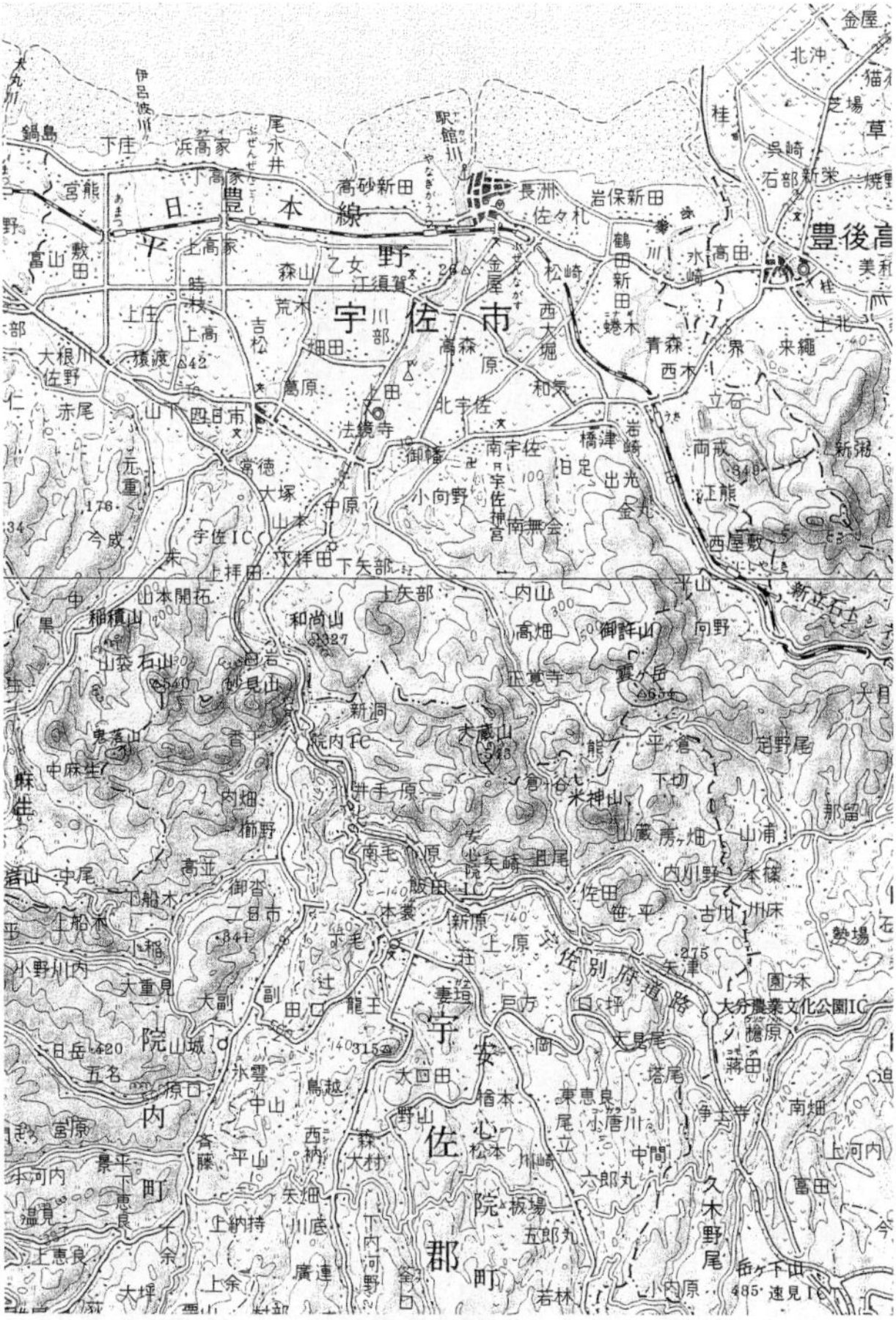
金屋
北沖
芝場
呉崎
石部新栄
豊後高田
鍋島
下庄
浜高家
尾永井
駅館川
高砂新田
長洲
岩保新田
佐々礼
日豊本線
宮熊
上高家
富山
敷田
森山
乙女
江須賀
金屋
松崎
鶴田新田
水崎
高田
宇佐市
時枝
荒木
川部
上庄
上高
吉松
畑田
高森
原
西大堀
青森
西木
界
来縄
大根川
佐野
猿渡
鳥原
上田
北宇佐
和気
立石
赤尾
山下
四日市
法鏡寺
御幡
南宇佐
橋津
岩崎
両戒
新涌
元重
宮徳
大塚
小向野
宇佐神宮
出光
金丸
工熊
今成
山本
中原
南無会
西屋敷
宇佐IC
上拝田
下拝田
下矢部
上矢部
内山
平山
向野
山本開拓
稲積山
和尚山
高畑
御許山
山袋
石山
白岩
妙見山
新洞
正覚寺
霊ヶ岳
大蔵山
平倉
鬼落山
香下
院内IC
中麻生
米神山
下切
那留
内畑
井手原
山蔵
房ヶ畑
山浦
櫛野
南毛
原
内川野
高並
下船木
上船木
御沓
二日市
飯田IC
木裳
新原
佐田
笹平
古川
川床
勢場
小稲
上原
宇佐別府道路
天津
小野川内
大重見
大副
副田
辻
龍王
妻垣
戸方
日坪
大分農業文化公園IC
院内町
山城
宇佐
安心院
天見尾
蒔田
五名
永雲
大回田
鳥越
中山
東恵良
落尾
浄土寺
南畑
宮原
景平
下恵良
斉藤
平山
西納
森
大村
野山
佐
松本
尾立
唐川
中間
上河内
小河内
温見
矢畑
院
板場
六郎丸
富田
上納持
川底
下内河野
郡町
五郎丸
久木野尾
上恵良
廣連
上余
若林
小内原
速見IC

宇佐周辺地図

そこで田村圓澄は「八世紀の仏教国家を出現させたのは、仏教でなく、宇佐八幡であった」という。当を得た評言である。

「続日本紀」天平勝宝元年（七四九）十二月二十五日の条によると、八幡大神の禰宜尼《ねぎに》である大神杜女《おおがもりめ》が、紫色のかごに乗り、東大寺を拝したという。そこで朝廷は杜女に従五位下を授け、主神をつかさどる大神田麻呂《おおがたまろ》に従八位下を授けたという。「禰宜尼」というのは神職になっている尼僧ということであり、まさしく神道と仏教を摂合したものである。つまり八幡神はこれまでの神観念を一変させたのである。

主神を応神天皇という人格神に設定したということから神階を受けることが可能になった。また八幡神を釈迦仏の垂迹としたところから仏教と接近し、神宮寺を置くことを可能にした。八幡神の奈良時代における奔放な動きは、従来の神観念の伝統という呪縛をときはなったものにほかならなかった。

そしてこれらの背景には、宇佐八幡の成立に新羅の仏教が深く関わっていることを見逃すことはできない。新羅の仏教は民間道教や在来のシャマニズムを混淆したものであり、民間における仏教と道教の融合やシャーマンの活動はすでに新羅において盛行していたものであった。その流れを汲んで渡来人がもたらした新羅文化は、香春《かわら》などの秦氏に伝えられ、秦氏の同族の辛嶋氏が宇佐圏に進出するに及んで、宇佐八幡の性格の中核を形成するにいたったと考えられる。そこに大神氏が加わり、宇佐八幡神の特異性が頂点にまで高められたのは、いうまでもなく大仏開眼の前後であるが、大神杜女と大神田麻呂が平城京に入った年から六年目の天平勝宝六年（七五四）十一月に薬師寺の僧行信と八幡神宮の主神の大神多麻呂（田麻呂）及び大神杜女が結託して、厭魅《えんみ》をおこなったというかどで罪せられたと「続日本紀」にある。かくして行信は下野の薬師寺に、杜女は日向国に、多麻呂は多褹島《たねがしま》に配流された。これを見ると、薬師寺の僧綱（大僧都）であった行信に代表される中央の政僧と宇佐八幡神の異様な癒着がみられる。あとで述べる良弁と八幡神が手を結んだというのも、たんなる推測と片付けることはできないのである。

しかしこの事件は宇佐八幡に大きな衝撃を与えた。八幡大神は、天平勝宝七年（七五五）三月に、宇佐郡の百姓、津守比刀に託宣して、

神吾神命をいつはり託《つ》ぐることを願はず、封一千四百戸、田一百三十町を請ひ取りて、徒に用ゐる所なく、山野に捨つるがごとし。朝廷《みかど》に返し奉るべし。唯常の神田を留むるのみ。（「続日本紀」）

と告げた。これは八幡宮の動揺を示すものにほかならない。八幡大神は託宣して、杜女と田麻呂の穢過があったので、自分は今から帰らないと云って、大虚《おおぞら》から大海《おおうみ》を渡って、伊予国の宇和嶺に移座した、と「託宣集」は伝える。八幡神が宇和嶺に遷座していた期間は十二年間で、此の間の御託宣は宇和嶺から海を越えて告げたという。

八幡宮内部の主導権は、杜女と田麻呂の失脚によって、大神氏の手から辛嶋氏に変った。辛嶋勝久須売《からしますぐりくすめ》が禰宜に任じられた。ただし久須売は九年間託宣がなかったので、天平宝字七年（七六三）に辛嶋勝志奈布女《しなふめ》と交替し、そのあと辛嶋勝与曾女《よそめ》の登場となって、和気清麻呂と対決する機を迎えるのである。そこにいたるまでの辛嶋氏の歴史を辿ってみよう。

稲積山から宇佐盆地へ

日豊本線で中津駅から南下する途中、宇佐駅に近づくにつれて、車窓からひときわ目立つ二つの山が見える。一つは八面山である。八面山は初めての旅人にもなつかしさを感じさせる山である。八面山の左隣に秀麗な孤峰が見える。それが稲積山である。

宇佐駅に降りて、伊呂波川の流れを遡り、今成、木内、麻生、中村の集落をすぎると、あたりは清らかな田園風景となる。前方に見える円錐形の山が、「太宰管内志」に「形甚だうるわしく上のとがりたる山」と述べられた稲積山である。いかにも神の降臨するのにふさわしい山容であるが、山の裏側にまわると、砂利採取のために山肌が大きく削り取られ、見る者の眼を痛ましめる光景が展開する。

香春駅に立つと、眼前の香春岳が石灰岩の採掘のために、山頂が無惨に削平されているのを見て悲しいが、稲積山の風景も同様である。しかし正面から見るかぎり、稲積山はいまだに美しい山容を保っている。

ここでは辛嶋氏の末裔である生山《いくやま》和四郎の著「宇佐宮と辛島氏」を参考に稲積山の話を進めていくことにする。

承和十一年（八四四）に豊前国司等が宇佐八幡宮寺の縁起を上申した「宇佐八幡宮弥勒寺建立縁起」（「承和縁起」と略称）には一説として、大御神ははじめ宇佐郡辛国宇豆高島に天降りします、とある。「辛国」は韓国《からくに》を思わせる。しかしこれを国家としての韓国と考える必要はない。古代において国と島とは対語であった。沖縄の古謡の世界でも、大きな土地が国、小さな地域が島である。そこで辛国を国家でなく、土地と考えれば、辛国は辛島と置き換えられもする。また辛島の名は辛国宇豆高島の略称という説もある。辛嶋氏の姓もそこに由来するというのである。

宇佐市役所の西に辛島という地名が残っている。そこは「和名抄」の宇佐郡辛島郷の中心となる集落とされている。

「承和縁起」には「辛国宇豆高島」の高島の傍注に「峯か」とされているが、宇豆高島というのは、宇豆峰と考えても差支えないであろう。「宇豆」は美称であり、堆《うずたか》い意味も兼ねているから、円錐形の美しい峰という意味で、「宇豆峰」は稲積山を指すのにまことに適切な表現というべきである。

稲積山のふもとにある宇佐市大内の妙楽寺は、辛嶋氏の末裔につながる頼厳《らいごん》上人が入定した寺として知られており、もと稲積六神社の社僧がいたと「太宰管内志」は伝えている。

妙楽寺は一時無住の寺となっていたので、私が訪れたときもかなり荒れていたが、寺の住職から直接聞いた話では、戦前には、稲積山のふもとの小川の流れるあたりに女人《にょにん》館《やかた》と呼ばれるところがあり、そこには稲積山の神を祀る辛嶋氏の巫女が住んでいて、託宣したこともあったという。稲積山は熊野神を頂上に勧請しているが、稲積山は山自体が神体であり、東北に少し下って大石のあるところを「モオシロ」または「モウシド」といい、ここで祝詞を奏していた（中野幡能「八幡信仰と修験道」）。

稲積山の頂上には三寸四角の正方形の石柱が三本立っている。石壇を設け其上に南面して立ててあったものと思われる。石壇はまだ一部残存している。その三本の中の完全なので長さ五尺ばかりのものが、頼巖上人の供養塔であるとする（小野精一「辛島氏史」）。頼巖は辛嶋氏の末裔で、康治元年（一一四二）妙楽寺の石窟で入定したと伝えられる。この稲積山上の石柱には、「長寛元年（一一六三）八月二十三日、供養畢」という文字が刻まれている。この供養塔は、自然石柱状碑とも石柱塔婆とも呼ばれるが、稲積山と辛嶋氏との古い関係を考えると、最初から十二世紀なかばの頼巖の供養塔であったとは考えにくい。はじめは稲積山頂に石柱を建て石壇を設け北辰神を祀っていたのではないかと想像したくなる。というのも、八幡神が天から宇豆高島に降ったという伝承があり、また頼巖の廟は彼が入定した妙楽寺にもあるからである。八幡神は宇佐郡辛国宇豆高島（稲積山）に天降りしたあと、大和、紀伊、吉備を経めぐって、宇佐郡馬城嶺に現われたとなっている。これは大神氏伝承を考慮せざるを得なかったからであろう。

大和、紀伊、吉備という風に諸国を経めぐったというのは、伊勢に落ちつくまで天照大神を奉斎して各地をまわった倭姫の故事に倣ったものか。そこで、真の辛嶋氏の確実な足跡伝承は、「比志方荒城潮辺に移り坐した」地点からはじまるとしてよい。

「比志方荒城潮辺」の比志方は八幡宮のある菱形山（亀山）を思わせるが、荒城は宇佐市荒木を指すと思われる。そこはもと海浜であったので、貝塚もあり、「潮辺」といわれたのであろう。荒木部落と隣合わせに乙女という地名があって、そこに乙咩《おとめ》神社がある。辛嶋勝乙目が奉斎した神社である。

「承和縁起」のもう一つの伝承では、大神は「潮辺」に掘った井泉で水浴したとあり、その伝承の面影を伝える霊水の湧く場所が乙咩神社の境内に今もある。

大神は乙咩神社から酒井泉社に移った。「承和縁起」の注に、酒井泉社は酒井社と泉社の二社であったと述べられている。現在でも同神社の鳥居の額には泉神社とあって、酒井泉社とはなっていない。泉社の拝殿脇に清らかな湧水の池が残っていて、そこで大神は口や手足を洗ったという。この泉は古代には辛島郷の水田を潤していたという。

酒井泉社の名は、豊前国の崇志津比咩《たかしつひめ》が酒を奉ったことに由来するというが、崇志津比咩は辛嶋系図に見られる志津米のことかも知れない。その「崇」はもとは鷹であったのではあるまいか。

酒井泉神社は中世には辛嶋（漆嶋）氏が宮司を担当し、辛島郷の御社とされてきた。そのように辛嶋氏の信仰の拠点となった重要な神社であった。

泉神社

宇佐・稲積山

酒井泉社から目と鼻のところに、瀬社《せやしろ》がある。今日の宇佐市樋田《ひだ》である。瀬社は郡瀬社《こおりせしや》ともいうが、その名の示す通り、そこは郡家のあったところではないか、と見られている。酒井泉社と瀬社との間も一キロ位しか離れていないが、その中間にある別府《びゆう》遺跡の環濠集落から、三世紀の朝鮮式小銅鐸が発見されている。またそこからやや離れた場所に、法鏡寺の廃寺跡もある。

瀬社の瀬は渡るという意味をもっている。瀬社は駅館《やつかん》川の近くにある。川を渡った東岸に、宇佐市上田の松林の脇の高台に、ひっそりと鷹居社の社殿が立っている。今は訪ねる人も稀であるが、最も重要な神社であった。

「承和縁起」には次のエピソードが語られている。大神は鷹居社に移ったのち、鷹となり、心が荒れて畏れられた。五人の通行人のうち三人、十人の通行人のうち五人を殺すという始末であったので、崇峻天皇の御代に辛嶋勝乙日（乙目の誤り）は、三年の間、祈って大神の心を和らげることができた。鷹居社の祝《はふり》には辛嶋勝乙目、また禰宜には辛嶋勝意布売《おふめ》がなった、と「承和縁起」にある。

稲積山・妙楽寺

郡瀬社

神の心が荒びて通行人の半ばを殺す話は、古代説話のパターンの一つである。「伊勢国風土記」逸文や「肥前国風土記」基肆郡の条に見られる。これを一部の史家のように、辛嶋・大神両氏の争闘ののち、大神氏が辛嶋氏を服従させたという史実を反映していると見るのは、あやまった解釈である。

ところですでに述べたように、「託宣集」には、小倉山の菱形池のほとりに鍛冶翁がいて、通行人をおそった。五人行けば三人死に、十人行けば五人が死ぬという具合で、誰も近づく者がいなかったが、大神比義《おおがのひぎ》なるものが行ってみると、それは金色の鷹であった。その鷹は金色の鳩となり、やがては三歳の小児の姿となり、自分は応神天皇で、広幡八幡麻呂である、と告げたとある。

この「託宣集」の話は、鷹居社で辛嶋勝乙目に現われた鷹の伝承を大神氏が自分につごうのよいように、置きかえたものであることが直ちに察知できる。鍛冶翁伝承は大神氏には何のゆかりもない。それに引きかえて、秦氏の一類である辛嶋氏にとって、鍛冶翁伝承はその信仰の核心とも称すべきものであった。そのことは、これから見る辛嶋氏の北辰信仰を見れば、誰しも納得がゆく。またこの鷹は彦山の鷹や香春の鷹と由縁のものである。「承和縁起」によれば、大神は天智帝の御代に、鷹居社から小山田社に移り、辛嶋勝波《は》豆米《とめ》が禰宜となって奉斎した。元正天皇の養老四年（七二〇）大隅日向の両国を征討することがあった。大神は波豆米に託宣を下して、隼人たちを多数殺した報いとして、毎年放生会を修めよと告げた。また、自分は今、小山田社にいるが、その土地が狭いので、菱形の小椋《おぐら》山に移りたいと云った。そこで聖武天皇の御代の神亀二年（七二五）正月二十七日、大神の宮居を小倉山に移し、辛嶋勝波豆米を禰宜とした、とある。

大神氏が八幡神の奉斎に参与することになった決定的な時期は隼人の反乱であった。

大神氏は出自不明であるが、大和の菟田地方に本貫があると思われる。菟田野町に大神《おおがみ》という地名もある。これは逵日出典《つじひでのり》の「八幡宮寺成立史の研究」でも詳述されている。「承和縁起」の中では、辛嶋氏伝承に、大和経由の神幸伝承が付加されている。そこでは「大和国膽吹嶺」の名が見えるが、膽吹《いぶき》嶺は宇陀の伊那佐山のことで、その近くに菟田野町の大神の地がある。ではなぜ、辛嶋氏伝承の中に大和の膽吹嶺がでてくるかといえば、そうすることで、辛嶋氏は大神氏の応神霊を承認したかのように装い、大神氏の意向を汲んで、妥協をはかったのだ、と逵は指摘している。

宇佐郡辛国宇豆高島である稲積山に天降った辛嶋氏の奉斎する北辰神が辛嶋氏の勢力圏である駅館川西岸の「辛国」＝辛島郷を転々と遷移していく過程で、崇峻朝に鷹居社が創始され、それにより、大神・辛嶋両氏の合同祭祀が実現し、ここにいわゆる八幡社なる特異な神が成立したと逵は述べている。つまり八幡神の性格は、大神比義と辛嶋勝乙目が共に奉仕した鷹居社にはじまるという。

もともと辛嶋氏に属していた鷹の伝承が社名となった鷹居社は、和銅五年に八幡大神の社殿を建立している。その二年後の和銅七年（七一四）には、豊前国の民二百戸を移して、隼人を導くと、「続日本紀」に記されている。これはとうぜんのことであるが、隼人の反乱に備えた措置であり、それを指令したのは中央政府である。その六年後の養老四年（七二〇）には朝廷は、大隅、日向両国の乱逆平定を宇佐宮に祈願している。八幡神は禰宜の辛嶋勝波豆米を先頭にして、隼人征討の軍隊に参加している。

大隅国桑原郡には、豊前、豊後からの移住者による八郷が見受けられるが、その中に稲積郷がある。「鹿児島県の地名」（「日本歴史地名大系」）では、牧園町の宿窪田を古くは稲積と称したという一方、国分市には韓国宇豆峯《からくにうずみね》神社がある。もとは今の神社の南一里余に宇豆峯の地名があって、同所がもとの神社の所在地であろうと考えられている。韓国宇豆峯神社の祭神は、五十猛命、韓神、曾富理神など、朝鮮系の神である。これは豊前豊後から和銅七年（七一四）に大隅に移住した辛嶋氏など渡来系の人々によって遷祀されたものにちがいない。それからわずか数年して、養老四年（七二〇）には隼人の叛乱が勃発した。二百戸の居住民も戦乱に巻きこまれたと推測されるが、宇佐から駆けつけた辛嶋勝波豆米も大神の依代として隼人とたたかったと思われる。

波豆米は、霊亀二年（七一六）に鷹居社から小山田社に移祀した八幡神に奉仕する禰宜であった。とすれば、八幡神の性格がさらにはっきりしたのは、鷹居社よりは小山田社に奉祀された時期ではないか。もとより、それにあたっては、辛嶋氏というより、大神氏の主導的な力が働いていると思わなければならない。辛嶋氏は香春に起って宇佐に進出した帰化人であるからには、朝廷の意向を汲んで、隼人征討に主導権を発揮したのが、大神氏であることは言うを俟たない。それにもかかわらず大神の御杖として、その霊的能力を示したのは辛嶋勝波豆米であった。かくして、辛嶋氏の奉斎する神は、政治的・軍事的な八幡社の中に合併、吸収されてしまうことはなかったのである。

宇佐宮の北辰殿

宇佐神宮には三柱の神が祀られている。一の御殿に八幡大神、二の御殿に比売大神、三の御殿に神功皇后（息長帯姫）が鎮座する。このうち神功皇后については、後世に合祀されたと思われる。たとえば、天平勝宝二年（七五〇）一月二十九日に、「一品八幡大神に封八百戸、位田八十町、二品比売神に封六百戸、位田六十町を奉る」と「続日本紀」にあるが、そこに神功皇后の名前を見ることはできない。弘仁十一年（八二〇）の神託によって、同十四年（八二三）に大帯姫廟神社（三の御殿、応神天皇の母神功皇后を祀る）が造営されているところから、神功皇后は遥かに遅れて追加されたと見るべきである。また八幡大神とされる応神霊は大神氏によって持ちこまれた。そうすれば二の御殿の比売大神の出自だけが問題になるが、比売大神の脇殿に北辰殿が祀られていることとにあわせて注意を払う必要がある。ちなみに北辰殿はふつうの参詣者からは見えない位置にある。

宇佐神宮にどうして北辰殿を祀ってあるか、誰しも疑問に思うにちがいない。北辰殿は北辰、すなわち北極星を神として祀る社殿である。そこで「託宣集」をふりかえって北辰殿について見ることにする。

「託宣集」巻四に「三所宝殿以下の事」として、北辰殿がとりあげられている。いわく「当山に先づ住《た》つ神にして、大菩薩御修行の時、一所に在って吾が君を守るべき由、相語《あいかたら》はしめ給ひ畢《おわ》んぬ。北斗七星の変作にして、南州常住の利生なり。機縁已に此の界《さかい》に厚く、行き渡って他方に移らず。天宮より来《きたっ》て、已に地主たり」

これを見ると、北辰神は天空から降りた神で小倉山に先住する地主神であった。

小倉山（小椋山）は宇佐神宮の鎮座する亀山の別名である。亀山の南東方およそ四キロのところに御許《おもと》山（馬城《まき》峰）があり、そこを奥宮と弥している。

「託宣集」巻五には「小倉山に霊行の事」として次の記載がある。

「文武天皇五年、大宝元年辛丑に、八幡大菩薩済度《さいと》の為に唐土に向ひ、又帰り来る。北辰の神最初に天降り、小倉山に現れ坐ます。大菩薩御修業の次に、此の峯に至り、北辰に語って言《のたまわ》く、我一所に住み坐して法界衆生利益の願を発《おこ》さむてへり」

「てへり」は「……という」の意。つまり八幡神が小倉山に先住する北辰神と一緒に住んで法界衆生利益の願を発《おこ》そうと、北辰神に語りかけたという。すると、北辰神は次のように答えている。

「此より西方の彦山に神坐す。名は権現《ごんげん》と言《もう》す。十方の金剛童子有り。其の権現と申して、宝珠を以て、一切衆生を渡し給へてへり」

次には香春大明神が八幡神に向って云う。

「彦権現の御前に如意宝珠候ふなり。これを申し給ふべしと。大菩薩彼の山に渡り向って言く。珠の為に来着せりてへり」

これらの応答を見ると、宇佐の亀山には北辰神が地主神として先住していた。八幡大菩薩はまず北辰神と語らい、一緒に住もうと持ちかけ、また香春大明神も彦山権現のことを云ったということで、宇佐の北辰神、香春の大明神、彦山権現が密接な縁によってむすばれていることが明らかに示されている。ここに辛嶋氏のルーツが見えかくれする。ではこの北辰神を小倉山に祀ったのは誰か。北辰神は北極星の信仰である。それは日本在来のものではなく、道教の神であるから、それを持ちこんだのは、宇佐氏でも大神氏でもなく、渡来系の秦氏につながる辛嶋氏と考えるのがもっともふさわしい。八幡神が祀られる以前に、小倉山の地主神であった北辰神は、宇佐に進出してきた辛嶋氏によってまず稲積山に祀られていたと思われる。それ以前はどこにあったか。

福岡県田川郡香春町大字高野字岩丸山に妙見社が鎮座する。北辰神つまり北極星を神格化したものを妙見菩薩と称している。妙見菩薩はしばしば鉱山に関係のあることが指摘されている。香春では採銅所に妙見山と称する小字があり、そこに妙見金鉱山がある。

そこの目と鼻のところに鷹巣金鉱山がある。このあたりには、高巣（鷹巣）、高原（鷹原）などの地名も残っているから、辛嶋氏の関係の最も濃厚な処である。この近傍の阿曾隈には比咩神も祀ってあるが、比咩神が香春神社の辛国息長大姫大目命と同一神であることはすでに述べた。したがって、香春の北辰神と比咩神とは一対として考えるべきであろう。これはそのまま宇佐宮の二の御殿の比売大神とその脇殿の北辰神との関係に置き換えることができる。

さて、宇佐神宮二の御殿の脇殿に北辰神社が祀られていることは、小倉山（亀山）先住の神として、敬意を払われたというだけにとどまらなかった。そのことによって、菱形山（亀山）を「北辰影向《ようごう》の地」と呼び、また菱形池のほとりの宇佐の内宮と呼ばれる霊泉は「北辰の天降る御井」と伝えられた。この霊泉で社僧の神息などが刀剣をきたえた。すでに述べたように、鍛冶や鉱山と北辰信仰（妙見信仰）はきわめて密接な関係があるのである。

宇佐八幡・菱形池

菱形池のほとりに鍛冶翁が現われたというのは「託宣集」では大神氏の伝承となっているが、もともと北辰神を奉斎する辛嶋氏の伝承であることがこれによっても判るであろう。

妙見信仰と鉱山

ここで妙見神と鍛冶または鉱山との関係を若干見て置こう。

香春町に隣接した田川市の金国山（四二一メートル）は長門の僧が、この地に黄金が出ると聞き、文明二年に人をやとって掘らせたところ、夢に妙見菩薩が現われ、山に祠をもうけて祀れば、黄金産すべし、と告げたので、妙見菩薩を上宮に祀り、以後、この祠を金国妙見と云ったという。

山口県美祢郡美東町の長登銅山は奈良大仏に銅を貢納したところとして有名であるが、美東町大字赤にある、赤郷八幡宮は、豊前田川の産銅の神を遷したと伝えられている。その赤郷八幡宮は、桂木山の東南麓に里宮として鎮座しており、桂木山頂には、奥宮として北辰妙見社が祀ってある。そもそも赤郷八幡宮が妙見社を祀っていたと考えて差し支えない。これは長登銅山と明らかに関係がある。

また、摂津国能勢郡能勢郷（現在大阪府豊能郡能勢町根間）の山中に降野《ふりの》という地名がある。降野という地名は天から手鞠ほどの大きさの光り物が降ってきて、榎の枝の上で光りかがやいたから付けられた地名である。そのとき村民はおどろいて、早速口寄せ巫女にたずねたところ、われは北辰妙見大菩薩と名のったというので、恐れをなして付近に祀っていた。ある夜、夢告があって、われを高い清い所へ祀ったならば、諸人の願望を叶えようとのことであったので、一同協議の上、東方の高岳、今の妙見山（六六〇メートル）へ移し祀ったという。俗にいう能勢妙見である。

宇佐の北辰信仰は大内氏の崇敬するところでもあった。古伝によると、推古天皇の時、周防国都濃郡青柳浦の松の樹に、北辰尊王大菩薩が降臨した。北辰神が松に降ったということから生まれたのが、下松《くだまつ》の地名である。それを大内氏の先祖と称する琳聖太子が妙見宮として祀ったが、そのあと北辰神を鷲頭山頂に鎮座した。下松市大字西豊井の鷲頭寺の山号は妙見山、本尊は妙見菩薩である。この鷲頭山から勧請したのが、防州氷上山（山口市）の妙見宮である。その託宣によって石見銀山が発見されたという話が伝わっている。このようないきさつから、大内氏は代々、義弘から義興、義隆などの宇佐宮への崇敬がつづいた。周防国多々良を本拠とした大内氏は応安二年（一三六九）に豊前守護職となり、豊前支配に乗り出した。そのために、宇佐郡院内町香下の妙見山頂に城をきずいた。妙見山頂には、養老三年（七一九）に法蓮が妙見山上に祀ったとする妙見大権現があるが、伝承にすぎない。むしろここに妙見社を祀ったというのは、妙見神を奉ずる大内氏の宇佐北辰神への崇敬にもとづくものではなかろうか。

第10節　与曾女と清麻呂の対決

僧形八幡神の出現

大仏開眼後の八幡宮内部の主導権は、杜女と田麻呂の失脚によって、大神氏の手から辛嶋氏に移った。前述したように、辛嶋勝久須売《くすめ》が禰宜に任じられたが、久須売には九年間託宣がなかったので、天平宝字七年（七六三）に辛嶋勝志奈布女《しなふめ》と交替した。そのあと辛嶋勝与曾女《よそめ》の登場となって、朝旨を奉じて西下した和気清麻呂と宇佐八幡宮の神殿で対決する機を迎えるのである。

「託宣集」の「力巻八」の「大尾社部上」に見られるのは次のような対面の場面である。

称徳天皇、神護景雲三年己酉七月十一日巳時《みのとき》に、近衛将監兼美濃大掾従五位下和気朝臣清麻呂、高野天皇（註――称徳天皇）の勅使と為りて参宮し、神に宝物を貢《たてまつ》り、宣命の文を誦《よ》まんと欲《おも》ふ時、御大神託宣したまはく。

――神吾、貢進の宝物は、朝家の御志なり。請け納むべし。汝が宣命をば、吾、聞くべからず。祝《はふり》の為に識り畢ぬてへり。

（神である自分は、朝廷の御志である貢進の宝物は受納する。しかし汝の宣命は自分は聞く必要がない。すでに祭祀職の祝から聞いて知っている）

清麻呂答へ申して云く

――禰宜、汝は女の身なり。清麻呂は男の身なり。汝、宣を伝ふれば、信ずべからざるなり。清麻呂、倩《つらつら》思慮を廻すに、竜女成仏の後、未だ女身為《た》り乍《なが》ら、直ちに仏身の教勅を奉るといふことを聞かず。

（禰宜よ　お前は女の身である。わたくし清麻呂は男の身である。お前が託宣を伝えても信ずることはできない。「法華経」にいう竜女成仏の喩《たとえ》はともかく、まだ女の身でありながら、仏の教勅を奉上することを聞いたことはない）

時に禰宜（与曾女）、合掌して宮殿に向ひ奉って申して云く

――御神、清麻呂卿の申す処、頗る此れ擬滞《ぎたい》有り。菩薩の身・比丘並に大小国王の形を顕現せしめて、天竺・震旦・日本国に修行せしめ給ふ時、随逐給仕し奉る四人の内、我其の一人の子孫なり。本より宣を伝へしめ御す《ましま》事、今日のみに非ず。早く形《みかたち》を顕さしめ給ふて、明らかに朝天《みかど》の御返事を申し奉らしめたまふべきとなり。

（神よ、清麻呂卿の云うところは、すこぶるおかしい。神が菩薩の身や僧や大小の国

王の形をあらわして唐・天竺や日本国を修行しておられたとき、後を追って仕え奉っていた四人の従者のうち、私はその一人の子孫です。託宣を伝えましますことは今日だけではありません。早く神のみ形をはっきりさせて、朝廷への御返事として下さい）

時に御宝殿の動揺すること、一時許《ひとときばか》りなり。御殿の上に、紫雲忽に聳《たなび》き出でたり。満月の輪の如く、出で御《まします》す。和光宮の中に満つ。爰に清麻呂、頭を傾け、合掌してこれを拝見し奉る。顕現《あらわ》れたる御体は、即ち止《や》んごと無き僧形なり。御高三丈《たけ》許りなり。

（ここにおいて八幡大神は姿をあらわした。満月のように高貴な僧形のなりをして、身の丈三丈ばかりであった）

大神は云った。

――清麻呂卿、汝託宣を信ぜず。女禰宜の奉仕の元由を知るや否や。女禰宜は受職《じゆしき》灌頂《かんじよう》の位に諧《かな》ふ者を撰び任ずるなりてへり。

（清麻呂卿、お前は託宣を信じない。女禰宜の奉仕のいわれを知っているか。女禰宜は大日如来の法を授ける灌頂の位にかなう者をえらんで任ずるのである）

そこで清麻呂は言上した。

――受職灌頂の位とは、何れの位を申すや。

（受職灌頂の位というのはどの位のことですか）

そこで神は与曾女の口を通して云った。

――彼の位と謂ふは、妙覚朗然の位に相諧《あいかな》ふ。弥陀の変化の御身なり。汝託宣を用ふべし。又吾誓願を発して、形を三身の神体に顕して、慥《たしか》に善悪の道を裁《ことわ》るなり。法体と俗体と女体、是れなり。今汝が宣命を受けじ。此の旨を以て、奏聞せしむべきなり。定て汝科怠《かたい》に処《お》かれんか。然りと雖も、神吾、吉《よ》く相助くべきなり。自余の事等は、禰宜の託宣を受くべくしてへり。

（私はお前の宣命は受けまい。このことを天皇に奏聞せよ。そうすると、お前は天皇の御心に反したとして、その怠慢をとがめられるだろう。その時神吾八幡大神がよく助けてやる。その他のことは禰宜の託宣を受けよ）

そこで清麻呂は、三度神を拝した。大御神の御形は、一処におわしましても、紫雲がそびえること三度で、御殿に入らせられた。清麻呂は涙を抑えがたく、思うには、今日直ちに大御神の託宣を承ったのは禰宜の功績である。女禰宜と自分と一緒になって、真言《まことのことば》ならびに御託宣などを仰ぎ、一通は朝廷《みかど》に差し出し、一通は神宮に置こうと、女禰宜と南大門の下で記した――

とある。

この「託宣集」の記事から次のことがはっきりする。

すなわち八幡大神は、和気清麻呂に託された称徳女帝の「宣命」を聞くことを拒否し、神自らは、高貴な僧形の姿を現わして、清麻呂を感激させた。八幡大神は「宣命」を聞くことを拒否した理由として、その中味は「祝《はふり》」などから聞いて分かっている、と答えた。それはどんな内容だったろうか。

「日本後紀」桓武天皇延暦十八年二月の記事がそれに答えている。

大宰主神習宜《すげ》阿蘇麻呂《あそまろ》、道鏡に媚事《びじ》し、八幡神の教を矯《いつわ》りて言《もう》さく、「道鏡をして帝位に即《つ》かしむれば、天下太平ならん」と。道鏡之を聞きて情《こころ》に喜び自負す。天皇、清麻呂を牀下《しょうか》に召して曰わく、「夢に人の来る有り、八幡神の使いと称して云う。『事を奏せんが為に、尼法均を請う』と。朕《われ》答えて曰わく『法均軟弱にして、遠路に堪え難し。その代わりに清麻呂を遣さん』と。汝宜しく早く参りて神の教を聴くべし」と。道鏡復《また》清麻呂を喚びて、募るに大臣の位を以てす。是より先、路真人豊永《みちのまひととよなが》、道鏡の師為《た》り。清麻呂に語りて云う、「道鏡若し天位に登らば、吾れ何の面目を以てか其の臣為る可《べ》からん。吾れ二、三子と共に今日の伯夷為《た》るのみ」と。清麻呂深く其の言を然りとす。常に致命の志を懐き、往きて神宮に詣《いた》る。神の託宣云々と。清麻呂祈りて曰わく、「今大神の教うる所は、是れ国家の大事なり。託宣信じ難し。願わくは、神異を示さんことを」と。神即ち忽然として形を現す。其の長《たけ》は三丈許にして、相《かたち》は満月の如し。清麻呂魂を消して度を失い、仰ぎ見ること能わず。是に神託宣すらく、「我が国家は君臣の分定まれり。而るに道鏡悖逆《はいぎゃく》無道にして、輒《すなわ》ち神器を望む。是を以て神霊震怒し、其の祈を聴かず。汝帰りて吾が言の如く奏せ。天の日嗣は必ず皇緒に継《つ》ぐ。汝、道鏡の怨を懼るること勿かれ。吾れ必ず相済《すく》わんと。清麻呂帰来して、奏することと神の教の如くす。天皇誅《ちゅう》するに忍びず、因幡員外介《いんがいのすけ》と為す。尋《つ》いで姓名を改めて、別部穢麻呂《わけべのきたなまろ》と為し、大隅国に流す」。

以上の文章から、大宰主神習宜阿曾麻呂が、道鏡に媚びへつらって、八幡神の神教と称して、道鏡を皇位に即かせたら天下泰平になるだろうと朝廷に奏上したことがきっかけとなっていることが分かる。それは神護景雲三年（七六九）五月のこととされている。和気清麻呂が宇佐宮に参向したのは七月であるから、あまり余裕はない。朝廷における事態は切迫していた。

道鏡を天位につかせよという神託を奏したのは習宜阿曾麻呂ひとりの行為とは考えにくい。彼の上司に弓削道鏡の弟で大宰帥の弓削浄人がいた。弓削浄人と気脈を通じた上での行動であったことはまちがいない。

しかしそれだけでも不充分である。阿曾麻呂や浄人の意を迎えて神託を下す者がなくては叶うまい。それは宇佐神宮の神職団のほかにはない。

大神氏は田麻呂と杜女が罪せられ、禰宜の職を退き、天平勝宝七年（七五五）から辛嶋氏がとってかわった。

その年、大神は宇佐公池守を宮司にしたいと託宣した。さらに大神朝臣田麻呂をまた召しかえして、宮司と成さんという託宣があった。かくして、多褹島に流されていた大神田麻呂は、称徳天皇の二年、天平神護二年（七六六）に召還され、八幡宮の宮司として返り咲いた。大神杜女も同様であった。清麻呂が宇佐八幡の神託を仰ぐ三年前のことである。

田麻呂には豊後員外の掾の位を賜った。ところが大神杜女がまたいつわりの託宣をしたので、亀山に接する大尾山に追放された。

こうして見ていくと、一旦は追放され、のち復権した大神田麻呂や杜女が、習宜阿曾麻呂などの挑発に乗って、再び画策しなかったとは云い切れまい。その背景には、八幡宮の内部での宇佐、大神、辛嶋氏の三つ巴の権力争いが熾烈であったことがある。宇佐宮神職団の内紛を前提として、道鏡事件を考えることが重要である。

辛嶋勝与曾女は清麻呂の前で、宣命など聞かないでも中味は分かっているという大神の言葉を伝えた。宣命が道鏡を天位につけよという趣旨であることは、とっくに想像がついているというのである。八幡大神は、巨大な僧形の姿を現わしただけで、託宣はしていない。

ところが先に述べた「日本後紀」でも「神即ち忽然として形を現す。其の長は三丈許にして、相は満月の如し。清麻呂魂を消して度を失い、仰ぎ見ること能わず」となっている。

これを見ると、八幡大神が突然姿を現わし満月のような形をして、三丈ばかりの大きさになったというのは、「託宣集」だけの恣意的な創作でなかった。しかしそのあと「わが国家は君臣の分、定まれり」云々という神勅があって、「清麻呂帰来して、奏すること神の教の如くす」という「日本後紀」の一文は「託宣集」には見当らない。「託宣」がなかったという「託宣集」と、あったという「日本後紀」とはどちらが真実を伝えているのであろうか。

「託宣集」は、神吽《じんうん》が正応三年（一二九〇）に起筆し、正和二年（一三一三）に稿を終ったもので、南北朝の直前の書である。神吽は、辛嶋・宇佐両氏と並んで宇佐宮の神職家として古い由緒をもつ大神氏の家系で大神比義第二十一代の家に生まれた宮寺の勅願僧である。こうして見ると、「日本後紀」と「託宣集」のあいだには数百年の歳月が横たわっている。しかも一方は官撰の史書であり、他方は私家本となれば、誰しも「託宣集」の史的価値を低く見積るのはとうぜんであろう。

しかし私は別の考えをもっている。それは神吽が大神氏の家系に生まれて、生涯宇佐八幡宮と深い関係があった、ということである。鎌倉時代の末期とはいえ、宇佐八幡宮は、長い独特の伝統と雰囲気を失ってはいなかったにちがいない。神吽が二十数年かけて集めた史料も、その史的価値を伝えているであろう。八幡大神の「託宣」をその雰囲気もまじえて再現することができるのは、臨場感にみちた「託宣集」のほうであり、事件後に整理された、記録文書の「日本後紀」ではない。

そもそも巫女の口から告げられる託宣は、明瞭な言辞から遠いものであって、聞く者にはいかようにもとれる言葉と謎めいた比喩が多用される。したがって「託宣」の意味を正確に解くものが必要である。それは神がかりしたのち吾にかえった巫女の口から告げられる場合があり、第三者による場合もあるが、八幡大神に奉仕する女禰宜は代々自らの口から、神託の意を告げた。大神杜女がそうである。

辛嶋勝与曾女の場合もそうだったにちがいない。さらにここで見逃すことのできないのは、神吽が大神氏の家系に属する人間だったということから、対立関係にある辛嶋氏に対しては優しくなかったと考えるのが自然である。したがって「託宣集」の神吽は辛嶋勝与曾女を身びいきな筆で描いているのではない。にもかかわらず、「託宣集」に描かれた辛嶋勝与曾女は、和気清麻呂に対して、少しも臆する様子がなかった。このことは、神吽が大神氏の系譜の者であるからこそ、かえってその真実を伝えていると信じてよいことである。

「日本後紀」のほかにも「続日本紀」神護景雲三年九月の条は、大神があからさまに「天の日嗣は必ず皇緒を立てよ。無道の人はすみやかに掃ひ除くべし」と託宣し、清麻呂は宇佐八幡宮の託宣をそのまま復命して、道鏡の怒りを買った、とある。しかしこの八幡大神の託宣は、「続日本紀」の筆者が、あとからふりかえって文章化したものであって、託宣がこのような形で述べられたという訳ではない。託宣はつねにあいまいな言辞で述べられるのがむしろふつうである。だからこそそれを読み取り解釈する第三者を必要とする。

与曾女が称徳帝の宣命の内容はすでに判っているといって、あらためて八幡大神の託宣を下すことをしなかったのは、その宣命の主旨である道鏡を皇位に就けよという称徳帝の意向を退け、取り上げないことの意思表示であった。それは「続日本紀」が伝えるような直截な言葉ではなく、むしろ与曾女の姿勢によって示されたのである。したがって、「託宣集」のほうが「続日本紀」よりも清麻呂が宇佐宮に参向したときの雰囲気をはるかに忠実に伝えているのである。

八幡大神が神託をしなかったというのは「託宣集」だけではない。「水鏡」もまた次のように伝えている。

和気の松名は勅宣として、彼宇佐に参著して、此事を申ししに、更に八幡御許しも無くして、我物を申せばこそかかる非礼なる勅宣をも承る事なれば、今よりは未来際に及ぶまで永く物を申さぬ身となるべしとて、八幡は後ろ向かせ御座たれば、松名は此事の神慮に背きたる事を悲しみ……

とある。これを見ると、八幡大神はだまったままそっぽをむいてしまって神託を下してはいないのである。「非礼なる勅宣」とは、道鏡を天位に就けよという称徳帝の言葉である。「水鏡」では再度清麻呂は宇佐に下向して神託を聞いたことになっている。二度目に大神ははじめて託宣し、道鏡の非を指摘している。「水鏡」が「託宣集」を模倣したことはあり得ないから、そこには共通の伝承があったと思われる。

かくして、一部の歴史家が「続日本紀」を重んじ、「託宣集」のほうは無視するというのは、世間なみの公式発表だけを信ずるということになってしまう。「託宣集」が虚実をないまぜにした玉石混淆の後代の産物であったとしても、歴史の真実を語るという点においては極めて優れており、それを軽視することは、一部の歴史家自身の精神の狭隘さと浅薄さを暴露していると云えないか。

さきに、託宣はつねにあいまいな形で告げられると述べたが、八幡大神の場合、託宣はどのようになされたか。「託宣集」の中から八幡大神の言葉とあるものを抄録してみよう。

「大神吾は、不正の物は受けず。此の物の意《こころ》、穢く有るが故に、返し弃《す》つべし」

「穢《けがらわ》しき心を以《も》てる、無道の僧を掃ひ退《しりぞ》けて、天下に表《あらわ》し示さむ事、年は廻らさじ。当に知るべし。死ぬる恥よりは、生ける恥のごときは無し。身の疵よりは、名の疵のごときは無し。」

「神吾が直き諫を信ぜざる者は、命に危有るなり。吾を信せず、吾を重んぜざる者は、己が命の長く短きを知らざるがごとくなり。世の人皆、末代に及ぶまで、吾が教えを信ずべきなり。吾が教えを信ずる者は、二世の願、違う事無きなり。」

「天の日継は、必ず帝氏《みかどのうじ》を継《つ》が使《し》めむ」

「帝《みかど》と御在《おわしま》すべき皇子をば、朱き血より諸天も護り、神祇も護るものぞ」

「神吾、天の日継は、必ず朝天《みかど》の帝氏を継がしめ奉らむとぞ。朝天は日の光の如く、広く永く有らしめ奉らんとぞ。神吾、帝と御坐すべき皇子をば、朱子《あかご》より、諸天神祇供にして、護り奉るなり。」

とある。これを見れば八幡大神が天つ日継はかならず帝氏の中より出すべきであると明言していることがはっきりする。

また次のような文言もある。

「先度の大神の託宣に依って、奏文を二紙作る。一紙は略にして、一紙は細《くわ》し。時に奏文二紙を作る意《こころ》は、大神託宣したまはく。此の申し上げ事は、西方《にしのかた》に聞かしむる事を得ざれと、宣《のたま》ふに依ってなり。」

また、

「先後に二度大神の託宣に、西の御座所《みなりどころ》に奏する事を聞かしむらまく欲せずと云へり」

さらに、

「清麻呂再び使を宇佐大神宮にたてまつり、国家の大事を大神に請問《せいもん》したてまつる処に、西の命《みこと》（註——大宰主神習宜阿曾麻呂の伝える神教）と合はず。（中略）其れ大神と西の方と和せざること、唯に今のみに非ざる事、先の奏に明かなり。故に神許さざるに因って、奏文二紙を作り、略記を以って西方に上《たてま》つり、詳記は御前に献つる。又、先に阿曾麻呂が清麻呂に語って曰く、大神和せざることは、先より然なりてへり。……時に大神、祝辛嶋勝与曾女に託きて、清麻呂を誡めて宣く、吾が言を、西に聞かしむるなかれてへり」

ここで「西方」とあるのは宇佐から見て西の方角の大宰府の政庁を指している。なかでも大宰主神の習宜阿曾麻呂である。八幡大神は阿曾麻呂を警戒し、神託が大宰府に洩れないようにと、気を使っている。そのために二通の託宣の文章を作ることを命じている。辛嶋勝与曾女に憑依した大神が細心の注意を払っているのだから、辛嶋勝与曾女が、阿曾麻呂一派と相容れない考えを抱いていたことは明らかである。

では清麻呂はどうであったか。清麻呂は道鏡を天位に就けたいという称徳天皇の「宣命」をその通り伝えて、八幡大神の「託宣」を仰ぐ役割であった。ところがその期待は外れた。八幡大神は、女帝の「宣命」などは聞かなくても判っていると云って、そっぽをむいて沈黙したままであった。八幡大神が女帝の「宣命」に取り合わなかったということは、道鏡の野望を打ち砕くものにほかならなかった。その顚末を朝廷に報告した清麻呂は道鏡の怒りを買い、罪人として大隅国に流された。

豊前守清麻呂の復讐

清麻呂は道鏡を天位に就かせたいという称徳女帝の意向を体して宇佐八幡宮に出向いたのである。したがって清麻呂に賞すべき処があれば、八幡大神が黙示した神意をはばからず女帝に復奏したという点である。かりに八幡大神が道鏡を天位に就けよと託宣したとすれば、清麻呂はそのままそのように伝えたにちがいない。ここにおいて辛嶋勝与曾女の役割こそ重大であったといわざるを得ない。

女帝から清麻呂が託された宣命の内容は、祭祀をあずかる「祝」から聞いているから、今更あらためて知る必要はないと与曾女は云った。与曾女はそのことを大神の言葉として、自分の口から発している。阿曾麻呂などの偽勅の陰謀に加担することのなかった「神の妻」としての与曾女の凜乎とした姿がそこにある。さすがの清麻呂も与曾女を動かすことはできなかったのである。

しかるに与曾女にとって、その後予想外の事態が生じることになった。それは道鏡の流罪とひきかえに配流の地から呼び戻された和気清麻呂が宝亀二年（七七一）に豊前守に任ぜられたことである。その翌々年の宝亀四年には豊前守の清麻呂は、八幡大神の禰宜、宮司の神託の実否を糾すために、大宰府の役人ならびに卜部の派遣を朝廷に申請した。それには「託宣集」通巻十、「大尾社部下」によると次のような奏文が示されている。

光仁天皇四年、宝亀四年癸丑、
豊前国司解す。申し請ふ処分の事、
官人及び卜部《うらべ》等を請ふ事、
監《じょう》・典《さかん》各壱人　主典《さかん》壱人　卜部参人
右、頃年の間、八幡大神の禰宜・宮司等、辞を神託に寄せ、屢々妖言有り。止《ただ》に国家を擾乱《じょうらん》するのみに非ず、兼ねて朝廷を詐偽《さぎ》すること有り。前後の国司未だ糾正《きゅうせい》を加えず。宰牧《さいぼく》の務、豈此の如くならんや。望み請ふらくは、上《かみ》件の官人。国司判官《じょう》已以上、倶に神宮に向ひて、明に実否を定められんことを。事の旨既に重し。陳《の》べずんばあるべからず。仍ち事の状を録し、史生《ししょう》従七位子部《こべ》宿禰乙安《おとやす》に附けて、謹んで府裁を請ふ。謹んで解す。

宝亀四年正月二日

従六位上行目《さかん》　河原連入部
従五位上行守《かみ》和気宿禰清麻呂
正六位上行掾《じょう》　山田連韓国
正六位上介紀朝臣馬養
員外目正六位上中臣朝臣病
員外従六位下秦忌寸府に向ふ

とある。これは豊前国司から大宰府にむけて宇佐八幡宮の神官（禰宜・宮司たち）が神託にことよせて、しばしば妖言をしていることを調べて取り締まってほしいと願い出た文書である。

このような申請書を豊前の清麻呂が発した理由は何であろうか。「八幡信仰史の研究」の中野幡能の所説をふまえて、平野邦雄は「和気清麻呂」に次のように記している。それによると、天平勝宝六年（七五四）に八幡宮主神の大神田麻呂と杜女が、薬師寺僧の行信と気脈を通じて、厭魅したという理由で除名され、流刑に処せられたあと、大神氏は失脚し、宇佐氏が宮司にかえりざき、辛嶋勝氏が禰宜となった。中野幡能の説では道鏡は宇佐氏とむすび、大神氏の追放をはかった。おそらく道鏡に偽の神託をもちこんだのは、この宇佐氏によって代表された神職団であり、大宰主神の中臣習宜阿曾麻呂は、もともと神祇をつかさどる中臣の配下であるから、当然、大神氏のがわでなく、宇佐氏に近かったであろうというのである。

だから、和気清麻呂が、豊前守として現地に乗り込むと、宇佐神職団は当然粛清されねばならず、そのためには、宇佐氏の優越をおさえて、大神ラインを復活させることが必要であった。ここに大神氏がふたたび大宮司にとりたてられることになる。しかし、宇佐氏も少宮司の地位を得たのであるから、清麻呂のこの処置は、いわば公正なものであった。清麻呂の裁決は、現地の実務によく通じ、それまでの国司が安易にながれ、放任しておいたもののけじめをはっきりつけたものとみるべきだろう、と平野邦雄は清麻呂の措置を高く評価している。平野は大神氏を帰化人系としているが、そんな筈はない。平野の説には賛成しがたい。

私と同様に清麻呂の裁定の公平さに対して、つよい疑問を投げかける者がないわけではない。生山《いくやま》和四郎は辛嶋氏の末裔としての立場から、「宇佐宮と辛島氏」の中で清麻呂を真正面から批判している。その第一は、清麻呂はもともと道鏡側の人物であって、称徳女帝の「宣命」が八幡大神にとりあげられるのを期待していた筈であったのが、大神の「託宣」は異なっていた。しかしその神教を天皇に奏上したことで道鏡の野望は挫かれた。とすれば清麻呂は結果としての忠臣でしかなかったのではないかと云うのである（傍点筆者）。

その第二は、清麻呂が宇佐宮に参詣した際禰宜の辛嶋勝与曾女から「宣命」を奏上するのを拒否されたことを恨みに思い、豊前国守となった清麻呂は与曾女に報復したというのである。清麻呂の訴えに対して大宰府は動き、宇佐宮神職の「糾正」が執行されることになった。次を見よ。

卜食《うらにあえ》しむる託宣の虚実並に任用禰宜等の状。

国守従五位下和気宿禰清麻呂等申さく、能《よ》からざる奴等、頃年《けいねん》の間、掛　畏《かけまくもかしこ》き大神の命宣《みことの》ると、朝廷を偽欺《ぎぎ》し、国家を擾乱し、大神の御徳を軽く穢辱せり。是を以て自今以後に、大神と宣るの旨を顕明して、勤め敬ひ仕へ奉らん事を卜食《うらにあえ》しむべき状を申し給はく。

卜食しむべき事託ぬ。

一。禰宜に辛嶋勝与曾女が託宣する所は、大神の実の託宣か。

卜部酒人　直弟足《あたえおとたり》　卜部道作

右卜食しむる三火合《かな》はず。推して云く。与曾咩が託宣は、既に偽虚なりてへり。

一。禰宜に大神朝臣少吉備咩《をきひめ》を任用すること。

卜部酒人　直弟足　卜部道作

右卜食しむる三火並に吉に合《かな》ふ。
一。宮司に外従位下大神朝臣田麻呂を任用すること。
卜部酒人　直弟足　卜部道作
右卜食しむる三火並に吉に合ふ。
（以下二項目略）
以前の託宣の虚実並に禰宜・宮司等を任用することを卜定すること件の如し。
主神従七位下中臣朝臣宅成　対馬嶋大初位上卜部酒人
大初位下直弟足　壱岐嶋卜部無位道作
従六位上目《さかん》　河原渡津《とつ》
宝亀四年正月十五日
正六位上行介紀朝臣馬養　正六位上行掾山田連《むらじ》　韓国
従五位下行守和気宿禰清麻呂

ここに見る酒人や道作などは対馬や壱岐出身の卜部である。卜占の方法は亀甲を灼いて甲のヒビ割れの状態で吉凶を判断するのだが、この場合は「先づ墨を亀然《かめがた》に書き、後にこれを灼く。兆は順《したがい》て墨を食《は》めり。是を卜に食《あえ》りと為す」と「託宣集」が述べている簡略化した方法を用いている。

ところで、大神朝臣少吉備咩を禰宜に任用すること、また大神朝臣田麻呂を宮司に任用することについては、三人の卜部ともに卜占は一致して認めている（ここで大神田麻呂は復活している）。しかし辛嶋勝与曾女の託宣は真に大神の託宣なのかという疑問については三人の卜占は一致せず、そこでその託宣は虚偽であるという判断を下している。そうすると、清麻呂が「能からざる奴等、頃年の間、大神のみことのりを利用して、朝廷を偽欺し、国家を擾乱し」たと糾弾している相手は、他の誰でもなく、辛嶋勝与曾女だということになる。清麻呂が与曾女について印象がよくなかったことは想像できる。しかしそれで以て与曾女が禰宜として不適であると断ずるのは甚だ公正を逸脱しているのではあるまいか。

与曾女についての誹謗は八幡宮の内部からも起った。

宇佐池守以て解す。申し進む禰宜与曾女が偽託《ぎたく》状の事。

右禰宜辛嶋勝与曾女、頃年の間に種々の託宣を為す事、未だ朝廷に申上せず。此《これ》毎年偽欺少からず。此即ち明に与曾女の偽託と知りぬ。是の如き偽を以て、朝廷を欺き奉る。但し池守は密託に預らず。聞き得るに随ひ、申し上ぐべし。申し上げずば、池守を劣て怠る所と為し、更に其の由を陳べ申すを得ざれ。仍て事の状を録し、謹んで以て解す。

宝亀四年正月十八日　　宇佐公池守

これは宇佐池守が禰宜の与曾女の偽託を告発している文章である。与曾女が偽託をしていることはかねがね知っていたが、今まで申上げなかったという。しかし自分は与曾女と結託して朝廷をあざむいたことはない、と弁明している。そこには池守が与曾女と一緒にされて糾弾されたくないという保身の姿勢があらわである。中野幡能や平野邦雄の説では、大神氏にかわった宇佐氏は道鏡寄りであったようであるとしているが、宇佐氏としてみれば、道鏡が失脚したあとで、自分はそのことを疑われたくないという心情が働いていたのかも知れない。

　大神の託宣を聞こうとやってきた清麻呂に神託は下されなかった。どうしてなのかと聞くと、禰宜の与曾女は、前日に託宣があったが、今は神託は聞かない、と素気なく答えた。充分述べることもしなかった、という文章もある。このような険悪な関係のはて、和気清麻呂は宇佐宮の神職の任免を申し出た。


豊前国司解す。申し請ふ処分の事。

まさに解き及び任ずべき禰宜・宮司の状。

一。解くべき二人。

禰宜正六位下辛嶋勝与曾女
宮司外正八位下宇佐公池守
一。任ずべき三人。

禰宜大神朝臣少吉備売《ひめ》　年十二。宇佐郡向野郷戸主外従五位下大神朝臣田麻呂の戸口なり。

右曾《むかし》大神。辛嶋二氏の童女を卜食しむるに合《かな》ふ。

少吉備売を任ず。

祝辛嶋勝竜麻呂年四十四。宇佐郡戸部郷戸主なり。

これを見ると、辛嶋勝与曾女の禰宜の職を解くことを清麻呂は申し出ているのである。ここでは宇佐公池守までもが解職の対象となっている。清麻呂からすれば双方とも神職にふさわしくないと思われたのであろう。辛嶋勝与曾女は清麻呂が使者となった称徳女帝の「宣命」を拒否した。また宇佐氏は道鏡の勢力と結んでいた。いずれも清麻呂にとっては目障りな存在であった。

そして最後の決定が下される。

一。光仁天皇四年、宝亀四年癸丑。

・八幡大神宮司解す。大神の託宣を申す事。

右、我が社の始の祝《はふり》大神朝臣比岐《ひき》、次には宇佐公池守、辛嶋勝、三氏《みうじ》らうがはしく、吾も我もと思ひて、宮司に競望《けいぼう》を成す事有り。仍ていさぎよく坐す守《いま》清麻呂宿禰・介紀朝臣馬養・掾山田連韓国・目河原連渡津等が、義とする所を承るに、吾が社の氏人、末代に及ぶまでに、乱有らしめず、大神朝臣比岐の子孫を以て、永く大宮司の門と定めよ。宇佐公池守の氏を以て、少宮司の副門と為すなり。辛嶋乙目の氏を以て、禰宜・祝の門と為せ。但し、池守は当時宮司に有り。然りと雖も、任畢《おわ》りての後は、永く指し競ふこと勿れ。守和気宿禰は任を去るの後、入京の日、天庁に就いて、事を奏し知らしめよ。次々に上達部《かんだちめ》に申して、世々を経《ふ》と雖も、上下の乱《みだれ》なく、任ぜしめ奉れ。吾は若し吾が社の氏人・宮司等、歎愁有らば、自然に国土に、種々の災禍起る物ぞ。凡そ同じ姓と雖も、更に任又社を去って、虚空《おおぞら》に住《すみ》なんが故に、災を発《おこ》すべきなり。凡そ同じ姓と雖も、更に任を交《まじ》へしむること勿れ。いはゆる同じ口に入る物も、かむかた、のむかた有り。胡簶《やなぐい》の矢も、白羽・黒羽有る物なりてへり。宮司、大神の託宣に依って、具《くわ》しき旨を注し申し上ぐ。以て解す。

宝亀四年三月十四日　　　　　宮司外正八位上宇佐公池守判

これは八幡大神宮司の宇佐公池守の名をもって出された上奏文であるが、大神の託宣を述べているのである。これは最初に、大神朝臣、宇佐公池守・辛嶋勝の三氏の間で、宮司の職をめぐる熾烈な競争がおこなわれてきたことを非難している。

そこで豊前守清麻呂、介紀朝臣馬養、掾山田連韓国・目河原連渡津等の意見を徴して、八幡宮の氏人が、末ながく平和で、いがみ合わないようにするにはどうしたらよいか義《ただ》しいと思うところを聞いてみた、すると次のような意見がかえってきた、とある。

一、大神朝臣比岐の子孫をながく大宮司の門閥とせよ。
一、宇佐公池守の氏を少宮司の副門となせ。
一、辛嶋乙目の氏を、禰宜・祝の門とせよ。

一、池守は宮司の職にあるが、任が終了したら、競合することがあってはならない。
一、和気清麻呂は豊前守の任を終えて入京の日に、このことを朝廷に奏上せよ。

というのが、そのあらましである。これは八幡大神の託宣の形をとってはいるが、清麻呂以下の豊前国の官吏の意見を徴したものである。つまり、清麻呂の意向がそこにつよく働いているのであって、辛嶋勝与曾女は何ら託宣の場にあずかっていない。清麻呂は与曾女を解任することを求めていたから、そのことを池守は察知し、与曾女は外されたと見るべきであろう。

この上奏文は重要な課題を含んでいる。それは宇佐宮の神職の組織を固定化させ、管理を担当する大宮司・小宮司の身分を上位に置き、禰宜をその下に位置づけたことである。これまで宇佐宮では禰宜の辛嶋氏は、「託宣」をとりつぐ役として宗教的権威をもっていた。したがって、宮司が受けもっていた管理者としての役割こそなかったが、その下風に立つものではなかった。しかるに神職の門地が確定して動かせないものになると、それはとうぜん身分的に固定化するのは避けられない。

しかし、ふりかえってみると、清麻呂が宇佐八幡に使して神教を受けた神護景雲三年（七六九）からわずか二十年前はそうではなかった。天平勝宝元年（七四九）に、八幡神は東大寺大仏完成にあたって託宣を発し、八幡大神禰宜尼の大神杜女は天皇とおなじ紫色の輿に乗って東大寺を拝した。この日、杜女は外従五位下から従四位下に、主神司《かんづかさ》の大神田麻呂は従八位下から外従五位下に叙せられた。禰宜は神霊の憑依する存在、すなわち「よりまし」の役である。主神司は「よりまし」の発する神語を人間の言葉として解釈する「審神者《さにわ》」の役をつとめる。その地位はどう見られていたか。かつて禰宜の杜女は最大級の敬意を受け、叙せられた位も田麻呂よりはるかに高い。主神司より禰宜の方が神の座に近いということであれば、とうぜんのこととも思われる。

その後、大神杜女と田麻呂は失脚し、宇佐氏が進出、道鏡の邪心を肯定するようになった。しかし道鏡の野望が挫かれたあと、再び大神氏が返り咲き、大宮司の職に坐った。宇佐氏も完全に排除されず、少宮司の任にとどめられた。辛嶋氏は最下位に置かれた。

だがまだその後があるのである。

「平安中期になると大宮司も宇佐氏が多く、寄進買得による荘園も宇佐氏の私領化の傾向が強くなる。さらに平安末期における大宮司職は宇佐氏が独占し、大神氏の地位を封じてしまうのである。」（中野幡能「八幡信仰史の研究　上巻」）

これについて高取正男は次のごとく述べている。

「寛平元年（八八九）の『宇佐八幡宮行事例定文』四十九ヶ条によると、神宮の序列は大少宮司、神主、祝《はふり》、禰宜、忌子、御杖人《みつえびと》、宮掌《くしよう》の順で、このうち、禰宜、忌子、御杖人が女性であるが、その役目は禰宜と忌子が神の御服の裁縫と御供の備進、祭りのときに鉤匙をもって殿戸を開け、御杖人は内庭や社殿の清掃であった。倭姫命が天照大神の御杖人となり、諸国を遊歴したすえ、伊勢神宮を創始したと伝えるように、御杖人とはほんらい倭姫命のような神霊を捧持する聖なる女性を意味する言葉であった。それが内庭や社殿の清掃にあたるとあっては、かつて天皇とおなじ色の輿に乗った杜女のおもかげは、完全に失われているというほかない。

こうした祭祀組織の変動は、宮司とよぶ新しい祭祀職の出現によっている。在来の神主とか禰宜、祝の名は、神を祭るものという祭祀技術者をさしている。これに対して宮司はその字のとおり、宮のつかさとして神宮・神社の主管者をさしている。有名神社ではこの時期に社殿が建立され、封戸・神領が増加して祭祀組織が拡充すると、宮司によってすべてを統率するようになった。女性司祭の伝統の後退はここにはじまっている」(「神道の成立」)

これはあたかも采女《うねめ》の地位の転落を思わせる。采女は古代に郡の少領以上の家族から選ばれて奉仕した後宮の女官で、天皇の寵愛を受けた者もいたが、宮廷の宴席をいろどったはなやかな役の影は時代を追ってうすれた。女帝が采女を軽視したこともあるが、養老後職員令によると、後宮十二司のうち最下位に位置づけられ、膳部をととのえる下級の仕事をさせられるまでにいたっている。

清麻呂の人物像

豊前守和気清麻呂と宇佐宮の関係はきわめて緊張したものであった。その中で注意すべきことが二つある。一つは清麻呂が辛嶋勝与曾女の解任を強硬に要求したにもかかわらず、与曾女は依然、禰宜として八幡大神に奉仕しつづけたということである。これは外部の勢力が政治権力をもって介入しようとしても、祭祀権をたやすく変更できなかったことを物語っている。八幡大神は託宣して「大神吾が禰宜は託宣を誤らずとも、清麻呂怒って争論するのみ」と云っている。これを見ると、八幡大神は禰宜与曾女を擁護していることは明白である。その姿勢は変わることがなかった。つまり祭祀権は俗的権力の容喙できないところに置かれていたことを知る。次に八幡大神が清麻呂に佩刀を賜ろうとしたところ、清麻呂はそれを拝領することを辞退していることである。八幡大神は豊前国守の和気清麻呂に、清い心で自分を斎き祀ってくれたことを賞し、太刀を与えようとしたが、清麻呂は自分は「貴き徳に飽ぬ。当封物は、給らじ」と申した。また清麻呂は自分は「愚頑にて神道に合《かな》ひ難し。是を以て、件の御太刀は私に穢しき所に、久く安置し難し」として返上した。

八幡大神は辛嶋勝与曾女に次々に託宣して「我は大夫の浄き恩をば忘れず状《あら》はす」とまで云っている。これは宇佐宮神職たちが豊前国守和気清麻呂の権威に対して戦々恐々としている心情の反映を意味しているのではないか、と生山《いくやま》和四郎は述べている（「宇佐宮と辛島氏」）。

それに対して、清麻呂は「自分は神道とは合わない」とか「貴き徳に飽きぬ」とか、すげない態度で臨み、下賜の太刀を辞退している。

ここに清麻呂の性格が理解できる。彼は儒教的倫理の持主で、しかも武人の風格を備えていたが、日本古来の伝統である神道を深く理解せず、女性特有の宗教的権威を評価しなかった、というよりは無視してはばからなかった。彼は有能な組織者であったが、現実的であり、神意の伝達者としての女性への敬意をもちあわせず、ただ冷淡であったと云うほかはないのである。

第Ⅱ章

良弁とは誰ぞ

第11節　諸国献上の鉱物

金青と良弁

「続日本紀」によると、文武天皇二年の正月から十二月にかけて、朝廷は諸国から鉱物を献上させている。

○正月　土佐国＝牛黄《ごおう》（牛黄は薬物の一種で、病牛の胆中に生じる一種の結石）
○三月　因幡国＝銅の鉱《あらかね》（鉱は銅鉱石）
○六月　近江国＝白 礬石《びやくばんじやく》（明礬）
○七月　伊予国＝白錫《しろなまり》
○〃〃　伊予国＝鑞《なまり》の鉱（錫の鉱石）
○九月　周防国＝銅の鉱
○〃〃　近江国＝金青《こんじょう》（金青は青色の顔料）

○〃〃　伊勢国＝朱沙・雄黄《ゆうおう》（朱沙は赤色の顔料、水銀と硫黄の化合した赤色の土。雄黄は黄色の顔料、砒素の硫化物。薬としても使用する）
○〃〃　常陸、備前、伊予、日向の四国＝朱沙
○〃〃　安芸、長門の二国＝金青、緑青（緑青は緑色の顔料、酸化銅）
○〃〃　豊後国＝真朱（真朱は赤色の顔料、水銀を含む）
○十一月　伊勢国＝白鑞《しろなまり》

さらに文武天皇三年三月に、下野国、雌黄（黄色の顔料・硫化砒素系の黄土）を献る、とある。

これらを列挙してみると、牛黄、銅、明樊、鑞、金青、朱沙、雄黄、緑青、真朱、雌黄という多彩な鉱物になる。これらをほぼ一年余の間、朝廷が献上させていたのはいかなる理由によるものか。

もう一つの例をあげよう。元明天皇の和銅六年五月、諸国の物産を調として献上させた。

○大倭・参河の二国＝雲母《きらら》
○伊勢国＝水銀
○相模国＝石流黄、白樊石、黄樊石
○近江国＝慈石《じしやく》

○美濃国＝青樊石
○飛驒、若狭の二国＝樊石
○信濃国＝石流黄
○上野国＝金青
○陸奥国＝白石英、雲母、石流黄
○出雲国＝黄樊石
○讃岐国＝白樊石

である。

このうち石流黄は硫黄、樊石は明樊石、慈石は磁石である。

こうした鉱物が何に使用されたか。これはあとに挙げる「抱朴子《ほうぼくし》」のなかの仙薬の品目をみれば一目瞭然である。

前漢末の劉向の撰と伝えられる「列仙伝」ならびに、「抱朴子」の著者である葛洪《かっこう》の「神仙伝」にはさまざまな仙人が登場する。その多くが植物性もしくは鉱物性の薬を服用している。それには水銀や雲母のほか水晶や硫黄、丹砂などが使用されているところを見ると、これらが仙薬として使用されたことは疑い得ない。たとえば、「列仙伝」によると、尭の時代の隠者であった方回《ほうかい》は雲母を薬として服用し、また病気の人にも与えたという。ほかに肉桂、松脂、附子《ぶす》、地黄など植物も薬用として使われているが、とくに鉱物性の仙薬「金丹」の服用が仙人となる不可欠の条件であることが分かる。

金丹の製法

葛洪の書「抱朴子」には、「仙薬の大なるものは金丹に先《まさ》るは莫し」と云って、「金丹の巻」でその製法をくわしく述べている。不老長生薬である金丹を作るには、かならずといってもよいほど丹砂（朱砂）がその材料の一つに加えられる。

「抱朴子」内篇には「仙薬」の巻もある。仙薬のうち、最上のものは丹砂、次は黄金である、と記されている。そのほか、玉や雲母や雄黄や空青（曾青）なども重視している。これらの金属を擣いて粉にしてから、練ったり、煮たりして、丸薬にするのであるが、この金丹を飲めば仙人になると信じられている。

「抱朴子」は奈良時代の知識人にも知られていた。「万葉集」巻五に載った山上憶良の「沈痾自哀文《ちんあじあいぶん》」には「抱朴子」のことが取りあげられている。憶良は第七次遣唐使であったから「抱朴子」の書なども持ち帰ったのであろう。長屋王邸にあつまった詩客の中に憶良もまじっている。平安時代には空海が「三教指帰《さんごうしいき》」の中の文章表現を「抱朴子」に多く拠っていることはよく知られている。

金丹の製法は千差万別で、ここに一々紹介する煩労に堪えない。そうした方法が果して可能かも疑わしく、化学の知識のない私には全く見当がつかないが、「金丹」の巻には、丹薬を合成するために使用する鉱物が登場するので、それを左に列挙しておく。

丹砂（硫化水銀）・雄黄水（硫化砒素の溶液）・礬石水《ばんじやく》（明礬水）・戎塩《じゅうえん》（甘い岩塩）・

鹵《ろ》塩（苦い塩）・礜《よ》石《せき》（砒素を含む石）・牡礪《ぼうれい》（カキ殻の粉末）・赤石脂（風化した石のやに）・滑石（珪酸マグネシウム）・胡《ご》粉《ふん》・汞《こう》（昇汞。水銀の化合物）・鉛・雌黄（硫黄と砒素の化合した黄土）・石流黄（硫黄の結晶）・雄黄（硫黄と砒素の化合物）・白礬（白色の砒石）・曾青（上質の緑青）・慈石（磁石）・少室天雄汁（少室山に産するとりかぶとの汁）・雲母水（キラの溶液）・鉛丹（炭酸鉛を高熱にかけて製した顔料）・乾瓦（石灰）・白滑石（白い珪酸マグネシウム）等々である。

（　）の中は平凡社・東洋文庫「抱朴子」内篇の訳注者本田済の注記を借用したものであることを断っておく。

硫黄の効用

「抱朴子」によると、硫黄は八石の一つにかぞえられている。八石とは朱砂、雄黄、空青、硫黄、雲母、戎塩、硝石、雌黄で、これを化合して金丹を製するというから、硫黄は仙薬に欠かせない。槇佐知子によると、中国では三世紀以前に著された医書に「石流黄」として婦人病その他の治療に効果があるとされている。俗に「ウノ目、タカノ目」というが、硫黄を採取する場合、色が黄色くてかすかに紅みを帯びているものを「鵜の目」と呼び、深黄色をしているものを「鷹の目」と呼んだ。なお、青色を帯びたものを「ヒグチ」と呼び、これが石流黄であるという。黄と赤の色の硫黄は銃薬として用い、青い色の硫黄は点火や灯をともすのに用いられたともいう。

和銅六年に、信濃国から石流黄を献上した記事があることは先に述べたが、その産地を長野県須坂市米子町の米子硫黄鉱山にあてる説が有力である。米子鉱山の鉱床は直径三キロメートルもあった。明治十二年の「長野県町村誌」によると、寛永年間に硫黄を採掘した記録がある。明治七年の段階では、鶉の目が三七八貫目、鷹の目が三十貫目で、その品質はすこぶる佳品であった、と記されている。ここの硫黄はすでに古代においても知られていたのであろう。

ついでに云う。和銅六年に三河国から雲母献上の記事が見えるが、その産地は愛知県の西尾市にある八つ面山（一名雲母山《きららやま》）とされている。吉良《きら》庄の吉良もそこに由来するといわれている。雲母は古代中国では硫黄と同じく「八石」の一つにかぞえられ仙薬に用いられている。

金青の正体

文武二年九月に「近江国をして金青を献らしむ」という「続日本紀」の記事はさきに紹介した。金青とは何か。「和漢三才図会」に次のような説明がある。その要点を左に記すことにする。

○金青《こんじょう》　紺青（共に之れ俗称なり）

按ずるに、空青《ぐんじょう》・金青は一物にして二名なり。「続日本紀」に云ふ。金青は上野の国より出づといふことあり。近頃は摂州多田より出づ。
○空青　その出づる処に、金坑、銅坑二種あり。大きさ拳の如く卵の如く、小なる者は豆粒の如く、或は片塊と成り、或は楊梅《やまもも》のごとし。精粗の異有りと雖も、皆漿あるをもって上となす。空ならず漿無き者を下と為す。点火するに曾青をもって上となす。空青をもって、これに次ぐ。
○曾青　曾青は銅を出す処。年古るときはすなはち生ず。これ銅鉱の中に生ず。

とある。これを見ると、金青、空青、曾青とも同一物を指すが、金青、紺青は俗称である。これは目を治療するのに用いたとある。「抱朴子」は空青を「八石」の一つにかぞえている。

「医心方」には「空青、唐又近江国滋賀郡より出ず」とある。「大同類聚方」には「クモリイシ　一説に空青」となっている。槇佐知子の解説では、古代中国では空青は銅鉱に産した。空青というのは「其腹中空」であったためである。中風で手や腕が麻痺したり、口がゆがんだ者の治療に用いた。曾青は駆虫剤や頭風、脳中にも用いられた。現代中国では空青・曾青ともに藍銅鉱とし、形が丸いものや中が空になっているものを空青、長くて連珠形のものを曾青としているという。

日本には昔は中国から渡来したが、和銅六年には上野《こうづけ》より金青を献じ、後朱雀院の長久二年には、摂津国多田の銀山からも産出した。

槇佐知子の「病から古代を解く」によると、「空青　雲里石」は、表面が突起に覆われて丸く、中が空っぽのために、空青の名がある。別名孔雀石といい、クレオパトラが瞼の化粧に使ったといわれ、錬金術の原料の一つ。古代中国では益州（現在の四川省）で産した、と述べている。

辞書には、孔雀石はマラカイトともいい、銅鉱床の上部酸化帯または二次富鉱帯に産し、孔雀の尾のようなあざやかな緑青色を呈する。装飾用や顔料、花火の原料などにあてるという。

こうして空青（金青）と呼ばれる鉱石の正体は孔雀石であることが判明したわけであるが、仙薬のほかにも、緑青や胡粉などとともに仏像の塗料や寺院の天井板に彩色するのに用いられた。長門国の長登鉱山では、空青や群青を絵具の材料として大量に採取した。空青や朱沙は、顔料として新羅からも輸入した。

金勝と金青

金青について別の面から手がかりを示しているのが、吉田東伍の「地名辞書」である。「『金勝山』栗太郡の東嶺にして或は金青に作る。南は信楽田上の山谷にまたがり、阿《あ》星《ぼし》山とも曰ふ。東一半は今甲賀郡石部村に属す。山中に御園荒張観音等の数村あり、今合同して金勝村と曰ふ。按に金勝は金青を出せる山か。『続日本紀』『文武天皇元年　令近江国献金青』とありて、此山は西南田上山に連接し、鉱物宝石類の産あり。土人呼びてコンゼともコンジャウとも曰ふ。僧良弁の一名、金熟又金粛又金勝と云ふ。此山寺を開きし英傑なれば也」

とある。

「地名辞書」にいう文武天皇元年は、文武二年九月の誤りである。金勝山《こんぜ》は今日栗東市に属しているが、吉田東伍が記している金勝山を金青山というのは、金勝山が金青を出土しているからだという話を聞かないので、良弁《ろうべん》の通称の金勝を金青と結びつけるのは、一見唐突な気がしないでもない。しかし、白洲正子が「かくれ里」の中で、金勝族（金粛・金精とも書く）といって、銅脈を探索するのを業としている集団があり、良弁がそれを統率していたのではないかという景山春樹の説を紹介しているのは興味がある。景山春樹の母は金勝山のふもとの生まれであるというから、景山春樹も金勝山付近の土地事情には通じていて、そうした臆説を立てたのであろうが、金勝山の周辺を見渡して、石部町に銅山の採掘がおこなわれていたことはたしかで、今もその跡が見付かるが、銅脈を発見することはできない。ただ「医心方」に空青が近江の滋賀郡から出ていると記されていることは、一説に滋賀郡が良弁の出身地とされていることから気にかかる。「地名辞書」の説も一概に捨ててしまうわけにはいかない。良弁の異称に金鐘があるが、それが良弁一人に与えられたものでないことは次の事実が示している。

「日本書紀」には、天武十四年十月に、「優婆塞益田直金鍾と百済の僧法蔵を美濃に派遣して白朮《おけら》を煎しむ。因りて絁《ふときぬ》・綿・布を賜ふ。」とある。さらにその翌月に、金鍾と法蔵法師は「白朮の煮たるを献れり」とある。白朮はキク科の多年生草木で、蒼朮、山朮の二種があり、煎じて薬用にし、胃の薬であると解説されている。白朮は、「延喜式」三十七の典薬寮の記事をみても、元旦の御薬として、美濃、飛騨、信濃から献上している。朮（ヤマアザミ）は中国では食用とし、また長生の仙薬としている。ということから見ると、白朮をとりに美濃につかわしたのは、仙薬として使う意図があったからにちがいない。

ここに優婆塞の益田直金鍾が出てくるが、優婆塞は在俗のまま仏門に入った者である。益田直というのは、飛騨国の益田郡益田郷に本居をもつ人物のように推測される。百済僧法蔵については、持統天皇六年二月、陰陽博士沙門法蔵が銀二十両を賜ったとある。このことからして陰陽道に通暁していた人物と見られる。山間で修行する私度僧や優婆塞は、薬草や薬石を探すのも、学習の一つと心得ていたのである。

この益田直金鍾は東大寺の前身の金鐘寺と関係がないだろうか。そこには良弁とおぼしき金鐘行者がいたが、益田直金鍾が優婆塞の僧侶で、しかも薬草を煎じたということからして、あるいは良弁も薬草や鉱石を探すのに長じていたのではないか。金鐘という名前が良弁ひとりのものではなかったことからも、そのことが想像される。

第12節　鷲にさらわれた子

不明の前半生

「元亨釈書」によると、良弁《ろうべん》は百済氏の姓をもち、近江の志賀里もしくは相模の人とされている。その母が観音に祈って得た子である。二歳の折、母が桑を摘んで、子供を樹蔭に置いていたら、たちまち大鷲が降下して児を捉えて去った。母は悲しんで鷲を追っていき、家に帰らなかった。ところで奈良で義淵が春日神祠に詣でて見ると、鷲が子供をつかんでいた。義淵は子供を家に連れてかえり、五歳にして学問を習わせたが、一を聞いて十を知るという具合であった。やや成長してから義淵に法相宗を、また慈訓に従って華厳宗の奥義をまなんだ。聖武帝は良弁を重用した。東大寺の大仏建立は良弁の勧めである。天平五年に金鐘寺を建て、天平宝字四年に僧正となった云々、とある。

辻善之助の「日本仏教史」（第一巻）は次のように良弁の履歴を記している。

「良弁は持統天皇三年に生まれた。義淵の下に居ること四十余年。天平五年四十五歳のときに羂索院《けんじやくいん》を建《たて》るまでは聞えなかつた人である。
羂索院は即ち所謂三月堂で又法華堂とも云ひ、金鐘寺とも云ふ。良弁はここに居て執金剛神像を安置して修行して居たので、金鐘行者・金鷲菩薩・金粛菩薩などの名があつた。即ち一つの行者であつた。（「扶桑略記」）この執金剛神像は今も三月堂の背後に安置してあるものがそれである。（「霊異記」中二十一）天平十二年、始めて華厳宗を起して、十月八日金鐘寺の道場に於て、大いに名僧大徳を集め、大安寺の審祥を師宗として華厳経を講説し、天皇・皇后及諸卿等が衣などを施入せられた。東大寺の建立は良弁の奏上によるといふ説もある。（「七大寺年表」）造営の始まるに及んで、良弁は造東大寺司となつて、その経営に任じた。天平勝宝三年に少僧都となり、八年に大僧都となり、宝亀四年僧正となり、同年閏十一月十六日入滅した。年八十五。」（「続日本紀」、「正倉院文書」、「東大寺要録」）

これはさきの「元亨釈書」と重なり合う部分があるが、簡潔な略伝なので紹介しておく。ただし良弁の僧正任命年は「元亨釈書」では天平宝字四年（七六〇）、「東大寺要録」では宝亀四年（七七三）となっている。

奈良金鐘寺は、もともと神亀五年（七二八）九月に、夭逝した聖武天皇の皇太子の基親王の菩提をとむらうために建立された山房で、その年の十一月には、智行僧九人をえらんで住まわせたと「続日本紀」にある。良弁が天平十二年に審祥を請して華厳経講説を開いているところから見て、その経歴からも良弁は神亀五年に山房に住せられた智行僧九人の一人と考えられている。そしてその山房を天平五年に金鐘寺とした。とすれば、天平七年（七三五）に遣唐使として帰国した玄昉よりは、良弁のほうがはやくから東大寺大仏造立に関心をよせていたことがうかがわれる。大和の金鐘寺が金光明寺となったのは天平十四年、さらに東大寺となったのは天平十七年のことである。

良弁が幼いとき鷲にさらわれた子であるというのは各地にある昔話の一つであるが、その類話は「日本霊異記」上巻第九に載っている。「嬰児の鷲に擒はれて、他国にして父に逢ふことを得る縁」と題するもので、鷲にさらわれた女児が他国で苦労する話である。この話は「今昔物語集」巻二十六にも載っている。

鷲にさらわれた子の話は岩手県上閉伊郡にもあり「聴耳草紙」にも載っている。したがって、これを良弁一個人の話とするわけにはいかない。

もう一例は「日本霊異記」中巻第二十一に見られる次の話である。奈良の都の東の方一帯の山に金鷲寺と称する寺があった。その山寺には金鷲優婆塞と呼ばれる人物が住んでいたので、その名をとって寺の通称としたのである。そこは今は東大寺となっているが、聖武天皇の御代のまだ東大寺を建立していなかった時分の話で、金鷲は行者としていつもこの寺に住んで仏教を修行していた。

その山寺に一体の金剛力士（執金剛神）の塑像を安置して、金鷲行者は仏像のすねに縄をかけ、その端をにぎって引き、昼となく夜となく願をかけていた。すると仏像のすねが光を放って、皇居にまで届いた。天皇はおどろき怪しんで、使をつかわして見にやった。すると一人の優婆塞が執金剛神のすねに縄をかけ引きながら、仏を礼拝し、罪を懺悔していた。使者はそれを見ていそぎ帰り天皇に報告した。

天皇は行者を召して、何か欲しいものはないかと聞いた。行者は出家して仏法を修行したいと答えた。天皇は金鷲に正規の僧侶となることを許し、修行に必要な飲食・衣服・臥具・医薬を与えて不自由がないようにした。当時の人は金鷲菩薩とたたえた。その光を放った執金剛神の像は、今東大寺の羂索堂（三月堂・法華堂）の北の戸口に立っている云々とある。ここには良弁の名はない。が、鷲の名を冠した金鷲優婆塞は良弁にちがいない。

この話は「古事談」第三では次のようになっている。古老がいうには、東山のふもとの大櫟《いちい》の下で良弁僧正が草庵をむすんで、土で造った執金剛神の像を安置して、その本尊の足に綱をつけて礼拝する毎に引き動かし、聖朝安穏増長福寿と唱えていた。その声がかすかに平城宮の聖武天皇の耳に入って、勅使をつかわし尋ねたところ、金鐘行者という者で、ここは殊勝の霊験の窟であるが自力では寺を建てることができないと答えた。そこで天皇はそれを聞いて大伽藍を建立しようと思った、というもので、東大寺建立のきっかけになったエピソードである。この金鐘行者は良弁である。そこで、金鐘・金勝・

金鷲・金粛など発音もおなじで紛らわしい名前が良弁のまわりに立ちこめている。それを左に一々見ていくことにする。

金粛・金鷲・金鐘と良弁は別人説

横田健一の「金鐘寺と金粛菩薩」（橿原考古学研究所編）によると、金勝とは「金光明最勝王経」の異称であるという。寛平九年（八九七）の太政官符では、金勝寺というのは、昔、応化の聖人である金粛菩薩の古跡とある。金粛は金勝と通音と見てよいという。そこで金勝寺創建以前に、金粛時代の草庵のごときものがあったのではないかという。横田は、室町時代末期頃の伝承を記した「興福寺官務牒疏」という書物の中に、金粛菩薩の霊地や開基の寺が、近江国の栗太郡、蒲生郡、坂田郡、甲賀郡などに、九ヶ寺もあり、それが良弁僧正とは別人として記していることに注目している。しかし金粛の霊蹟または開基のゆかりの寺を、後に良弁が開基し、あるいは伽藍を建立したと伝えるものが、九ヶ寺のうち五ヶ寺を占めているところから、金粛と良弁との間には密接なつながりがあったと推定している。良弁が義淵につく以前の青少年時代、すなわち七世紀末から八世紀の初頭にかけての二、三十年、文武、元明、元正時代の近江国の甲賀・栗太郡地方で修行していた金粛に接して、その教えを受けたようなことは考えられはしないか、という。とすれば金粛のあとに良弁が活躍したのであり、両者は別人ということになる。

横田の結論は、金鐘寺の前身は金粛菩薩と呼ばれる修行者が、当時渡来したばかりの「金光明最勝王経」とくに巻八の金勝陀羅尼に加えて、執金剛神や妙見信仰などをとり入れ、金勝菩薩や金粛菩薩と称せられていた。その弟子の一人に、義淵につく以前の近江湖南地方出身の良弁があり、彼は執金剛神信仰などにおいても感化をうけたが、とくに「金光明最勝王経」を所依の根本経典とし、その所の金鐘寺をうけつぎ、これを金光明寺、さらに東大寺へと発展せしめる基礎をつくった。その最初の基礎は彼らの郷里に近い近江国甲賀の信楽に寺院の建設をはかることであったが、政治的に反対者が多く、ついに平城京東部に移し建てたのである、と云っている。そしておそらく、最初、甲賀の紫香楽宮に大仏の建立をすすめたのは、この地の近くに生まれ育った良弁ではないかと思われる、としている。

横田は「日本霊異記」に見える金鷲行者が平城京の東方の山の金鷲山寺に執金剛神摂像を置いてまつった話を引き合いに出して、金粛菩薩は金鷲であるらしいが、良弁ではなさそうである、と説く。

金鷲・金鐘と良弁は同一人説

これにたいして森田悌は「紫香楽と良弁」「続日本紀研究」（第二八〇号）で横田説と反対の意見を述べて、次のように云う。

「横田氏は金粛・金鷲を同一人物とみ、良弁と異なるとしている。しかし説話中の金鷲ないし金鐘は奈良東山に居住する僧侶で、金鐘寺ないし、東大寺に密接していることが看取され、金鷲を良弁とする『東大寺要録』の文章を否定する必要はなく、金鷲・金鐘が説話化された良弁であることが確実である。金鷲なる用字は良弁が鷲にさらわれた逸事に由来し、金鐘は良弁が金鐘寺に関係することに由るのであろう。『興福寺官務牒疏』の金粛開山ないし霊地に良弁が関わっているとの記述からみて、金粛と良弁は別人であり、金粛と金鷲・金鐘とも別人であり、金粛の方が時期的に若干金鷲・金鐘より先行していたのである」

という。

森田と横田は金粛と良弁が別人であるとする点では一致している。ただし、横田が金粛は金鷲であるらしいが、良弁ではないとするのに対して、森田は金鷲・金鐘は「説話化された良弁」であることを認めている。

金粛と良弁は同一人説

元東大寺別当の平岡定海は、森田、横田ともちがう考えを披露している。すなわち、平岡は「金粛菩薩は良弁が僧正になる以前の行者時代の呼称であると見るべきである」とする。（栗東歴史民俗博物館刊「金勝寺」平成七年）

金勝山大菩薩寺は、元正天皇の養老元年に金粛菩薩が開基し、良弁僧正が安置したと「興福寺官務牒疏」に記録されているが、金粛菩薩も良弁のことだというのである。また東大寺で良弁が大徳と称される以前は、鷲伝説の影響を受けて、金鷲菩薩と称せられる行者であった、という。このように平岡説では、金粛、金鷲、金勝、金鐘の名を冠する行者や菩薩はすべて良弁一人に帰せられることになる。

ここで森田、横田、平岡の説を検討してみるに、金勝の名が「金光明最勝王経」をつづめた異称であるという説は否定できない。また金鷲行者が良弁にまつわる鷲伝説にもとづくことから良弁の呼称であるという説もまず動くまい。横田・森田説のごとく金粛と良弁は別人のような気がするが、確言できない。金勝から金鐘、金熟、金粛などの呼称も生まれたのはまちがいないと思われるから、あるいは金粛と良弁は同一人であるとする平岡説もかんたんには捨てられない。景山春樹が「金勝族」と命名した鉱山探索の集団と良弁との関わりも無視することはできなさそうに思われる。金青は、金勝と関連があるかも知れない。平岡は良弁が漆部氏の出自であったことに注目し、東大寺法華堂（三月堂）に乾漆像が多いことを指摘している。

漆を用いた塗師と秦氏とは大いに関係があるから、その点も考慮に入れる必要がある。

第13節　山林修行の優婆塞

春日奥山と笠置山

東大寺の三月堂（法華堂）から東の嫩草山《わかくさ》にのぼっていくところに、良弁《ろうべん》の山房があったのではないかとされている。彼がその山房にいたのは、天平五年（七三三）に金鐘寺を建てる前のことで、良弁は金鷲優婆塞と称しており、私度の僧であった。法華堂衆と呼ばれる修験者は、良弁に端を発するとされているが、その修験者たちが千日不断供行《けぎょう》の花である樒《しきみ》を採ったところとされている花山（香山、四九六メートル）は春日奥山の、峰の薬師である香山寺《こうぜん》のあたりという。

五来重は、春日山の山岳信仰のもとはこの付近で、そこから東へゆけば地獄谷石仏のあるところに出、原始的な山岳信仰は地獄谷にはじまるという。

花山から地獄谷石仏一帯にかけては風葬の地で、奈良の諸寺の僧侶の埋葬の場所でもあった。地獄谷という名称がそれを伝えている。ここから春日山一帯を山中他界とする信仰が生まれ、優婆塞の山林修行の場となった。金鷲優婆塞の良弁はそのひとりであった。

大和の東山、すなわち嫩草山から花山あたりにかけては、奈良市の寺院のある平地とはうらはらに、うっそうとした森が茂っており、それを春日山原始林と称している。

今は奈良奥山ドライブウェイが設けられているので、昼なお暗い森の中を、車で通ることができる。春日奥山に、春日山石窟仏がある。俗に穴仏といわれている。岩窟はあまり広くない。東大寺大仏殿を建てるための石材を掘り取った跡に彫られたものであるという。

また地獄谷石窟仏は、道路から六〇〇メートルばかり入りこんだ山中にある。「蝮に注意」という立札を見ながら、細い山道を降り切ると、そこに石窟があって、それに仏像が彫られている。かたわらの洞窟には、石仏らしいものは見られないが、かつて埋葬地として使用されたことがあるのかも知れない。

豊島修によれば、大和東山一帯の山岳信仰は、奈良時代には笠置山まで連なっていったという（「笠置山の修験道」）。

笠置山（二八八メートル）は平野の中に孤立しているので、さして高くない山であるが、登山路はけわしい。頂上を少し降りたところに大岩壁がある。笠置寺の本尊の弥勒仏を彫ったものである。その後、元弘の戦火によって焼け、仏像の光背が残っているだけで、あとはいたずらに石面をさらすのみであるが、それでも大岩壁の迫力は、それを仰ぐ者を圧倒する。

そこをさらに降ると、直角にむかいあう二つの岩があり、金剛界と胎蔵界の曼荼羅が描かれていたという。この二つの岩の間が千手窟と云われ、古来、弥勒の浄土につながる龍穴とされた所である。今は土砂が堆積して穴はなかば塞がってしまっている。

良弁と実忠

笠置山の北側は断崖で、転落した岩が木津川をふさぎ、川の流れが岩の下を通っているために四町ほどの間は筏を流すことができなかった。良弁は笠置山の千手窟にこもり、秘法を修し、呪文の力で「笠置の磐石」を破り、岩のあった場所に、筏の通り道を拓いたといわれている。

良弁の弟子の実忠《じっちゅう》も笠置寺で修行している。実忠は良弁より三十七歳年下で、大仏開眼供養のおこなわれたときは二十六歳であった。

実忠は天平勝宝三年（七五一）十月、笠置寺の千手窟の龍穴に入って、穴の中の北方一里あまり先で、弥勒の都率（兜率）の内院に至って、四十九院、摩尼《まに》宝殿《ほうでん》を巡礼するうち、常念観音院というところで、諸天衆が集まり、十一面観音の悔過《けか》を勧修するところに行き会った。

そこで見た行法を実忠は東大寺二月堂ではじめたという。この法会は二月堂の「お水

笠置山・千手窟

春日奥山・石窟仏

取り」として知られ、今日までつづけられている。

実忠が笠置山において十一面悔過会を感得したというのはもとより付会である。その師である良弁が千手窟で秘法を修し、木津川の岩石を破砕して東大寺建築のための木材を流したとするのも同様に全く架空の話である。しかし東大寺と笠置寺との関係は密接なるものがあった。弥勒菩薩像のある場所から、千手窟に降りてゆき、さらにその先にいくと巨大な磨崖仏があり、華麗な虚空蔵菩薩が描かれている。その近くには胎内くぐりの岩もある。それをくぐれば再生するという信仰があった。

ここで留意されるのは、もともと山中の風葬の場から山中他界の発想が生まれ、山岳信仰の基となったという事実である。山岳信仰は南都諸大寺の僧にも見られたが、正式の僧侶の資格をもたない優婆塞や私度僧にとっては山林こそ修行の場であった。優婆塞から山伏のような山岳修験の徒が生まれた。「笠置寺縁起」に見られる良弁や実忠の逸話は奇瑞を語る霊験談であったとしても、そうした由来談の背景には、豊島修の云う笠置山の「原始修験道」があった。春日山の奥山一帯には、優婆塞が多く、それが笠置山の原始修験道を形作っていったと見られる。良弁や実忠など、東大寺関係者と笠置山との結びつきも、こうしたことの延長上に見られるものであった。

金鐘行者と辛国行者

良弁は金鷲優婆塞と称せられたが、また金鐘行者とも呼ばれた。「古事談」（第三）に「金鐘行者と辛国行者験徳競べの事」という記事が載っている。辛国《からくに》行者は役行者《えんのぎょうじゃ》の弟子の韓国連《からくにむらじ》広足のことである。

「続日本紀」文武三年五月二十四日の条に葛城山に住んで呪術をもって鬼神を役使していた役君《えのきみお》小角《づぬ》は、人々を妖惑したかどで、伊豆嶋に流されたとある。外従五位下の韓国連広足は、役小角に仕えていた。

「新撰姓氏録」によると韓国連広足は「采女臣同祖、武烈天皇の御世、韓国に遣はされ、復命の日に姓を韓国連と賜ふ」とある。采女臣はニギハヤヒ六世の孫のイカガシコオの孫とあるから、韓国連も物部氏の系譜である。「続日本紀」の天平三年丙子条では、物部韓国連広足とある。先祖の物部氏が韓国に派遣されたことがあるというので、その姓となったとされる。

「続日本紀」によると、天平四年十月、物部韓国連広足は典薬頭《てんやくのかみ》に任命されている。官人の医療を担当し、医師らを養生する機関である典薬寮の長官が典薬頭である。神亀の頃には典薬寮に属する呪禁師《じゆごんし》としてみえる（家伝下）。呪禁とは、杖刀をもち呪文を唱えて、一定の作法をおこない、病災を防ぎ除く道教の方術である。「呪を持するとは、経の呪を云うなり、道術符禁、道士法を謂うなり、今、辛国連これをおこなう」と「令集解」巻七僧尼令の古記に述べられている。符禁というのは、霊符を用いた呪禁である。

韓国連広足の師でもある役小角もまた、とうぜんのことながら、呪禁を使用する道士法に通暁していたと見なければならない。

さて、「古事談」の中の金鐘行者と辛国行者の験徳競べの話は次の通りである。

金鐘行者は霊験に殊に勝れ、天下の人々は皆帰依した。大仏殿を造られるべき沙汰があったが、大仏殿正面より東は金鐘行者の所領であり、大仏殿正面より西は辛国行者の所領であったので、両者の験徳をきそわせ、勝った方に大仏殿を建てさせることになった。

二人の行者がおのおの呪言を誦えて祈っている間、辛国行者のほうからは数万の大蜂がやってきて、金鐘行者を刺そうとしたが、金鐘行者のほうからは、大きな鉢が飛来して、打ち払ったので、蜂はみんな退散してしまった。その鉢は辛国行者の元にやってきて、行者をいましめた。そこで辛国行者はたちまち悪心を結んで、寺の敵となり、この寺の仏法を妨碍しようとしたという話で、古老が申し伝えているものである、と記されている。

これは鉢と蜂が同音であることに話のおもしろさを出そうとしているが、鉢は木地屋に関係があり、また砂金などを砕くのにも用いる。山形県の東田川郡庄内町肝煎《きもいり》はもとの鉢子村で、開山蜂子皇子にちなみ、蜂子と称したというが、蜂子は鉢子でありここは砂金採取の中心地であった（若尾五雄「金属・鬼・人柱その他」）。その砂金を精錬するのに鉢を必要とした。また鉢が飛ぶ話は「信貴山縁起絵巻」などにも見られる。一説によると、飛鉢とは山岳の修験者が飛ぶように遊行して、お布施をあつめているさまをあらわしたものと云う（杉山二郎「大仏再興」）。

「古事談」の話は、辛国行者が役小角の弟子であるだけに興味深いものがある。辛国行者は道教を、良弁は仏教を代表して、その優劣を競っているのであるが、良弁も、呪禁師であった辛国行者（韓国連広足）とさして変らない生活をしていたことが推測されるのである。

優婆塞の実学

「日本霊異記」には、役の優婆塞（役小角）が孔雀王の呪法を修持して、あやしい験力を得たとある。孔雀明王というのは、毒蛇の天敵である孔雀の神格化とされるが、仏教経典の孔雀呪は、孔雀明王を本尊とし、呪文を唱えて行う密教の修法である。それを神仙を志す役の優婆塞が唱えて験力を得たというのであるから、道教と仏教の呪法が混用されていることは明らかである。

良弁も優婆塞として前半生を送ったとみられる。彼は山林を知悉する半俗半僧の生活を通して、薬草や鉱物の知識に精通していた可能性は充分にある。

私度僧が探鉱、採鉱に長じていた一例をあげる。

天平勝宝元年閏五月、陸奥の産金に功績があったとして、私度の沙弥、小田郡の人丸《まる》子《こ》連宮麻呂に、法名応宝を授け、師位に入る、と「続日本紀」に記されている。官の許可なくして出家した修行者である私度僧が芳名を与えられ、正式の僧侶として認可されたのは、陸奥の産金に功績があったためというのだから、丸子連宮麻呂は鉱物についての詳細な知識を持ちあわせていたのであろう。

近江出身の木内石亭は「雲根志」において「近江国石部駅西北に金山《かなやま》という山あり、往昔此山にて金を掘りたりと、よって後、村の名とし、また山の名とす、此山に金を掘りたるという岩窟あり」と記し、石亭自身、この金山の岩窟を調査している。その岩窟は石部山吹屋ヶ谷にある。吹屋という地名のように、銅の鉱石を採掘した場所であった。「新修石部町史」には現在でも坑口の見られる金山遺跡があると記している。その稼行の記録が残っているのは近世に入ってからであるが、石亭も云うように、石部という村名も金山に由来するとすれば、産銅の歴史はもっと古くまで遡ることができるであろう。石部から良弁に縁のある金勝山まではほんのわずかの距離である。とうぜんそこは「金勝族」（景山春樹）の活動の範囲に収められる場所であった。

江戸時代の当山派山伏であった行智が著わした「木葉衣」には、修験者は役の優婆塞（役小角）を鼻祖とすると記されている。また「山伏というは、もと山中に起臥して修行するによりて名づくるところなるべし」ともある。これからすれば、山伏は山林修行の優婆塞の流れを汲むものであった。そして山伏が鉱山を発見してその開発にたずさわったり、薬草の知識を応用して、薬を調合し、それを売り歩いたというのには、その先駆者として優婆塞の存在があったと見なければならぬ。彼らは山林に住み修行したというだけではなかった。南都大寺の僧のように、経文の学習に励むだけのことではなく、在俗の姿のままで民衆の宗教的要求に応ずる者が少なくなかった。「その行業からみれば、陀羅尼を誦持した巫覡とも見做し得るのではないか」、と古江亮仁は云う（「奈良時代に於ける山寺の研究」）。

そのかわり、優婆塞は鉱脈や水脈を発見し、薬草や薬石を調合する術に山林修行を通して通暁した。また河川を掘り、池堤を修理し、橋を架けるなど、土木工事に才能を発揮した。それを通して、民衆に深く接し、民衆を動員するのにすぐれた手腕を見せた。彼らは寺院の学僧には欠如していた「実学」と「実務」の能力をもって、古代から中世にかけての民間宗教史の道を切り開いていった。こうした優婆塞や私度僧侶の役割はきわめて重要なものであるにもかかわらず、これまで宗教史や民俗学の分野でその評価が充分になされてこなかった憾みがある。

山伏と薬草

山伏が薬草を調合して売りあるいたことは諸国にかず多く見られる。日本の売薬の歴史は山伏を措いて語ることはできない。山伏は檀家めぐりに札を配ってあるきながら、薬のほうも売りつけていったのである。著名なものとしては、大和大峰山麓の陀羅尼助や越中立山の反魂丹、万金丹が知られている。甲賀地方の伝承は、十七世紀に三代目日本実坊が、万金丹、人参活血勢龍湯の二種の薬を創出したと伝えている（満田良順「飯道山の山伏」）。こうした山伏による売薬の歴史はいつ頃まで遡ることができるか不明であるが、飯道《はんどう》山を真向いに仰ぐ滋賀県甲賀市信楽町の紫香楽宮址から、「万病膏」の墨書銘のある須恵器の壺が、天平十七年と判読される木簡と共に出土した。これは官庁でつかわれ、また遣唐使などの外交使節が携帯する薬でもあったという。

「僧尼令」に「凡そ僧尼、禅行修道ありて、こころしづかに静かならむことをねがい、俗に交らずして、山居を求めて服餌せむと欲《ねが》はば、三綱連署せよ」とある。服餌とは「令集解」には「古記に云う」として、雑穀を断ち、松皮葉や丸薬などを食する、とある。丸薬は仙薬である。寺院の統轄にあたる僧職の三綱が許可すれば、仙薬の服用がみとめられるというのであるから、道士としての生活の承認にほかならない。

その一方で、山林修行者の中に、うさんくさい存在がいて、薬草や薬石の知識を濫用していることを警告する布告を朝廷は出している。

「続日本紀」天平元年四月の聖勅に、山林修行者がうわべは仏道を説きながら、巫術を習い伝え、道術の呪文などを記した書き付けを貼りつけ、薬を調合して毒薬をつくり、万人を怪しませ、勅禁にたがうものがあれば、首謀者は斬罪し、その同調者は流罪に処せよ、というきびしい命令が出されている。

優婆塞の台頭

長い間、正統の僧侶として扱われなかった非公認の優婆塞が、時代の要請にうながされて、社会的活動をみとめられる場が聖武帝の御代に到来した。その例を行基にみるに、彼は反社会的な煽動者として、養老元年（七一七）に発布された元正天皇の勅できびしく断罪された。

「小僧行基、あわせて弟子ども、街衢に零畳（ちまたに屯集）して妄《みだり》に罪福をとき、朋党を合せ構へ（徒党を組んで）……百姓を妖惑す」（「続日本紀」）

とある。

それが天平三年（七三一）八月七日の条になると、

「比年《としごろ》、行基法師にしたがふ優婆塞、優婆夷ども、法《のり》のごとく修行する者《ひと》は、男は年六十一以上、女は年五十五以上、ことごとく入道することを許す」

と変化している。「小僧行基」が「行基法師」と呼ばれるまでわずか十四年しか経っていない。時代は急激に変転したのである。

「続日本紀」天平十三年十月十六日の条に「賀世山《かせやま》の東の河に橋を造る。七月より始めて今月に至りて乃ち成る。畿内及諸国の優婆塞らを召してこれを役す。成るに随って得度せしむること、惣《すべ》て七百五十人」とある。これは恭仁京の造営にあたって、木津川に橋をかけるために、畿内と諸国の優婆塞を召集して使役し、七月からはじめて十月には完成したので、優婆塞に公認の僧侶の資格を与えたことを指している。行基はそれまで、架橋工事もおこなっているのであるから、この優婆塞の中には、行基の弟子も多数まじっていたことが推測される。

天平十二年の藤原広嗣の乱の直後からはじまった恭仁京、そして紫香楽宮と、あいついで新都を建設するために、大衆を動員できる行基の協力は、欠かせないものがあった。これは行基も積極的に呼応した。

「続日本紀」によると、聖武帝は天平十五年十月十九日に、紫香楽宮に行幸して、盧舎那仏を造るために、はじめて甲賀寺の地を開いたとある。それにつづけて「是に行基法師、弟子等を率ゐて衆庶を勧め誘《みちび》く」とある。

天平十七年の正月には、行基が大僧正となり、四百人が出家したとある。これも行基の弟子の優婆塞、優婆夷が得度を許されたことを物語っている。またその年の九月に聖武帝の病が篤くなり、その平癒祈願のために、優婆塞、優婆夷三千八百人を得度し、出家させた、と「続日本紀」は伝えているが、これは優婆塞、優婆夷がいかに多かったかを、数字をもって示したものにほかならない。

「扶桑略記」によると、行基が亡くなる一ヶ月前の天平二十一年正月十四日、聖武は光明子や宮子と共に、行基から戒を受けたとある。聖武帝は行基をふかく親任し、師と仰いだ。とはいえ、聖武に大仏造立を進言し、その工事を推進した中心人物は、行基ではない。もとより玄昉などでもない。まぎれもなく良弁であったことをここに強調しておく。

第14節　仏都紫香楽宮

甲賀寺址

聖武帝は天平十二年二月に難波宮に行幸した。このとき河内大県郡の智識寺に立ちより、盧舎那仏を礼拝して、自分も大仏造立の決意をした。しかしその感激もさめやらぬその年の九月、帝の殊勝な信仰心をかき乱す事件が勃発した。藤原不比等の孫であり、宇合《うまかい》の子である藤原広嗣が九州で叛乱を起こした。広嗣は値嘉島で捕縛されて斬首され、その乱はあっという間に平定された。聖武帝はこの事件に深い衝撃を受けたと見えて、広嗣斬首の報に接するまえの十月二十六日に、奇怪な行動を突然起こしている。「続日本紀」によると、自分は考えるところがあって、今からしばらく東国にいこうと思う。旅行するのに適切な時期とはいえないが、やむを得ない。このことを知っても驚き怪しまないで貰いたい。と臣下に伝え、平城京をあとに、伊勢・伊賀・不破の関などをめぐって、かつて元明天皇が行幸した山城国相楽郡の甕原離宮（京都府相楽郡加茂町）におもむき、そこに新都を造営すると宣言した。こうして恭仁京の都づくりがはじまった。

聖武帝は、天平十三年に恭仁宮での朝賀の式に臨んだが、宮垣もなく、皇居のまわりに幕を張りめぐらして垣根の代用をするという有様だった。

天平十四年八月、恭仁京にいた聖武帝は近江国甲賀郡紫香楽村に行幸し、それ以来、紫香楽宮を離宮として、しばしば足を運び、紫香楽宮に遷都する準備をはじめた。

こうして聖武帝は紫香楽宮に都を定めたものの、今度は難波宮に移った。だが三度目の遷都も実現しないまま、天平十七年（七四五）五月に平城京に舞い戻り、四年半にわたる彷徨に終止符を打った。

聖武帝の気まぐれとも見える遷都さわぎであったが、信楽の小盆地に都を遷そうとしたことは、けっして一時の思いつきではなかった。天平十二年、河内の智識寺に行幸して大仏造立を発願したのを皮切りに、大仏を安置するにふさわしい場所を探すことがはじまったと推測できる。「続日本紀」に天平十四年に山城の恭仁京から東北の方角に、近江国甲賀郡まで道を開いた、と記されている。それは聖武帝の意向を矢印のように示したものである。湖南の山岳地帯はまた山林修行者の舞台でもある。そこに理想の仏都をきずこうとする宗教的な野心が聖武帝の心に芽生え、折角都づくりをしようとした恭仁京を打ち捨てて、新しい都を紫香楽の地に求めたと見られるのである。

現在の地図に紫香楽宮址と記されているのは、じつは宮址ではなく、甲賀寺址である。滋賀県甲賀市信楽町黄瀬に通称内裏野と呼ばれる地名があるところから、そこはかつての宮址と思われ、大正十五年（一九二六）に、紫香楽宮として国の史跡に指定された。しかしそのあと、昭和五年（一九三〇）以来の発掘調査によって、寺院遺構であることが判明し、天平十五年十月に造営が開始された甲賀寺の跡であろうと推定された。

たしかに、甲賀寺跡はせまい小さな丘陵地であって、宮殿を設け、群臣を集めて儀式を催すような場所ではない。宮殿ならばもっと広大な平地に設けるべきである、というのは、誰しも直感するところである。

甲賀寺址

ところが戦後になって、その甲賀寺跡から数キロはなれた信楽町宮町に、圃場整備の折に、宮殿あとと推定される遺構が見付かった。そこで、昭和五十九年（一九八四）以来、発掘調査が進められた結果、八世紀中頃の遺構であることが判明し、天平十七年の木簡も発見され、そこが紫香楽宮のあとらしいと想定されるにいたった。「続日本紀」によると、天平十五年八月には、紫香楽の地を流れる鴨川を宮川と改めたとあるから、現在も残る宮町という地名もそれに付随して生まれたのかも知れぬ。

聖武天皇は天平十五年十月十九日、紫香楽宮に行幸して、盧舎那仏を造るためにはじめて寺を開いた。それが甲賀寺である。また大仏造立のために、東海、東山、北陸三道から中央へ送る貢納物を紫香楽宮に集積することを命じた。そしてあくる年の天平十六年十一月には、甲賀寺にはじめて盧舎那仏の像の体骨柱を建てて、聖武帝みずから、その縄を引いた。以上は「続日本紀」の記すところである。これを見ると甲賀寺に大仏を安置しようとしたことはまぎれもない。

そのことを証明する遺跡が発見されたのはつい最近の二〇〇二年である。滋賀県甲賀市信楽町の紫香楽宮址の近くの鍛冶屋敷遺跡から、八世紀中頃の大規模な銅の鋳造工房跡が出土した。紫香楽宮址の北東四百メートル、甲賀寺跡の近くで、円筒形の溶解炉、また炉に風を送るたたら（足踏み式送風器）、さらに鋳型をすえ、溶かした銅を流しこんだ鋳込み場など、三つの跡がセットで十六基見つかった。

なかでも注目されるのは、五メートル四方の大型の鋳込み場二基であって、それぞれ仏像の台座（六角形、直径二メートル）を鋳た跡と、梵鐘（高さ約二・五メートル、直径一・八メートル）の内側の鋳型が出土した。これは聖武天皇が建立した甲賀寺に納められたと見られる仏像の台座や梵鐘を鋳造した跡であることが確認され、国の役所である「造甲賀寺所」の一部と判断された。

この事実は、聖武帝が紫香楽宮を仏都とし、甲賀寺に大仏を造立しようと志したことを端的に物語っている。

湖南地方は良弁のゆかりの地であった。紫香楽宮遷都をもっとも熱心にすすめたのは玄昉や行基ではなく、私は良弁であったと思っている。それは甲賀寺が金鐘寺と称されたことからも推測できる。紫香楽への遷都が不首尾に終ったとき、奈良の金鐘寺に東大寺の大仏造立の計画が、良弁を中心に生まれたのではないか。

「続日本紀」の天平十六年三月十四日の条には、金光明寺の大般若経を紫香楽宮に運んだとある。金光明寺の前身は金鐘寺と称した。その名が甲賀寺にも付された背景には、良弁の姿が見えかくれする。

信楽の杣山　燃ゆ

紫香楽宮址に立つと、宮址のある盆地の真向いに飯道山《はんどう》（六六四メートル）の二つの峰が並んでみえる。飯道山からアセボ峠や阿星山《あぼし》（六九三メートル）の尾根道をとおって、北西一〇キロにある金勝山《こんぜ》までは、二時間ほどだという。そこは飯道山修験の山伏たちが通い馴れた山道であった。

ところが金勝山からみて西南方にある太神山《たのかみやま》（六〇〇メートル）までも同じ位の距離である。紫香楽宮は、北東に飯道山、北西に金勝山、西は太神山という風に、扇のように開いた山々の要《かなめ》のところに位置している。

前にも述べたように、恭仁京から東北に道を開き、近江国甲賀郡に通じたのは、「続日本紀」によると、天平十四年（七四二）二月五日である。その年の夏から聖武帝は紫香楽に離宮をつくって行幸するようになった。

恭仁京と平城京は木津川をへだてて近距離にある。こうして見ると、平城京から恭仁京をへて紫香楽宮へのコースは、さほど遠距離という感じはしない。紫香楽宮がそのような盆地の中心にあることから、聖武帝がここに都を遷そうとした心境も自然に理解できる。しかもその周辺は良材を産する山地であったから、新都の造営にはいたって都合がよかった。

しかし天平十六年四月には、「紫香楽宮の西北の山に火あり。城下の男女数千余人皆趣《おもむ》きて山を伐つ。然して後に火滅《き》えぬ。天皇これを嘉して布を賜ふこと人ごとに一端」と「続日本紀」は伝えている。このときの山火事は自然発火であったか、放火であったか判明しない。

あくる天平十七年四月朔に「市の西の山に火あり」、三日に「寺の東の山に火あり」、八日に「伊賀国真木山（現・三重県伊賀市の槙山）に火あり。三四日滅《き》えずして、延び焼くこと数百余町。すなはち、山背、伊賀、近江等の国に仰せてこれらを撲《う》ち滅《け》たしむ。十一日に宮城の東の山に火あり。連日《ひつづ》きて滅《き》えず。是に、都下の男女、競ひ往きて川に臨み物を埋む」とある。

こうした連日の火事は明らかに放火であって、住民の不満や反対が意思表示されたものと見られている。それは平城京還幸をうながす計画的な放火だったようである。五月になると、しきりに地震が起った。太政官や諸司の官人らをあつめてどこに都を定めたらよいかを聖武帝が問うと、みな「平城に都すべし」と答えた。奈良四大寺、すなわち

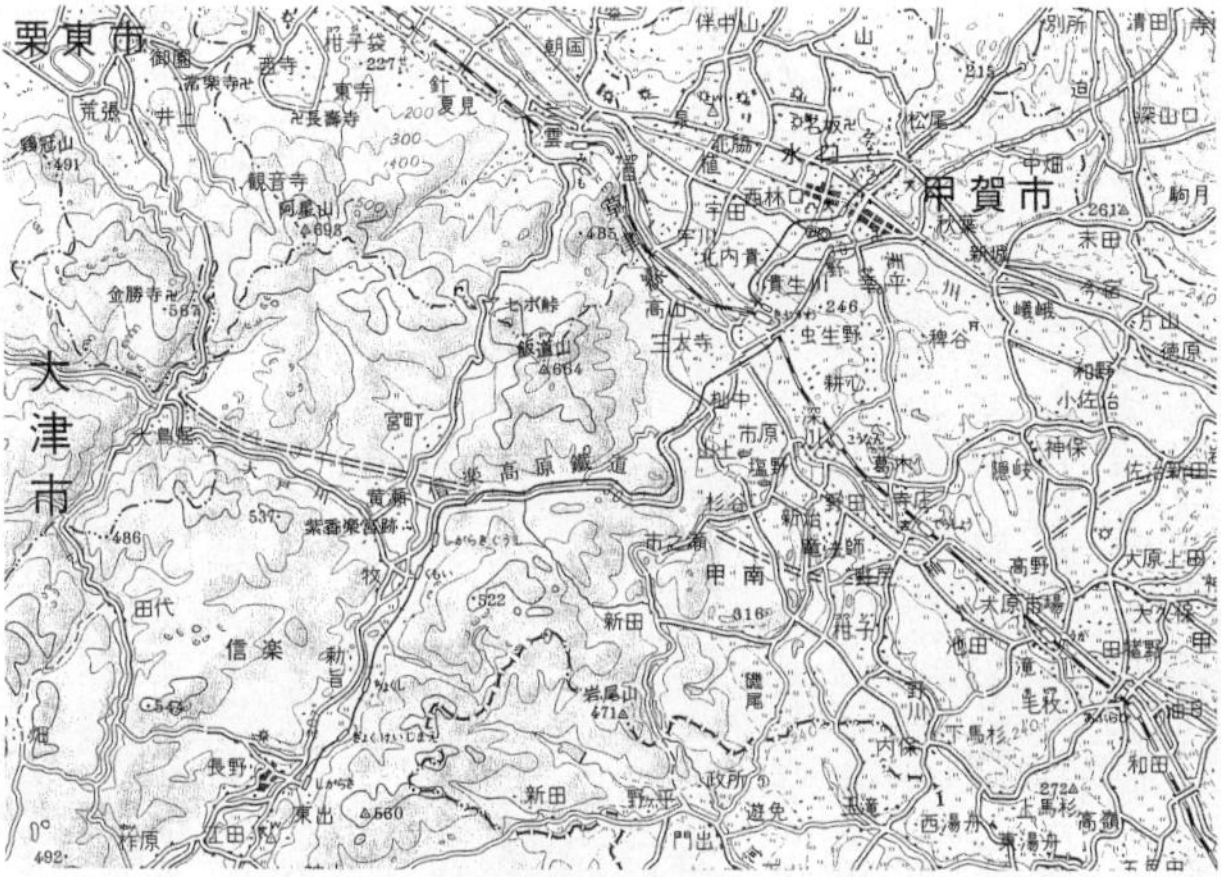

紫香楽宮址周辺図

大安・薬師・元興・興福の四寺の衆僧ももとより同意見であった。聖武帝は紫香楽宮を捨てて、恭仁京をへて平城京に還ったが、道中、人々ははるかに天皇の車駕をおがんで、万歳を唱えた。天皇が平城京に還幸したその直後も地震が起きた。また四月から雨も降らず、種をまくこともできなかった。そこで諸国の神社に幣帛をたてまつって、雨乞いをやらせた。恭仁京にあつまった人々も昼夜をおかず平城京に移動しその列のとだえることがなかった。

　紫香楽宮には人影が絶えて盗賊が横行し、また近くの山々が火事になり、近江の国の人々を千人も動員して火を消そうとしたが、火は消えなかった。

　天平十七年九月十七日、聖武帝は勅《みことのり》して「朕《われ》、頃日《このころ》、枕席《ちんせき》安からず、稍《やや》、旬日に延《ひ》く。以為《おもいみ》るに、治道《ちどう》失ありて、民多く罪に罹るにあらむ。天下に大赦すべし」(「続日本紀」)と失政の罪を天下に謝した。この中の「治道失ありて」という一句は帝王の言葉としては、おどろくべき率直さである。そこに聖武帝の真率さがうかがわれる。紫香楽の地に新しい仏都を建設しようとする聖武帝の願いは幻に終った。

その年は雨にめぐまれず、紫香楽宮をめぐる周辺の山の樹木は、放火によって、乾いた薪のように燃え、夜空を焦した。

紫香楽の地名は「繁る木」に由来するとあるが、それは俗説であろう。とはいえ、日頃うっそうとした周囲の山が、炎に包まれる光景を、虚ろな眼で眺める聖武帝の痛ましい姿が浮び上がる。

聖武帝は家庭の愛にめぐまれなかった。聖武帝の七歳のとき父親の文武天皇を失った。聖武帝を生んだ藤原不比等の娘の宮子は、聖武が生まれて三十七年の間、わが子と対面したことがなかったという。聖武の子の基王も誕生して一年足らずで死んでしまった。

こうしたことに加えて、聖武は多病で虚弱な体質であり、そのせいか神経質で気まぐれな一面を備えていた。広嗣の乱では、事件の完全な終末を見ずして、宛てのない旅に出、恭仁京、紫香楽京、難波京と転々としたあげく、とどのつまりは平城京に帰って、元の木阿弥となった観がある。こうした聖武帝の行動を見ると、宮廷をめぐる権力闘争をたじろがず直視する姿勢に欠けた脆弱さを認めないわけにはいかない。

しかし、聖武帝は繊細な精神の持主であった。それは残された筆跡によくあらわれている。光明皇后の筆跡はむしろ男っぽい豪放な、力強いものである。それに対して聖武帝の筆跡は格調正しく、繊細である。

聖武天皇は聖徳太子と同じく、宮廷をめぐる権力あらそいと反乱のくりかえしを目のあたりにして、現実厭離の思いが深かったにちがいない。

聖徳太子の「世間虚仮　唯仏是真」の思いは聖武帝にも通じるものがあった。その証拠に、聖武帝は「続日本紀」天平勝宝元年閏五月の条に、自ら「沙弥勝満」と名乗ったと記されている。勝満は聖武帝が行基から戒を受けた際、授った法名であるが、勝満は聖徳太子の法名の勝鬘にあやかったと見られている。このように、聖武帝は聖徳太子の理想にあやかって、自分の夢をひたすら追いつづけた。理想とする宗教都市の幻夢が破れ、紫香楽の地を放棄したのちも聖武帝は大仏造立の志を捨てなかった。

第15節　西海の銅

長登銅山

聖武天皇は紫香楽宮の神宮寺である甲賀寺で大仏造立に着手したが、結局、平城京に還御し、そこで新しく大仏建立をはじめることになった。しかし、完成の見通しはつかなかった。「託宣集」巻六によると、天皇は天平十九年に、使を宇佐宮に派遣して、この願いを成就させるために、八幡神の前に宣命を捧げて祈った。これに対して八幡大神は、

「神吾、天神地祇をいざなひて、成し奉って事立て有らず。銅《あかがね》の湯を水と成すごとくならん。我が身を草木土に交へて、障《さ》へる事無く成さんてへり。」

と託宣した。文意は必ずしも明確ではないが、「銅の湯」というのは、溶けた銅のことであろうから、大神は鍛冶神として、豊前の銅を献じようとする決意のほどを示したも

のと思われる。この託宣は必ずしも鍛冶に関係はないとする西郷信綱説があるが、天平十九年は大仏鋳造の工事をはじめた年にあたっている。八幡神の中央進出の背景に、豊前の銅があったと類推するのもあながち、不自然ではあるまい。

「東大寺要録」巻二にある銅銘文に、「西海の銅を積みて、天平十九年歳次丁亥九月二十九日よりはじめ、天平勝宝元年歳次己丑十月二十四日、惣て三箇年に鋳ること八度を以ってし、座身五十三尺」とある。

「西海の銅」というからには、「延喜式」に産銅国として名を挙げている長門国、備中国、豊前国の銅はとうぜん含まれると見ねばならぬ。「西海の銅」は「四海の銅」の誤りとする説もある。その方が全国の銅をひろく集めたということになるわけである。しかし私は「四海の銅」よりもじっさいに銅を産出した「西海の銅」の方が現実味を帯びていると思える。

私はかつて「青銅の神の足跡」（一九七九年刊）の中で、「延喜式」に見る長門国意福駅について次のように記した。

「そこは現在の山口県美祢《みね》市於福《おふく》であるが、『和名抄』では、イフクとなっている。この意福は山陰地方との連絡駅であった。しかしそればかりではなかった。『防長風土注進案』によると『山城山に黄金《こがね》の蔓《つる》ありしを掘出せしは、山子どもおふくおふくと呼びしより、於福と唱へ来りしとも申し伝へ、その詳らかなること相知りがた』し、とある。おふく、おふくというのは、もちろんこじつけにしても、吹くは鉱石を精錬することであるから、それが鉱山採掘につながる地名であることは、これによって知ることができる。美祢市立図書館発行の『ふるさとの歴史・美祢』にも、於福の地名は金銀銅鉄などの鉱石を吹き分ける息吹（イキブク・イブク）に通じるものがあるとしている。

では果して銅山があったのか、といえば、すでに元和元年（一六一五）には藩の請山として於福鉱山がみられ、運上銀をおさめていた。明治十四年には於福の小杉で山上鉱山が開発され、多いときには百人前後の鉱夫が働いていた。（中略）

もとの於福村のとなりの渋木村（現在長門市渋木町）も往古は集福という名でよばれていた。これもイフクのフクと通音である。この渋木村に鉱山があったことは、天正九年（一五八一）の毛利藩文書にみえて、銅をとったとみられている。また美祢市の東につらなる美東町にも、長登《ながのぼり》、赤絵堂《あかえどう》、青景《あおかげ》などの鉱山があった。赤絵堂や青景は銀山であった。長登はもと大田村に属して磁鉄鉱を出したが、銅も産出した。長門国の鋳銭司のある長府まで、美祢郡長登（現在美東町大田）や阿武郡《あぶぐん》桜郷（現在阿東町生雲《あとういくも》）の銅を進んで銭を鋳たことが、承和三年（八三六）の頃の記録にある。ここにいう生雲は古くから銅山のあったところである。そのとなりに地福《じふく》という地名があるのも、あるいは伊福と由縁があるかも知れない。」

私が右の記事を書いてからざっと十年後、これらの鉱山の中で最も注目される美東町の長登鉱山で大きな発見があった。長登の地名について「防長風土注進案」は「当村は金山所にて、往古奈良の都大仏を鋳させらるる時、大仏鋳立の地金として当地の銅二百余駄貢がしめらるる。其恩賞として奈良登の地名を賜り（中略）いつしか奈良を長と唱へ替たる訳詳ならず」としている。つまり長登は「奈良のぼり」の訛った地名で、奈良に銅の地金をはこび、大仏造立に貢献したと伝えている。この地名の由来は、たんなる語呂合せのように思われ勝ちであったが、その伝承を正当なものと裏付ける証拠品が発見された。

一九八八年、東大寺大仏殿回廊西どなりの発掘調査の際、奈良の大仏創建時の青銅塊が出土し、この青銅塊を化学分析した結果、砒素が多く含有されていることから、粗銅は山口県長登銅山産出のものであるとされ、奈良大仏鋳造との関係が立証された。

それに対応して、山口県の美東町では、長登銅山の中でも最も有名な大切《おおぎり》銅山の精錬遺跡の試掘調査を実施したところ、墨書土器「大家《おおやけ》」を検出した。大家は官衙などの中心的建物をさすと解される。長門国採銅所の所在を示すものであろう。また多量の松明《たいまつ》の燃えさしが出てきた。後代のものであるが、サザエの殻も発見されている。採鉱のときの灯明台に使ったものと思われる。大切銅山ではすでにからみ（銅滓）堆積地から八世紀の須恵器片が発見され、銅山跡であることが分かっていたが、平成二年（一九九〇）には特筆すべき事件があった。大量に出土する木簡群の中に「天平四年四月」の墨書木片があったのだ。天平四年は大仏鋳造開始以前で長登鉱山の開始時期の古さを物語っている。はっきりしないが、七世紀末の飛鳥時代には採鉱がはじまったと見られている。そしてそれに呼応するように、平城京左京二条二坊の発掘調査で「長門国美祢郡調綿壱

伯屯　天平十九年九月」の木簡が出た。これは大仏鋳造の時期、長門国美祢郡と関係のあったことを示す史料である。

ちなみに大切山や瀧ノ下から産する孔雀石は、岩絵具「緑青」「群青」の原料として古代から知られていた。「続日本紀」の文武天皇二年、諸国から献上した鉱物のなかに、長門国に産出した金青・緑青が含まれている。

後代になると「瀧ノ下緑青」は「長登緑青」と称して長門の名物となり、江戸時代には、長登村には緑青商が七軒もあって繁昌し、京大坂や江戸・尾張などに出向き、画師や彩具屋などに納品したのだという。

ところで、長登から出た木簡には、見すごすことのできない氏名が記されている。精錬や鍛冶用に大量に消費される炭を焼く工人には、凡海部・忍海部・日置部・刑部・土師・大神部の氏名が見える、と池田善文は報告している（「美祢地方歴史物語」）。

このうち、忍海部、日置部、土師は製銅にも関係がある。忍海部は伊勢や播磨の忍海漢人のように金属精錬に関係した氏族である。凡海部は忍海部とおなじ。日置部も垂仁紀に見られるように金属精錬に従事した氏族である。このほか、長登銅山跡の出土木簡の中には、銅の精錬工にも日置部、凡海部が見え、また銅製品を馬に積んではこぶ役にも、凡海部・額田部・日置部・忍海部などの名が見える。この日置部について思い出されるのは、和銅二年に香春の阿曾隈の神を香春神社に移した日置《へぎ》紡子《やくし》のことである。また大神部は豊前の大神氏との関係を物語るものではなかろうか。

美祢郡の古代の神社としては「文徳実録」仁寿元年（八五一）十月八日条に「長門国鹿・集福・賀磨能峯《かまのみね》・壬生《みぶ》等四神、並に従五位下を授く」とある。

このうち集福は長門市渋木で、伊福に通じ、鉱山があった。賀磨能峯神社は、秋芳町大字嘉万にある。「防長風土注進案」は賀磨能峯を、渋木村と嘉万村にまたがる花尾山のこととしている。また神社の祭神を金山毘古神とする。賀磨能峯のカマは鉱穴を指す。また壬生神社は、秋芳町大字別府にあり、明らかに金属の神のミブカナヤマヒコを祀るとしている。壬生は丹生（水銀）に通ずるという説もある。

美東町の大字赤の地名は、古くからの銅の生産によるものとされている。中世には、阿賀郷また赤《あか》郷と称され、赤にある宮の馬場には赤郷八幡宮が鎮座する。同社は、桂木山の東南麓にある里宮であるが、桂木山の山頂には奥宮として北辰妙見社を祀ってある。北辰神をまつる妙見社が鉱山とふかい関係のあることはいうまでもない。この赤郷八幡宮は宇佐八幡宮の分霊を勧請したといわれている（「防長風土注進案」）。

社伝はその年代を称徳天皇の御代、神護景雲三年（七六九）とする。

朝廷の管理のもとに、長門と豊前が密接な関係をもっていたことは、次のことからもはっきりする。

仁和元年（八八五）に太政官が長門国に下知して、破銅手一人、掘穴手一人を豊前国採銅使のもとに送らせた。豊前国の人々はまだその技術を習わなかったからである、という記事が「三代実録」にある。これは豊前国の採鉱技術が古風で稚拙であるということから、新しい技術者を長門国から送らせたという風に解せられるが、またちがった見方もできる。

すなわち九世紀の終り頃豊前国の銅と鉛の大半は長門鋳銭司の許に送られていることからして、その銅が鋳銭司の許に届かなかったり、届いても少量だったりして、相互にくいちがいがあったことを物語っているのかも知れないという説がある。

また、「三代実録」には、元慶二年に大宰府に命じて、豊前国規矩郡の銅を採るのに、規矩郡の徭夫百人を宛て、銅を精錬させるまえに斎戒沐浴し、八幡大菩薩に言上したとある。規矩郡は田川郡と隣接していて、実際は香春の銅と見られている。規矩は古くは聞と記した。「雄略紀」に、物部目連《めのむらじ》、筑紫聞物部大斧手《おおのて》を率いて、伊勢の朝日郎《あさけのいらつこ》を斬る、とある。香春の銅は鋭利な武器としても使用されたのである。

長門や豊前の銅の採掘は古来からおこなわれ奈良大仏造立にも決定的な役割を果した。しかし金銅仏には、塗金用の金が必要である。その金が日本にはなかった。

第16節　大仏塗金の実相

百済王敬福の策謀

聖武帝は大仏塗金のための黄金を買うために、使者を唐に派遣しようと考え、朝使を八幡宮に赴かせ、海路を往還する道中の平安の祈りを奏したが、大神は託宣して、求める所の黄金は、間もなく、日本の土地から出るから、使者を大唐に遣わすようなことはするな、と云ったと「託宣集」第六は述べる。この自信あり気な八幡神の姿勢はどこからきたのだろうか。

一方、「扶桑略記」によると、聖武天皇は良弁を遣わして吉野の金峯《きんぷ》山に金の供出を願ったが、蔵王権現から、弥勒下生の際に必要だからと断わられたので、近江の石山寺の地で良弁に一週間の祈禱祈願を命じた。その後幾日も経ずして陸奥国から黄金を献上することがあり、八幡大菩薩の御力添えだということで、その黄金九百両の中から百二十両を分けて、宇佐宮に奉ったと記している。

これら一連の話は連動しており、考えようによっては、あまりにうますぎる話なので、次のような疑問が発せられるのもやむを得ない。

辻善之助の「日本仏教史」第一巻には次のように云う。

「百済王敬福《きようふく》の黄金のことに就いては、或は詐略に出たことではないかといふ疑がある。今まで出なかつた黄金が遽《にわ》かに多量に出て来たのは実に不思議である。敬福は名の如く、その祖先は百済出身の人である。大陸から密かに金を輸入して、之を陸奥より産出したと称して上《たてまつ》つたのではあるまいか。その詐略は果して敬福一人の考より出で、その栄誉を貪らん為にした事か、はた当局との間に連絡があつたことかどうかという点までは、今論ずるにも及ばぬが、とにかく疑はしい事であると思ふ。尤もこの後、天平勝宝四年二月十八日に、陸奥国の調庸は多賀以北の諸郡は黄金を輸さしめ、その法は正丁四人に一両の割を以てせしめた。又延喜式にも、陸奥国には沙金を課せられてゐる所よりみれば、天平当時、敬福の時にも多少は出たのかも知れないが、それを元にして、敬福が詐略を行つたのではなからうかと思ふ。敬福はその後、天平勝宝二年五月宮内卿に任じ、次で河内守を加へられ、四年には常陸守となり、右大弁に遷り、出雲、讃岐・伊予等の国守を経て、天平神護の初に刑部卿に任ぜられ、同二年六月二十八日薨じた。その昇進の速やかなるによつて見ても、この人はただの人ではなかつたと思はれる。」と辻は疑心を挟んでいる。

辻善之助は、奈良時代の前後には、一般に詐略がおこなわれたとして、次の例をあげている。

「続日本紀」によると、三田首五瀬なるものを対馬に派遣して黄金を採掘し、精錬させたところ、五瀬は黄金を得て復命した。朝廷は大変よろこんで、文武天皇五年三月二十一日、対馬から黄金を貢したというので、大宝に改元した。またその年の八月には、朝廷は五瀬に、五十戸と田十町などを賜った。ところがそれは五瀬の欺偽であった。彼は韓国に出向いて黄金をとってきて、対馬から産出したとあざむき、厚い恩賞にあずかったのであった。

このような先例があるから、敬福が黄金の輸入をひそかに企て、それを実行するとしたら、さほど困難ではなかったはずである、と辻善之助は言うのである。三田首は任那族であると太田亮は記している。

ここで百済王敬福の経歴について若干触れて置こう。「続日本紀」は、天平神護二年六月二十八日に敬福の死を報じ、その略伝を次のように述べている。これと「日本書紀」の記事をつき合せてみると、敬福は白村江の敗戦によって高麗に逃げた百済の最後の王豊璋《ほうしょう》一族の後裔である。豊璋の弟にあたる百済王善光は白村江の戦に参加せず日本にとどまっていた。その善光の曾孫にあたるのが百済王敬福である。敬福は放縦な性格であって、物に拘泥せず、頗る酒色を好んだ。聖武帝はそのような奔放な敬福を寵愛して引き立てた。敬福は自分の家の貧しさを訴えるものがあれば、他の理由をつけて、物惜しみなく物品を与えた。そこで家にはいつも余財がなかった。人となりは、判断が的確で、行政能力があった、と「続日本紀」は伝えている。これを見ると敬福は度量の大きい人柄であったことが推察される。その一方で、国家に反逆する行為はきびしく取締り、橘奈良麻呂の乱にあたっては、その一味を拷問にかけ、糺問して死に至らしめている。敬福が陸奥守に任ぜられたのは天平十八年九月のことである。そして陸奥国からはじめて黄金を貢上したのは、天平二十一年二月のことである。

その一足早く、朝廷は天平十九年に使者を宇佐宮に派遣し、大仏鋳造を開始している。しかし大仏の本体ができあがっても、黄金がなくてはならない。八幡神は、黄金を買うために使者を中国にやったりするな、黄金は必ず日本国内から産出する、と託宣している。八幡神のこの自信ありげな態度はどこから生まれたか。

それに呼応するように、陸奥国から九百両の黄金が産出した。その九百両の中から百二十両を宇佐神宮のお蔭として奉納している。これも奇異なこととといわねばならない。たとい八幡神の加護によって、産金という慶事に恵まれたとしても、喉から手が出るほど欲しい貴重な黄金の一部を奉納するということは、常識を逸脱した行為といわねばならない。陸奥国からたしかに金は産出した、しかし奈良大仏の造立に要した錬金は、一万四百三十六両（約一四六キログラム）と東大寺の「大仏殿碑文」に記されている。九百両は一両を約一四グラムとするならば、約一二・六キログラムである。陸奥国から貢上した産金九百両では、大仏を塗金するにしてもその一割程度にも満たないことは明白である。しかもその九百両の大部分は敬福がひそかに朝鮮から買い求めたのではないか、と辻善之助は疑うのである。しかしそれは敬福ひとりの仕業だろうか。八幡神が加担していないか。であればこそ、敬福は八幡神にリベートとして黄金百二十両を贈ったのではないか。

もう一つの疑いは、さきにも述べたように良弁が近江国で一週間祈りを捧げたのに、幾日も経ずして、陸奥国から産金の報らせがあったということである。これを八幡神が外国から金を買ったりするな、国内から必ず出ると託宣したこととつき合せて考えると、あまりに話がつごうよくできていると思わざるを得ない。これも浮説であることは明らかである。

良弁は大仏建立を切望する聖武帝の右腕として事業を推しすすめることになった人であり、さいごは造東大寺司にもなった。早くから聖武帝の信任厚く、大仏造立のためには最も奔走し権力を振るえる地位にあった筈である。ということは大仏塗金の不足に頭を悩ます責任を負わされた立場にあったということでもある。そう考えると、陸奥産金は敬福ひとりの策謀ではなく、敬福が良弁と仕組んで演出した疑いはきわめて濃厚である。その場合、宇佐八幡の神官の大神氏も一枚加わっていたのではないか。それゆえに、見返りとして、大仏塗金のための黄金九百両の中から、百二十両を宇佐八幡宮に献金したのではないか。当時の八幡宮の神職団は大神氏であった。百済王敬福と良弁と宇佐八幡宮の神職団との間に、三つ巴の策謀が仕組まれたことは想像に難くない。

良弁と八幡宮との取引き

良弁と宇佐八幡の神職団のあいだにひそかな取引きがおこなわれた可能性を、すでに八代国治が明治四十二年の「國學院雑誌」で「八幡の神と僧侶」と題して推測している。八代は云う。

「東大寺八幡宮は今の奈良の県社の手向山八幡宮であります。此の八幡宮の出来た理由は、神亀四年に聖武天皇が河内国知識寺の盧舎那仏を礼拝し、初めて大仏を造らんとする叡願を発し給ひて、使を豊前の宇佐に遣し、神の御意向を窺はしめ、併せて其の加護を祈らしめた処、八幡神は御喜びになり、諸の神祇を率ゐて加護し給ふとの託宣を受けられ、天平勝宝元年十月に至り、大仏鋳造が成就したことから、そこで八幡の神をここに鎮座して、東大寺大仏の守護神たらしめたものであります。これは素より表面上の理由でありますが、其の内情に立ち至って見ると、実は良弁等が、当時上下の信仰厚き八幡を利用して、自分の道場の金鐘寺を盛大ならしめ所領を増したものであろうと考へられます。

大仏の造立、東大寺大仏殿建立の可否を決する時にも、八幡の託宣により、又宇佐八幡を移して、東大寺の鎮守としたのも、恐らくは良弁の画策したものでありませう。」

これを史実に照らして見ると、「東大寺要録」には、天平二十年、聖武天皇は、藤原朝臣を使者として八幡神を、東大寺の地主神に勧請したことが記されている。あくる年の天平二十一年正月四日には、陸奥国小田郡から産金が報じられ、天平感宝と改元された。つづいて天平勝宝と改元されたが、その年、すなわち天平勝宝元年（七四九）十月、大仏鋳造は完成した。

その翌月天平勝宝元年十一月、八幡大神は託宣して、平城京に向った。八幡大神を奉斎する禰宜尼の大神杜女《もりめ》は、天皇だけに許された紫色の輿に乗って京に入り、東大寺を礼拝した。孝謙天皇、聖武天皇、光明皇后も行幸し、百官と諸氏はすべて東大寺に集った。朝廷は八幡大神に一品を、また比咩神に二品を奉った。そして禰宜尼杜女に従四位下を、また主神の大神田麻呂に外従五位下を賜った。

東大寺・二月堂

その時の「続日本紀」の記事で注目されるのは、「宮の南の梨原宮に新殿《にいどの》を造り、神宮《かむみや》とす」とあることである。梨原宮がどこかはっきりしないが、おそらく左京二条二坊付近とされている。これが東大寺鎮守としての宇佐八幡の進出のはじまりである（最初は東大寺大仏殿の東南の鏡池の東にあったが、源平の合戦の折に焼亡した。鎌倉時代に現在地の手向山西麓に移され、手向山八幡宮と呼ばれるようになった）。かくして八幡大神は東大寺一山の守護神として崇敬された。

またこのとき、「東大寺は封四千人、奴百人、婢百人を施す」と「続日本紀」にある。八代国治がさきの論文の中で、金鐘寺の所領を増やしたと述べているのはこのことであろう。さらに「東大寺を造ることに預りし人々、労に随ひて位を叙すること差有り」とあるから、大仏鋳造にたずさわった人々への功労賞が与えられた。

八代の云うように良弁が金鐘寺の所領を増やすために、八幡神を利用したと推断するのは控えるとしても、東大寺大仏鋳造に関わる八幡神の度重なる託宣、それに応える朝廷の八幡神に対する破格の優遇を考えると、東大寺の責任者であった良弁と腐敗していた八幡神職団の間に隠密の取引きがおこなわれ、両者がひそかに手を結んだ事実を疑うことはできないであろう。陸奥からわずかな産金があったとしても、それだけでは大仏に充分に塗金することは覚束ない。しかし表立って外国から金を買うことは、日本の国家の体面に関わる。その場合、どうすればよいか。陸奥産金の朗報によって、黄金をひそかに朝鮮から入手したことを、ごまかすほかはない。それを仕組んだのは敬福と良弁であろう。良弁は大仏造立を悲願とする聖武帝の夢をみたすことを、自分の仕事の第一義と考えてきた。それは聖武帝との出会いから、紫香楽宮や甲賀寺の大仏造立（これは中断したが）の試みにいたるまで一貫している。それをさらに奈良東大寺において実現させねばならぬ。東大寺に大仏を建立することは良弁の生涯の最終の目的であった筈である。国民に重い負担を強いる莫大な費用、あらゆる善知識を動員しても大仏は作らねばならない。しかし絶対的に金が足りない。こういう土壇場で良弁の実務家としての才能や行政的手腕はどのように発揮されたか。陸奥からの産金の量は知れたものである。その金が大量に溜まるのを何年も待っている訳にはいかない。「続日本紀」は、天平十九年と二十年の元日の朝賀がとりやめになった、と記している。いずれも聖武帝が病気で出席できない状態だったからである。しかしなんとしても、聖武帝の夢を果してやらねばならない。その夢が実現できないまま、聖武帝をこの世から去らしめるわけにはいかない。

良弁の選択肢は一つしかない。聖武帝の寿命あるうちに、大仏開眼の法要の式を間にあわせるにはひそかに朝鮮から金を手に入れるほかはない。良弁は四十年間放浪の生活を送った人である。山林にわけ入って修行し、実学的な知識をまなび、経験も豊富だった。つまり、よい意味での「山師」であり、「世間師」であった。良弁が聖武帝に接近し、巧みに取り入って着々と地歩をきずいたのも、彼の経験にもとづく実務的な才覚が大きな力を発揮したと思われる。

一方、百済王敬福は「続日本紀」に「すこぶる酒色を好む」とあるから、その放縦不羈な性格がしのばれるが、政治的判断は的確で、また事にあたっては容赦のない一面を見せたが、寛大で剛腹であった。そうした敬福を聖武帝はかわいがって、彼は異例な昇進をとげていった。日本国内からは充分な金はとれない、とすれば朝鮮から金を買うしかない、という点で敬福と良弁は一致し、手を組んだ。それをカムフラージュするために良弁は宇佐神職団の武器である託宣を利用した。宇佐八幡宮も中央進出を願っており、双方に好都合であった。良弁や敬福のように、聖武帝から信頼された上に、現実を直視し、高度な政治的決断のできる人間がいなければ、大仏造立を完成させることはできなかった。

新羅の大使節団

天平勝宝四年（七五二）四月九日、大仏開眼の式が催された。聖武、光明、孝謙の臨席のもと、一世一代の盛事がおこなわれた。

「仏法東に帰《いた》りてより、斎会《さいゑ》の儀、嘗てかくのごとく盛《さかり》なるはあらず」

と「続日本紀」は伝えている。しかし大仏像に関するかぎり、手放しで喜んでいられなかった。鋳造は前年の十月に完成していたが、塗金はその年の三月十四日から始まったばかりであった。しかも、大仏の顔面くらいしか塗金されていなかった。「続日本紀」の天平勝宝四年二月には「陸奥国の調、庸は、多賀以北の諸郡には、黄金を輸《いだ》さしむ」とあるが、そこから集めた黄金で残りをまかなうことはとてもできなかった。さらに敬福が良弁としめし合せてひそかに新羅から買った金でもまだ足りなかった。その不足分をどうするか、頭の痛い問題であった。

ところが、「続日本紀」を見ると、大仏開眼の前の月の天平勝宝四年閏三月下旬に、大宰府から、新羅の王子に率いられた七百人の大使節団が七艘の船でやってきた、という報告を朝廷によせてきている。新羅からのこのように大勢の使節団はこれまでに例のないものであった。このうち平城京には三七〇人ばかりが姿を見せたが、それは外交使節だけでなく、交易のための商人や下級官人が含まれていたと推測される。それを裏付ける記録が正倉院の鳥毛立女屏風の下貼文書に残されている。この文書の詳細な研究が東野《とうの》治之《はるゆき》によって発表されている（「正倉院文書と木簡の研究」）。詳しくは東野の論文を見てほしいのだが、ここではその要約を紹介するにとどめる。それによると下貼文書には、（一）天平勝宝四年六月の日付がある。（二）黄金の購入に関するもので、その価を糸・綿で注している。（三）「念物」という特殊な語がみえる。（四）貴顕の家司が署名している。というものである。

下貼文書と同様な内容と思われる「買物申請帳」「買新羅物解」（「大日本古文書」）には、香料・薬物・顔料・染料・金属・器物・調度などの品目を列挙して、その価値を絁・絹・綿で記したものがある。その品目を一々紹介するわけにはいかないが、丁字や沈香《じんこう》など南方産の香料がある。それにまじって麝香、牛黄・人参・甘草・臈蜜《ちょうみつ》と云った北支那、満州、朝鮮産の薬物がある。また顔料には朱沙や金青も含まれているのは注目すべきである。染料としては、蘇芳《すおう》と紫根がある。金属には金（黄金）が含まれている。これは五位以上の貴顕の家が購入したと見られる物品であるが、新羅使が大仏の塗金を意識して、大量の金をもって来日した可能性があるという（「新日本古典文学大系」「続日本紀」三の補注）。

「日本書紀」には、以前から新羅からの献上品の筆頭に、金がしばしば記されており、とは疑い得ない。新羅をはじめ、朝鮮国は古代日本への金の供給国であった。新羅使節団がかくも大勢で来日して高価な物品を売りこんだのが、大仏開眼の儀式に時期をあわせたものであるこ

新羅使の来訪が計画的なものであったことは明らかである。さきにも見たように、大仏開眼の前月の閏三月に新羅使節団は来訪している。そして七月には帰国している。その間、六月十四日、「新羅王子金泰廉《こむたいれむ》ら拝朝す。あわせて調《みつき》を貢る」また六月十七日には「新羅使を朝堂に饗《みあえ》す」とある。新羅の王子金泰廉らはまた六月二十二日には「大安寺と東大寺に就《ゆ》きて仏を礼《らい》す」と「続日本紀」にある。良弁はその前月の五月一日に初代の東大寺別当に補せられている（「東大寺要録」一五）。そこで東大寺別当である良弁の接待を受けたことはまちがいない。

そもそも新羅使の来訪にあたっては、大仏塗金の原料の決定的不足をすみやかに解消するために、日本から新羅の使節の来日をうながす下交渉もあらかじめおこなわれていたと思われる。

なぜなら「続日本紀」によれば、彼らが来日する三ヶ月前の天平勝宝四年正月二十五日には、山口忌寸人麿を遣新羅使とした、とあるからである。「続日本紀」によれば前回の遣新羅使は天平十二年（七四〇）三月で、十二年も前のことである。それが再び新羅使が任命されたことは、新羅使節団の来日と無関係とは思われない。とうぜん事前の打ち合わせがあったのであろう。その打ち合わせによって新羅の使節にしたがって、貿

易商人も多数来訪したのであろう。果して彼らは日本の貴族に高価な商品を多数売り込むのに成功している。そこで、当時東大寺別当となったばかりの良弁と新羅使節または新羅商人との間に金の取引きがおこなわれたと見るのはきわめて自然である。

新羅使節団の一行は帰国の途につくために、七月に難波館にあって、送別の宴に臨んだ。絹布などを朝廷から贈られ、また酒肴を賜わったと、「続日本紀」は記している。黄金を入手することに目途のついたわが朝廷の官人たちと、それを売り込むことに成功した新羅の使節の間に、盃の献酬が交わされた。双方の満足気な様子を想像したくなる。

ところで、前川明久は次のごとく述べている。天平勝宝四年六月、新羅王子らは拝朝、献調したが、献調品の中には新羅産金が含まれていたことが推測される。また大安寺や法隆寺などの資材帳にも金が保有されていることが記載されている。「これらの点から推察すると、大仏鍍金に不足した金は、陸奥産金に加えて、天平勝宝四年来朝の新羅使貢調の金と諸寺保有の金の供出によって補われ、天平宝字二年に鍍金を完了したと考えられる」(「八世紀における陸奥産金と遣唐使」「日本古代政治の展開」所収)という。

前川明久は新羅の使節が調として日本の朝廷に貢金したと述べているが、莫大な量の金を献納することは不自然なので、私は日本に金を売ったと考えている。その金は東大寺も買って保管していた。

「造東大寺沙金奏請文」によると、天平勝宝九年(七五七)正月十八日に、造東大寺司は、大仏の塗金のために、天皇側近の侍従である巨万福信を通じて伺いをたて、東大寺に保管してある砂金のうち、二、〇一六両＝八貫六十四匁の下付を請い、孝謙天皇の裁可を得たのち、同月二十一日受け取ったことが記されている。これは大仏開眼の儀式のときは大仏の顔面だけしか塗金されていなかったものを、光明皇太后が、造東大寺司の長官である佐伯宿禰今毛人らを呼びつけて、天平勝宝八年に亡くなった聖武天皇の一周忌である天平勝宝九年五月二日まで、ぜひとも東大寺大仏殿の廻廊を完成するように命じたのに対して、応じたものである。

東大寺の保有する金の下付願いを出したのは、聖武天皇の一周忌の年の正月十八日のことであるから、数ヶ月前のことである。聖武天皇の供養は東大寺で、僧千五百人を集めて、盛大におこなわれた。そのために大急ぎで塗金作業がおこなわれた。

では東大寺の保有していた二千両あまりの砂金はどこから入手したものであるか。それが陸奥産金でないことはたしかである。陸奥の貢金は朝廷が収納している。とすればそれは東大寺が新羅などの外国から買って保有していたものにちがいない。それを買入れるのには良弁の意向が働いていたであろう。陸奥産金だけではどうにもしようのなかった事実がここにある。東大寺の保有していた二千両は大仏塗金の完成に大きな貢献をしたはずである。

平凡社版「奈良県の地名」は「東大寺」の項で次のように述べている。

「黄金を産出した所は、延喜式内社の陸奥国小田郡黄金山神社（現宮城県遠田郡涌谷町）がそれで、昭和二九年九月に遺構が検出、産金の史実が確認されるに至り、敬福の黄金を疑問視する学説に終止符を打つこととなった」

しかしこの叙述ははなはだおかしい。この文中に「遺構が検出、産金の史実が確認」とあるが、この遺構が「涌谷町史」に記されている昭和三十二年に、涌谷町が東北大学考古学教室の伊東信雄に依頼した黄金山神社境内の発掘調査にもとづくものであれば、それは単なる同神社の礎石や古瓦の出土状態を示すものにすぎない。「天平」という銘の瓦も出土していることから、この地が奈良時代に産金のあったことを記念して建てられた建物であることは否定しがたい。しかし、仏堂と思われる建物の遺構をもって産金の史実を証明することはできない。「産金の遺構」そのものではないからである。涌谷の場合の産金は金鉱山から産出したものではなく、黄金山神社わきの黄金沢から見出された砂金であったと思われるから、「産金の遺構」などはじめからそもそもあるはずもなかったのである。またどの程度の分量の砂金がどの位の期間に産出したかもまったく不明というほかはない。陸奥産金の発見以降、小田郡を含む多賀城以北の諸郡は調庸を免除された代わりに、黄金貢輸令により毎年正丁四人につき一両の砂金を納めるという、新たなノルマを課せられた。一両の砂金は約一四グラムだから、一人当たり三・五グラムとなる。しかし砂金の大きさのばらつきは大きく、場所のあたりはずれもあり、ノルマ達成は極めて苦しかったろう、と鈴木市郎は述べている。したがって、「敬福の黄金を疑問視する学説に終止符を打つ」ことにはまったくならないのである。

それにしても「正史」の表面だけに頼るのが歴史家の仕事ではないにもかかわらず、

奈良大仏鋳造に関する史家の叙述に「正史」以外の言及があまり見当らないのは、どういう訳であろうか。

良弁や敬福の策謀の事実は「正史」には現われてこない。また現われるべくもない。しかし、それをもって「正史」の記述だけに頼るとすれば、その背後にかくれた大きな政治劇を見逃すことになりはしないか。良弁や敬福のような度外れたスケールの持主の現実を見据えた活躍がなければ、東大寺大仏造立という曠古《こうこ》の大事業を完遂することは、とてもむずかしかったであろう。塗金の不足という深刻な危機を切り抜けるための彼らの策謀を賞賛こそすれ、批難するつもりは私には毛頭ない。

第17節　山河漂浪の民

甲賀の杣山

「続日本紀」天平二十年二月二十二日には、東大寺盧舎那仏への寄進者たちに位を昇進させたが、外従六位甲可臣真束と従七位上の漆部《ぬりべ》伊波などに従五位下を授けたとある。また「東大寺要録二」には財物を奉加した人として「甲賀真束　銭一千貫」「漆部伊波布二百端」などの名が見える。

「続日本紀」にいう甲可臣真束は、「東大寺要録」の甲賀真束のことと思われる。甲賀真束は近江国甲賀郡の氏族である。「漆部伊波」は相模国出身の豪族であるが、相模国の漆部氏の出身とも云われている良弁のことを思い出す。あるいは、漆部伊波は良弁《ろうべん》と関係があるかも知れない。

一方、良弁は近江国滋賀郡の生まれとされているが、その出生地は甲賀郡であるという説もある。「甲賀町史」は「東大寺古文書」に良弁の生地は甲賀町大原中とあるのを引いている。

良弁開基伝説をもつ諸寺が甲賀郡に多いことからそうした伝承もあながち否定しにくい。良弁が東大寺の創建に参与し、大仏開眼供養の営まれた天平勝宝四年（七五二）から、同寺初代の別当（寺務統轄のための僧官）に任ぜられ、甲賀杣から巨材を運び出して、大伽藍の造営に当り、また石山寺の創建にも関係したことが、そうした伝承の背景にあると「甲賀町史」は云う。

甲賀杣の木材を伐採し、製材した作業事務所が甲賀山作所《さんさくじょ》である。「滋賀県の地名」は「甲西町三雲から信楽寄りに入った山地に比定することができよう」と云っているが、つまるところ甲賀山作所は現在の飯道山《はんどう》にあった。そこで伐採製材された木材は道に出し、車に積んで、野洲川南岸にある甲西町三雲の「三雲津」まではこばれ、そこで筏に組み、野洲川を下って琵琶湖から石山寺にはこばれた。しかしあとに述べるように、石山寺造営は甲賀山作所から田上山作所にほどなく移っている。

一方、東大寺の甲賀杣山は南杣村（甲賀市甲南町）や北杣村（甲賀市水口町）に比定されている。その場合は杣川の矢川津（甲南町）が木材の搬出場所と考えられている。

こうして甲賀杣山は、石山寺造営の場合と東大寺造営の場合では別の地点をさしているが、「近江国輿地志略」がいうように一般には「甲賀一郡の山は凡て甲賀山」で、特定の山地の名称でなく、甲賀郡内の山を指している。信楽杣というのも、信楽地方だけを指すのではなく、甲賀杣として飯道山系の周辺にあたる雲井、貴生川、北杣、南杣など、現在の甲賀市信楽町北部、水口町南部、甲南町西部の各地域にわたる広い範囲を指している（「甲南町史」）。

「滋賀県の地名」によると甲賀山作所からの報告によって次のような事実が明らかにされるという。

天平宝字五年十二月十八日と十九日の両日、石山寺造営の基地東大寺領勢多庄（大津市）から、米六斗五升八合と銭六貫が甲賀山作所に送られ、同月二十六日には造東大寺司から派遣された木工長船木宿奈万呂と木工・仕丁各三人が、副食物・食器・鋪設などを携えて山作所に到着し、翌二十七日には、山作所の神を祀るため幣帛と墨壺用の墨、墨縄を買入れている。そして宿奈万呂らは山作所借曹司を設置して鉄工を雇い、斧・手斧など工作具を整備してただちに作業にかかり、翌六年一月十四日までに雑材二五三物が作られ、檜皮六十二囲（囲はひとかかえ）を採取したが、このうち柱二本が三雲寺の門前まで運び出されただけで、搬送は中断され、石山寺の用材は田上山《たなかみ》に変更され、船木宿奈万呂らも田上山作所へ移動したという。

この記事で関心を引くのは、造東大寺司から派遣された工人たちが、甲賀山作所の神を祀るために、墨壺用の墨や墨縄を買入れていることである。仕事始めにあたって、飯道山の神に墨壺や墨縄を供えたと思われる。こうした祭祀の仕方は大工特有の方法であった。ここで思い出すのは、奄美諸島の大工たちが、セクノカミと云って祀る神のことである。セクは細工のことで、細工は大工や鍛冶をひっくるめた言葉で南島でひろく用いられてきた。奄美大島の奄美市住用《すみよう》町では旧暦の正月に、床の片隅に墨壺か番匠金《ばんじようがね》（矩《かね》尺《じやく》）を置き、それを御神体のようにして拝むという（小野重朗「民俗神の系譜」）。こうした細工《せく》の神を祀る風習が今も奄美地方に残っているが、すでに奈良時代には中央でもおこなわれたことが分かって興味深い。

それは奄美で矩尺《かねじやく》を番匠金と呼んでいることからも推察できる。番匠は番上の工匠の意である。番上とは律令制で、当番の日に官司に出勤する官職をいう。律令下では、飛驒国から一年交替で京に入り、木工寮に属して宮廷の営繕に従事した大工を番匠と呼んだ。このような古語が今も奄美で使用されているのはおどろくほかないが、ここにおいて私は、「万葉集」巻十一の歌、

かにかくに物は思はじ飛驒人《ひだびと》の打つ墨縄のただひとすじに（二六四八）

を思い出さずにはいられない。この歌には飛驒の国からやってきた大工が一心に墨縄を打って宮柱をたてている姿が描かれていて、奈良時代と私どもの時代の距離が縮まるのをおぼえる。

造東大寺司から派遣された工人たちが墨縄や墨壺を供えて仕事始めの祈りをささげた神が飯道山の神であった。

若狭・遠敷神社

東大寺二月堂・若狭井

良弁の弟子で東大寺の権別当となった実忠の書き残した「廿九箇条事」で、「奉造建大仏殿副柱事」という一条によると、大仏開眼供養がおこなわれた大仏殿はほぼできあがっていても、大仏殿を支えるための副柱が必要であった。しかしそれはきわめて難かしい工事で、大工たちはみんなしりごみし、これは実忠でなければとても不可能ということになった。命を受けた実忠は宝亀二年（七七一）に工匠たちを率いて近江国の信楽杣《しがらきそま》にいたり、大仏殿の柱を切り出して都にはこび、八ヶ月を費やしてその工事を完成させた。副柱は四十本で、その長さは七丈七尺もあり、幅は二尺二寸また一尺三寸もある大きなものであったが、その後三十年経ってもびくともしない、と述べている。

信楽杣の良材を切り出すことを許した飯道山の神に対する感謝の意を表して、その年の宝亀二年には、朝廷から飯道山に封戸一戸が奉られた。

飯道山は今ではその名の示す通り農耕神と見られ

ているが、もともとは山の神であったと考えられる。「東大寺要録」によれば、東大寺大仏殿の東北の山腹にある二月堂は、実忠の草創によるものであるが、二月堂の名は「お水取り」という修二会《しゅにえ》行事に因んだもので、修二会も実忠によってはじめられたと伝えられている。この二月堂には飯道山にちなんで飯道神または飲食大明神と呼ばれる神がまつられている。そのほか遠敷明神と呼ばれる若狭の遠敷の神、それに遠敷明神の使者である黒白の二羽の鵜とされる興成《おにゅう》明神がまつられている。二月堂には若狭小浜の鵜の瀬と通じる若狭井と称する井戸があり、三月二日に小浜市の神宮寺では送水行事が催される。

良弁については、金田久璋の報告によると、次のような話が若狭の小浜に残されている。

良弁は小浜市下根来区白石の旧家である原井太夫家の次男として生まれたが、赤ん坊の頃鷲にさらわれた。そのあと、巡礼となった母親が探しまわって、東大寺の僧正となった良弁と再会するくだりは、「元亨釈書」と似ている。母親は親子の対面を果したのち、奈良にとどまり、余生を楽しく過したが、臨終のとき、どうしてもふるさと若狭の水が飲みたい、と所望するので、良弁ははるか若狭の方向をむいて、末期の水が若狭井に届くようにと一心不乱に祈願したところ、遠敷川の清流がこんこんと湧き出てきた。この由来により、原井太夫家は鵜の瀬における水送りの世話役をつとめてきたという。井太夫という家号も若狭井に因む名前であり、原家に伝わるお水送りの伝承は、遠敷明神が二月堂の修二会に閼伽《あか》の水を送ると約束したという「東大寺要録」の記事とは異っており注目される、と金田は云う。

　これは良弁が若狭に関わっていたことを示す一つの説話である。

　このように実忠とその師の良弁が近江や若狭と深く関わりあっていたことを実忠の二月堂、良弁の三月堂から知ることができる。

飛驒匠と木地屋

　実忠が木材を切り出した信楽杣では多くの飛驒匠が働いていたと推測される。

　奈良県の橿原市には、飛驒国の工匠の居住地と伝えられる飛驒町（もとは飛驒村）の地名が残されている。そこの日高山（飛驒ヶ山）には、藤原宮の造営に用いた瓦窯跡もある。

　養老令の「賦役令」を見ると、飛驒国は庸調を免じて、里ごとに賦役として木工十人を差出すように命じられている。天平時代の飛驒匠は、木工寮と造宮省を合せて一〇五人であった（「岐阜県史」）。

　また「延喜式」の中務省の木工寮は大工一人、少工一人、長上工十三人、工部五十人、飛驒工三十七人の一〇二人で構成されている。さらに飛驒からは毎年匠丁が百人出される、とある。

　石山寺造営関係の文書には、木工勾部猪麻呂が飛驒国荒城郡を本貫としていることが記されている。

ところで「木津町史」には「正倉院文書」の中の恭仁京や紫香楽宮の大粮申請文書が紹介されている。

「大根」とは長上工、番上工などに支給される食料のことである。それを申請した文書のうち、天平十七年の三、五、八月分の大根を請求した文書が紹介されている。それを見ると、恭仁宮や甲賀宮（紫香楽宮）でどのような匠丁が何人ぐらい働いていたかを知ることができる。ここで興味があるのは甲賀宮だ。甲賀宮には、木工寮の場合、斐太匠三十八人で、造宮省では、長上工十人、番上工五十九人、飛驒匠四人などがみえる。さきに「延喜式」では中務省の木工寮に飛驒工三十七人がいると述べたが、ほぼそれに匹敵する数である。

さて天平十七年五月は、紫香楽宮の官人も恭仁京の人々も、夜に日を継いで平城京に移動帰還した月であり、「続日本紀」は「甲賀宮空しく人無し」と伝えている。そこで木工寮や造宮省から派遣された飛驒匠たちは、甲賀宮を解体する作業に従事したかというと、どうもそればかりとは思われない。紫香楽宮が都でなくなってからも現地にとどまっていたものがあり、甲賀寺の造営工事をつづけていったようである。のち甲賀寺は近江国分寺になったと云われている。

紫香楽宮の周辺には、貴族の邸宅もあった。石山寺の増改築の工事にあたって、その指揮をとった良弁は、紫香楽宮の近くにあった藤原豊成所有の板屋二宇を、石山寺の食堂として購入することを指示している。

この板屋は解体されて陸送で、三雲川津へ運ばれ、そこから野洲《やす》川の川口の夜須潮（草津市の芦浦付近）まで下り、さらに琵琶湖を石山津まで運漕された（「新修大津市史」）。この解体移築作業に従事した大工が飛驒匠であったことは充分考えられる。

飛驒匠は苛酷な労働を課せられたのにその待遇はけっしてよくなかった。そこで平安遷都を境として逃亡が目立つようになった。

その前天平勝宝三年（七五一）二月十四日、甲賀宮（紫香楽宮）の近くにある国分寺大工の家で、佐伯伊麻呂が逃亡した奴忍人を捕えたという記録がある。これは奴忍人も甲賀宮国分寺大工もともに飛驒出身の工人やその雑役係とみれば理解しやすい。これを見ると紫香楽宮の廃絶ののちにも、飛驒出身の工人は居残っていたことが確認される。逃亡した飛驒番匠たちは近江から越前を目指すものが多かったようである（「岐阜県史」）。そこでとうぜん琵琶湖東岸を通ることになるが、途中、大工の業を活かしてそこに居残ったものもあったと思われる。「万葉集」巻七に次の歌がある。

飛驒人の真木《まき》流すとふ丹生《にふ》の川言《こと》は通へど舟ぞ通はぬ　（一一七三）

この丹生の川を飛驒大野郡丹生川村の小八賀《こはちが》とし、また吉野ともする説があり、「万葉集」の注釈書ではそのいずれかしかとりあげていない。

しかしそれに先行する四首とも近江国の歌であるから、これは近江国の歌と一応考えてみるべきであろう。「和名抄」坂田郡上丹郷は現在の米原町上丹生・下丹生を含めた一帯とされているが、そこを丹生川が流れている。丹生川の上流は霊仙山地になっており、平地に乏しく、木挽、大工、彫刻などを業とするものが多いと「滋賀県の地名」は述べている。とすれば、飛騨の工人がこの丹生川に真木を流す仕事にたずさわっていたと見るのが、もっとも自然ではなかろうか。先の歌の「言《こと》は通へど」はやや反語的に使用されている。つまり飛騨人の方言はむずかしい、しかしそれでも何とか通じるが、という風には屈折した意味をこめていると思われる。

催馬楽に次の歌二首がある。

奥山に　木伐るやをぢ　木やは削る　真木やは削る　木削るをぢ
奥山に　木流す　さかきがをぢ　木や木やと真木やは削る　木やは削る　木削るをぢ

これを見ると、伐木、製材、そして木材の川流しをする老杣夫たちの孤独な姿が浮んでくる。催馬楽は奈良時代の民謡で労働歌でもある。木を伐り、削り、それを川に運んで流すのは、数人または十数人の共同作業（ユイ）でおこなわれたと思われる。古代にはっきりした分業はまだなかったのではないか。分業化が進むのははるか後代のことだと私は考えている。

近江の秦氏と木地屋

飛騨匠の腕前は宮廷の内外に広く知れわたっていたが、秦氏も木工に並々ならぬ関わりをもっていた。「日本書紀」は雄略帝十二年の条に次の逸話を記している。天皇はあるとき木工の闘鶏《つげ》御田《みた》に楼閣を作らせた。そのありさまを伊勢の采女が仰ぎ見ていた拍子に、庭に倒れて手にささげていた膳の食物をこぼしてしまった。天皇は御田がその采女を犯したのではないかと疑って、御田を殺そうとした。それを見た秦酒公《はたさけきみ》が琴を弾いて、工匠は大君に堅く仕えようとねがい、そのために、自分の命も長くあれかしと思っているのに、殺すのは惜しいことだと、琴の声調で天皇に伝えた。そこで雄略帝は工匠を許したという。

ここで木工の闘鶏御田というのは、ある書物に猪名部御田という、と「日本書紀」は注している。猪名は摂津国河辺郡為奈郷（今の尼崎）の地で、猪名部《いなべ》はそこで木工を職業とする部民であった。それが秦酒公すなわち太秦公《うずまさきみ》のとりなしで命が助かったという。秦氏が猪名部を使役していたことが推測される。

また「日本書紀」の応神帝の条に、新羅王よりの貢物として優秀な木工技術者が贈られたが、これが猪名部の始祖である、とある。

称徳天皇の発願によって製作された百万小塔は、今日法隆寺に四万余塔が残るだけであるが、その小塔の底面に「秦八千万呂」と墨書されたものが一基ある。これは越前国伊濃郡のろくろ工と考えられており、東大寺へ上番していたと見られる。また近江国愛《え》知《ち》郡は、依智《えちの》秦氏が土木灌漑の技術を発揮して開拓した地方であるが、東大寺とも関係があった。

天平宝字六年（七六二）五月一日の記録によれば、「愛智郡蚊《か》野《の》郷」（現愛荘町）にある寺封米を石山寺に送ったというが、それはまさに、石山寺が増改築の工事の最中であった。そこに良弁の指示があったと推定される。

ところで、橋本鉄男は「ろくろ」の中で、近江の山作所についての宮本常一の次の説を紹介している。宮本によれば、近江の甲賀や田上の山作所で働いている人々の中に、大工、雑工、役夫がいたが、大工は伐木から大工仕事までおこない、雑工の中には土工、鉄工、轆工がおり、轆工は指物師であった。とすると細工ものも山作所の仕事のひとつであったろうが、そうした木工品が甲賀、田上などの山作所でつくられたとすると、その地区には多くの木工技術者が住んでいたと考えられる。そして平城京、平安京などがいちおう完成したあと、中央政府の仕事がなくなってくると、彼らは宮廷を中心とした仕事から地方一般民を相手にした木工へと転じていったのではないか。民間では日常生活のための多くの木工用具を必要とした。中でも膳椀をはじめとする食器の需要が多かったから、その求めに応じて、これらの工人が地方へ放浪をはじめたのではないか、そのことは、椀木地師の源流を、現在の東近江市君ヶ畑町や東近江市蛭谷町などに求めていることと深い関連をもっていると、宮本常一は述べている。

木地屋と鉱山

「続日本紀」に、天平六年（七三四）近江轆轤工二人に粮米一斗五升を給付するとあるから、近江に轆轤工がいたことはたしかである。ろくろの技術は、宮廷や南都の諸大寺から近江の山作所にも伝えられ、やがては近江から日用の木製品を諸国にひろめていったのではないか、という宮本の仮説は興味ぶかい。

橋本鉄男は、この宮本説をふまえて自説を展開している。橋本の居住地に近い滋賀県高島市朽木麻生《あそう》の木地山は、もと轆轤山と呼んでいたが、それは木地屋が轆轤を用いて木地挽物を生業としたところから生まれた呼び名と云っている。

更に橋本は朽木麻生の木地屋たちの源流をさかのぼれば、八世紀の高島山作所で立働いた木工、杣人だろうと推測している。高島山作所はいわゆる三尾の杣の所在地で現在の高島市に属する一帯と見られている。

さきの「飛驒人の真木流すとふ丹生の川」の前に置かれた歌二首に、

大御船　泊《は》ててさもらふ　高島の　三尾《みを》の勝野《かちの》の　渚し思ほゆ　（一一七一）
いづくにか　舟乗りしけむ　高島の　香取の浦ゆ　漕ぎ出来《いでく》る舟　（一一七二）

がある。ここに出てくる三尾崎は高島郷の南端に比定される。鴨川河口付近から白鬚神社の所在する明神崎まで長い砂洲が延びているあたりではないか、と「滋賀県の地名」は云う。三尾里という地名は高島市安曇川町にあり、また勝野の地名も高島町にある。勝野は歌枕では香取の浦とも呼ばれた。高島山は三尾杣山を総称したもので、明神崎の背後の岳山に比定されている。三尾杣山から切り出した木材は東大寺の東塔の歩廊や門の用材となり、石山寺はもっぱら椙榑《すぎくれ》を買った。その一方、木地屋は椀などばかり挽いていたのではなく、鉱山にも関係していた。

君ヶ畑は蛭谷と共に滋賀県東近江市永源寺町に属し、木地屋集団の本拠として知られている。その君ヶ畑銀山では選鉱用の淘鉢《ゆりばち》（一種の木地鉢）を作ったり、また外財《げざい》（鉱夫）として木地屋が働いていた。木地屋の四職といわれるのは、轆轤師、杓子師、引物師、塗物師であるが、木地屋はまた鉱山にも関係していたという事実は重要である。

ところで、君ヶ畑、蛭谷、箕川《みのかわ》、政所《まんどころ》、黄和田、九居瀬《くいぜ》（いずれも東近江市永源寺町）は旧小椋庄六ヶ畑と呼ばれた。また政所内の小聚落に中畑、蓼畑《たでばた》がある。愛知《えち》郡に入ると畑田（愛知川《えちがわ》町）があり、犬上郡には大君ヶ畑と、谷をへだてて脇ヶ畑といわれた杉、保月《ほうづき》、五僧（いずれも多賀町）がある。そして坂田郡には榑《くれ》ヶ畑（米原市）がある。これら畑のつく地名のすべてがそうだという決め手はまだないが、おそらく秦氏とこれらの地名は無関係ではなさそうだと橋本鉄男は云う。そして甲賀山と地続きにある同じ鈴鹿山系の愛智川上流にも早くから愛智の良林の名があって、それが孝謙天皇の頃、東大寺に施入されたことが正倉院文書にある。すると甲賀山作所の管轄はこのあたりにも及んでいたのかも知れないと橋本は云う。このあたりは依智秦氏がもっとも栄えたところである。

筏師と川狩人夫

持統八年（六九四）十二月六日に遷都した藤原宮の造営のために、労役に徴発された民の歌が「万葉集」巻一に載っている。

いはばしる　近江の国の　衣手の　田上山《たなかみやま》の　真木《まき》さく　檜のつまでを　もののふの　八十《やそ》宇治川に　玉藻なす　浮かべ流せれ、そを取ると　騒く御民《みたみ》も　家忘れ　身もたな知らず　鴨じもの　水に浮き居て……泉の河に　持ち越せる　真木のつまでを　百足らず　筏に作り　泝《のぼ》すらむ

田上山の木材を瀬田川に流し筏に組んで石山まで下し、それを宇治津に運搬し、そこから山背川（木津川）をさかのぼって、泉木津に陸上げし、奈良山を越えて平城京にはこんだ。泉の河は木津川の別名である。平城京の宮殿や南都諸大寺の造営の場合も木津川は大きな役割を果した。木津川は伊賀地方の水をあつめて南山城へ流れている。したがって伊賀地方の杣山の木材をはこぶにも木津川を利用したのである。先の歌と同じ光

景は「万葉集」巻十一にもうたわれている。

宮材《みやぎ》引く　泉の杣《そま》に　立つ民の　やすむ時無く　恋ひ渡るかも　（二六四五）

杣という言葉は、切り出した用材（杣木）を云うが、杣木を伐採する木樵（杣夫）の称ともなり、また杣木を伐採する山（杣山）を指すこともある。この歌の場合は杣山の意であろう。

宮材を切り出す木津川のほとりの杣山に立ち働く人々が休む暇もないように、私は恋い焦れつづけている、という意で、これは「夫木集」の歌では次のように本歌取りされている。

わがなげきやむ時もなしつみおけどいつか泉の杣の筏師

「わがなげきやむ時もなし」を形容するために「泉の杣の筏師」が使われているが、さきの「万葉集」の杣夫と同じように木津川の筏師の嘆息が聞えてくる歌である。木津川は宇治川から泉木津までさかのぼらねばならなかった。筏師は筏に綱をつけてそれを引きあげた。

紀州の熊野川を帆船が上り下りしていた頃曳き舟をするのは、三反帆の団平舟と筏であったが、流れの強いところを上るときなど、小便も垂れ流し、泣くような声を出して肩にかけた綱を引っぱっていったという体験談を、神坂次郎が当事者から聞いて私に話してくれたことがある。「夫木集」の歌はそれを推量させるに足りる。

水草を逐って

木津川の沿岸、とくに笠置町のあたりは木津川の水運を利用して平城京や恭仁宮口の造営修理に材木を提供する杣山の置かれたところであった。「天山杣《あまやまのそま》」というのは近世の上有市《かみありいち》・下有市一帯から木津川上流の南河原村・北河原村（現南山城村）にかけての山地で、南都の興福寺の所領であった。

ところで、寛平八年（八九六）四月二日付の太政官符（類聚三代格）を見ると、大川原や有市や鹿鷺（笠置）の百姓たちの訴えをとりあげ、南都の諸大寺が自分の所有する杣山の中に居住する百姓から地子《じし》税を徴するのを禁じた布告が出されている。その文章は次の通りである。

東大、元興、大安、興福寺等材木を採る山、泉《いずみ》河の辺《ほと》りに在り、或いは五、六百町、或いは一千余町、東は伊賀に連なり、南は大和に接し、今大川原、有市《ありいち》、鹿鷺《かさぎ》等郷の百姓の口分《くぶん》ならびに治田家地は多く此の山中に在り。茲に因りて人民の居、各《おのおの》水草を逐ひ、河に瀕《そ》い、山を披《ひら》き、群居雑処し、子々孫々相承け居住す。其の年紀を推す

に、百余歳に及ぶ（傍線引用者）

この傍線の箇所を理解するために、太政官符のつづく部分を見よう。それによると、諸寺は以前は地子銭を徴収することがなかったが、仁和年間（八八五〜八八九）から、元興寺が四至内と称して百姓の田畑に地子を課すようになり、つづいて興福寺もそれに倣うようになった。しかしそれは先例に反する。そもそも山林を諸寺に寄進するようになったのは、寺院を造ったり修理したりするときの材木を採るためで、百姓の田地を妨遏《ぼうあつ》するためではない。どうかそこから地子をとるのを停止して貰いたい、という百姓の訴えをみとめた官符である。ただ、元来、寺領田とされているところは、その限りにあらず、と云っている。この寺領田というのは諸寺の所有する田畑ということになろうが、その中には諸寺に隷属していた杣工たちが、自分の家族のために開いた田畑もまじっていると考えられなくもない。

いずれにしても私の関心事は傍線の部分「茲に因りて人民の居、各水草を逐ひ、河に瀕い、山を抜き、群居雑処し」云々をどのように理解したらよいか、ということである。そのあと「子々孫々相承け居住す。其の年紀を推すに、百余歳に及ぶ」とつづくから、土地を開きはじめたのは百余年以前からであることが分かる。その杣山開発の様子をうかがうのに、足りる記述がある。同じく東大寺の杣山で伊賀の名張にあった黒田庄の前身である板蝿杣について石母田正は「中世的世界の形成」の中で次のように述べている。

杣工の性格を知るために必要なので長いが引用しておく。

「板蝿杣は他の諸大寺と同じく東大寺が大和・伊賀地方の山間に多数所有していた杣の一つで、七五五年（天平勝宝七）の施入《せにゅう》にかかるものと伝えられる。いうまでもなく東大寺に伐材製材の役を勤仕するために設置されたものである。したがって板蝿杣の歴史は、東大寺杣工の入杣とともに始まるが、当時の状況については平安末期の記述以外に徴《そまく》すべきものなく、おそらく百人近くの杣工が入杣したと推定されるのみである。杣の常として杣工の定着は杣工自身による山谷の低地を開墾し自給自足の方法を講ずることから始まったことはいうまでもない。一一二九年（大治四）の法家勘文《ほうけのかんもん》に、『峰峻《たか》く谷険《けわ》しく民烟《みんえん》接し難《がた》き山間地方に孤立した部落から始まった杣工らの生活は『田畝《でんぽ》の耕作、冶術《ちじゅつ》を廻し難』きを以て『開作《かいさく》の見地《げんち》は僅かに十町ばかりなり』と述べられているのは必ずしも入杣当時の真相と遠いものではなく、杣工らが共同に或いは家屋の周囲に銘々に零細な田畠を開墾して自分の食糧に宛てたと思われる」

　これはさきに述べた木津川に沿う相楽郡の天山杣の杣工が入杣した当時の様子を推察するに足りる。もとより百姓の開拓もこれとさほど違いはなかっただろう。

「加茂町史」によると、木津川流域の山岳地帯は、承平年間（九三一〜三八）に成立した「和名抄」では、独立した郷としてあらわれず、はじめは人家も少なかったとみられるが、杣の設定と材木の切り出しにともない、九世紀には杣人の定着や周辺地域の移住による田畑の開発がしだいに進行したという。

そこでほぼ一世紀経った九世紀後半になって、諸寺は四至の田畑に対しても、支配を及ぼそうとする動きが露骨になる。

「加茂町史」が云うように、「和名抄」を見ても相楽郡に大川原、有市、鹿鷺（笠置）等の郷名は見当らないから、最初は小人数の開発からはじまったことは明らかである。板蠅杣の例から云えば百人位の杣工が入杣したのかも知れない。そこで私は「水草を逐ひ、河に瀬ひ」云々の箇所に注目するのである。

それは大江匡房の「傀儡子記」の中の「傀儡子は定居無く、当家無し、穹廬氈帳、水草を逐ひて　以って移徙す」という一条を思い出すからである。

ここにはいわゆる傀儡子《クグツ》の姿が描かれている。クグツというのは、莎草《くぐ》という、浜辺に自生する浜菅とも呼ばれている草で人形をつくって舞わせたりしながら報酬を得て歩く漂泊民であるが、また莎草で籠を編んだり、蓆《むしろ》を作ったりして売り歩くこともする。「河に瀬い」の「瀬」は水ぎわを云う。浜辺の莎草を求めながら歩いていく「川の民」がのちに木津川のほとりの杣山に田畠を拓いて定住し、集落を形成していく過程が捉えられていると思うのである。それらの人々は杣山の仕事に関わるようになったか、杣仕事と関わりのない独立の百姓として生活していたか、はっきりしないが、九世紀初め頃まではさしたる集落があったとも見えないから、その両者ともに存在したと見ても差支えないであろう。いずれにしても、水草を追い求めていた漂泊の川の民が、山の民へと転身していく姿がここにみとめられる。

逆に山の民が川の民となっていったと考えられるケースもある。木津川に注ぐ和束《わづか》山の流域の山地を「和束杣《わづかそま》」と称している。和束杣のばあいには距離的に近い恭仁京の造営に用材を供給したと見られている。明治十年代の「京都府地誌」は、木屋《こや》村（現和束町大字木屋）について次のように述べている。

「木村（木屋村）宝亀中より和束郷に属し、一つの渓谷たりしを、当初草水《そうず》の民此所に家屋を構へ木材を運搬す。因て木屋浜と称す。嗣後漸く部落を成し、今の称を用ゆ。相伝ふ草水は木郡切山村の内なりと」。このように和束町の木屋浜が和束杣の材木積出しの津であったと伝えているが、その由来について、木屋浜に家をかまえてしだいに集落を形成した民は、もともとは切山村の草水からやってきた、という箇所に注目したい。

切山村は現在の笠置町大字切山である。切山は和束町木屋浜とともに木津川の右岸に位置し、その間はせいぜい一里位である。しかし、「京都府地誌」を土台にして切山の小字を記した小冊子「笠置町と笠置山」の中の地図を見ても、切山の小字に草水という地名は見当らない。これは「相伝ふ」つまり伝承と断わってあるから、実際の所在は明確でなくても仕方がない。あるいは通称地名かも知れない。切山には「鹿路志《ろくろし》」や「漆谷」の小字地名があって、そこに木地屋が住んでいたことを思わせる。「切山杣」は古代から石清水八幡宮とのつながりをもっていたから、木地屋などの山の民の活動していたところである。切山から杣の仕事をする山の民がやってきて、木屋浜《こやはま》に集まり、木津川を利用して木材を運搬する仕事を営んだという仕儀であるから、これは「山の民」が「川の民」に転じたと見て差支えない。

北杣と南杣

ここで東大寺の杣を見てみると、木津川上流の伊賀国東大寺の杣のうち、玉滝、湯船、鞆田《ともだ》、内保の四つの杣は、木津川上流の伊吹川にそそぐ河合川の流域に位置している。これらは三重県伊賀市にその地名を残している。これらを「北杣」と総称している。なかでも有名なのは玉滝杣であった。玉滝の槙山を中心とする杣山は、東大寺建立と同時に寺領として、天平勝宝元年（七四九）に孝謙天皇によって寄進された。

玉滝杣内の槙山杣として、東大寺は、寺奴や杣夫を送り、杣木の伐採、杣出し、川狩（川流し）によって、真木川から笠置、木津へと筏流しで下し、木津から奈良へと陸路を運んだのである。天平勝宝四年（七五二）の奈良の大仏開眼と東大寺の建築には、真木山の建築用材が使用されたと考えられている。

「北杣」にたいして、伊賀国の南部には、名張川の流域に板蝿杣、国見杣があって「南杣」と呼ばれている。「南杣」は北杣からややおくれて、天平勝宝七年（七五五）十二月に孝謙天皇によって寄進された。三重県名張の板蝿杣からは、切り出した角材を名張川と笠間川の合流点に引き出し、名張川から木津川へと移送し、東大寺大仏殿に運んだ。今日からすれば大迂回のように見られるが、もっぱら舟運に頼っていた時代には、むしろ自然な道筋であった。

名張川には夏見・矢川・中村の三ヶ所に津が設けられ、中村・芋生《いもふ》・安倍田などに木屋が作られ、筏師などは権門や興福寺などの寺社の寄人となって、交通の特権を得、その仕事が安全で利益あるものとした（「三重県の歴史」〈黒田庄〉の項）。

材木を川に流す川狩には相当数の人夫を要するのであるが、これらはみな東大寺の寺奴の任務であった。

これと同様なことが、木津川の下流でも見られたのではないか。

和束杣山で伐採された木材は木屋峠越道を陸送して木屋浜（和束町）にはこばれ、その浜から木津川を流下して泉津（木津町）で陸揚げされ、陸路大和入りをした。和束町の木屋集落は、「泉の杣小屋」とも呼ばれ、切山に出自をもつ山の民がそこに家屋をかまえ木材を運搬したということであるから、そこに筏師なども関与したにちがいなく、また木屋浜の人々もみずから筏を組んで木材を搬送したと思われる。

この木屋所がもっとも顕著に見られるのは、都が藤原京から平城京へと遷ったことによって、平城京の外港化するにいたった泉津（木津）であった。泉木津には、奈良時代から、材木の集積・加工・運搬のため、大安寺・薬師寺・興福寺・西大寺などの木屋所があった。寺院ではないが、造東大寺司も泉木屋所をもっていた。木屋の雑役にしたがう人夫が耕作する畠地もあったという。そこには杣山から切り出した材木を寺院に運ぶ一貫した作業のプロセスがあり、それを統制し管理する権門や寺院があった。大和・近江・南山城・伊吹などの山河を知悉し、山の民・川の民を駆使するには、大寺院の学問僧にはつとまらず、山林修行のかたわら、現地の実情をわきまえた私度僧や優婆塞が必要であった。そのもっとも際立った存在として、東大寺や大仏殿の造立をなしとげた良《ろう》弁《べん》やその弟子実忠《じっちゅう》がいたのである。

第III章　秦姓の舞

第18節　秦氏の活動

秦氏の展開

秦氏は山城国の葛野《かどの》に広大な土地を拓き所有していた。「補闕記」（「上宮聖徳太子伝補闕記」）には次のように述べている。

「是より先、太子国を巡りて山代楓野《かえでの》村に至り、群臣に謂ひて曰はく、此の地の体をなすは南に弊《ひら》き北に塞がる。河その前に注ぐ。竜常に守護す。後世かならず帝王の都を建つるあり。吾故時に遊賞せん。すなはち蜂岳の南の下に、宮を立つ。秦川勝おのれの親族を率ゐて祠奉怠らず。太子大いに喜び、すなはち小徳に叙す。つひに宮をもつてこれに預け、また新羅国の献《たてまつ》るところの仏像を賜ふ。故に宮を以つて寺となし、宮の南の水田数十町ならびに山野地等を施入す」

楓野は葛野であり、現在の太秦地区に比定されている。この中に「後世かならず帝王の都を建つるあり」という文が見えるところから、この文章は平安遷都後に書かれたものとされている。平安京の大内裏は秦河勝の宅であったとされる。紫宸殿前庭の橘の樹は秦河勝の時から植えられていたものを踏襲して植えたのであり、桜の方は、往時は梅だったが、桓武が遷都の日に植えたのだと、「拾芥抄」に記されている。葛野の地は平安遷都の、ざっと二百年以前から秦河勝の居をかまえた場所であった。

秦氏は太秦に本拠を置いて栄えたが、秦氏の一族も全国に活動を展開していた。これまで見たように、香春《かわら》を中心とした豊前地方や近江の湖東地方などのほかにも、河内の枚方《ひらかた》や摂津の茨木や西播磨は秦氏の一大勢力の集結したところであった。そして両者の間には並々ならぬ交流もおこなわれていた。その事実を次に見てみよう。

智識寺と弓束女

天平勝宝元年（七四九）十月九日、天皇「河内国智識寺に行幸《みゆき》したまふ。外従五位下茨田《まむた》宿禰弓束女《ゆつかめ》の宅を行宮《かりみや》としたまふ」と「続日本紀」は伝えている。同月十五日の条には「外従五位下茨田宿禰弓束女に正五位上を授く。是《こ》の日、車駕、大郡宮《おおこおりのみや》に還りたまふ」と記されている。

右の文は孝謙女帝が河内国智識寺に行幸したときに、茨田宿禰弓束女の宅を行宮としたことを伝えている。女帝は七日後平城宮の周辺にある大郡宮に帰るまで、弓束女の宅を行宮として滞在していたとされている。

さらに「続日本紀」は次のように記している。

「天平勝宝八年（七五六）二月、天皇『戊申』（註二十四日）難波に行幸したまふ。是の日、河内国に至りて、智識寺の南の行宮に御《おわ》します。己酉（二十五日）天皇、知識、山下、大里、三宅、家原、鳥坂の六寺に幸《みゆき》して礼仏したまふ。庚戌（二十六日）内舎人を六寺に遣して誦経《ずきよう》せしむ。壬子（二十八日）是の日、行きて難波宮にいたりて、東南の新宮に御します」

この行幸でも、孝謙帝は智識寺の南の行宮に足掛け五日間滞在している。智識寺の南に隣接して、茨田氏の宅があったと思われる。「このような立地的関係は、氏族寺院と檀越家宅とのそれであるから、ここに智識寺と、その筆頭檀越智識として、茨田宿禰弓東女という女性の地方長者を抽出することができる」と「柏原市史」（第四巻）は述べている。

智識寺の南には茨田宿禰弓東女の宅が隣接してあり、智識寺の檀越として存在した。「続日本紀」の記すところでは、孝謙天皇は天平勝宝元年（七四九）十二月二十七日に聖武天皇や光明皇后と共に東大寺に行幸した。そこで聖武天皇の宣命として「去にし辰年河内国大県郡の知識寺に坐す盧舎那仏《るしやなほとけ》を礼《をろが》み奉りて、即ち朕も造り奉らむと思へども、え為さざりし間に……」という言葉を述べている。「去にし辰年」というのは天平十二年（七四〇）のことである。聖武天皇はその年智識寺の盧舎那仏を礼拝して、奈良東大寺大仏の造立を思い立ったというのである。この盧舎那仏は塑像であったが、大仏を鋳造する機縁になった。聖武帝の発願の契機となったのはそればかりではなかった。「氏《うじ》の範囲をこえた多くの人々が盧舎那信仰を共にし結縁する智識造営という在り方が天皇の心を引いたのであろう」（新日本古典文學大系「続日本紀」二の注釈）という。
智識は知識とも記す。善知識の略である。教えを説き仏道に導くよき友人のことであるが、財物や勢力を仏事のために提供してその功徳にあずかろうとする者もいい、さらにその寄進した資財や結縁の団体などもさす。河内智識寺は智識結《ちしきゆい》によって建立された寺であった。その造立には大県郡をはじめ河内国の多くの人々の協力（結い）があったにちがいないが、なかでも茨田宿禰弓束女が最も貢献したことは、孝謙天皇の二度にわたる弓束女宅行幸からも察せられる。それも弓束女にそれだけの財力があったればこそのことである。

茨田宿禰は元来は本貫としての茨田郡地域にあたる寝屋川市付近に根拠したらしいが、後にこの大県郡地域に移貫し、茨田宿禰弓束女を代表とする同系氏族が繁衍したことは明らかであると「柏原市史」は云う。「姓氏録」の河内皇別の条に、

茨田宿禰　多朝臣同祖。彦八井耳命之後也。男野現宿禰。仁徳天皇御代、造二茨田堤一。日本紀合。

とあり、茨田宿禰が仁徳天皇の御代に茨田堤を作ったことが記されている。
茨田宿禰は多朝臣と同祖とあるが、多氏と秦氏はきわめて密接な関係にあった。
「日本書紀」には仁徳帝十一年十月の条に「茨田堤を築《つ》く」とあり、また「是歳、新羅

人朝貢《みつきたてまつ》る。則ちこの役に労《えだちつか》ふ」ともある、「古事記」には仁徳帝の条に「秦人《はたびと》を役《えだ》ちて茨田堤または茨田三宅を作」ったとある。これらを考え合わせると茨田宿禰が秦人を使役して茨田堤と茨田三宅を作ったことが分かる。秦人とは誰をさすか。「姓氏録」によれば、「仁徳天皇の御世に茨田邑に居場を賜う。因って茨田勝となす」とある。茨田勝は河内諸蕃となっているから帰化人である。「姓氏録」には茨田勝は「呉国王孫皓の後意富加牟枳《おおかむき》君より出ず」とある。意富は大であり、加牟枳は新羅の上級官位である旱支のことである。

こうして茨田勝は新羅出身の帰化人で、秦氏系の氏族である。茨田堤のほか茨田屯倉《みやけ》(三宅)も茨田勝の協力を得て作られた。このことから茨田勝は茨田邑に住居を与えられた。

茨田勝の後裔は茨田郡に根を下し、地方豪族として栄えた。茨田宿禰弓束女の家も、そうしたグループと深い連係を保ち、やがては柏原市に居を移していた。智識寺の造立に際しては、弓束女の家の貢献は殊のほか大きかった。それにしても、聖武帝を感動させた河内の智識寺はその名の示す通り、多くの善意ある人々の喜捨や合力によって建てられた寺である。秦氏系諸氏族の「智識」の協力は大きかったと思われる。

前に述べたように称徳女帝は天平勝宝八年二月、河内国に行幸し、智識寺の南の茨田宿禰弓束女の行宮から出発して、河内六寺を巡拝したと「続日本紀」は伝えているが、河内六寺というのは智識寺をはじめとして、山下寺、大里寺、三宅寺、家原《えばらじ》寺、鳥坂寺である。智識寺は柏原市太平寺にその跡がある。智識寺の東塔から出土した塔心礎の一部は、岩《いわ》神社の境内に運ばれて今も保存されている。次の山下寺は、あとに述べる京都高雄山神護寺の前身の「神願寺」の建てられた処かとも考えられている（「柏原市史」）。大里寺は大県郡郡領の居地、郡衙の所在地にあり、大県郡大領の氏寺だったと見られる。この地域の豪族であった大里史氏は「太秦公宿禰同祖　秦始皇五世孫融通王の後なり」となっていて秦氏と同族である。「姓氏録」では河内国諸蕃に入れられている。また八尾市の常世《とこよ》岐姫《きひめ》神社を奉斎する赤染氏は、もともと福岡県香春町の神社の神職で、秦氏系氏族でもあるが、河内の大県郡では大里郷に居住する氏族であった。

称徳天皇は、智識寺から北へむかって山下、大里、三宅、家原と巡拝した。三宅寺は小寺であるが、家原寺は家原氏の氏寺であった。巡拝の最後の寺は鳥坂寺である。鳥坂寺は鳥取氏の氏寺であった。この巡拝の六寺に関わりのある諸豪族も、智識寺の造立には力を尽くしたことは疑いないが、なかでも秦氏系氏族の貢献を見逃すことはできないであろう。

さきに山下寺のあとに神願寺が建てられていたのではないかと述べたが、そこは土地が低いので、平安京の高雄山にある神護寺のように山間の幽邃なところに移した。もともと、神願寺というのは、和気清麻呂が道鏡事件で宇佐に赴いたとき、八幡神が託宣して、皇位と国家を案ずるため、仏力の助けを借りたいので、寺を建てるように清麻呂に求めた。そこで清麻呂はこの神願を果すために、宝亀十一年（七八〇）に、光仁天皇に願い、延暦年中にこの寺を建てて神願寺と名付けたというのである。

一方、延暦十八年（七九九）に清麻呂が死んだとき、平安京の西北部の高雄山に墓所をさだめ、そこを寺としたのではないか、と平野邦雄は云っている。今も神護寺には清麻呂の廟が高所に祀られている。僧賢忠の著わした「神護寺縁起」には、神護寺を「吾祖清麻呂御草創の浄刹にして、和気氏の氏寺なり」とあることから、清麻呂が生前に建てたという説もある。高尾山寺は和気氏の氏寺として建てられ、神護寺の前身となった寺であり、清麻呂が死んでから、清麻呂の子の真綱《まつな》と仲世《なかよ》が、天長元年に朝廷に奏して「神護国祚真言寺」と名付けたのである。こうしてみると河内の高尾山と京都の高雄山はふかい由縁によって結ばれていることが分かる。

茨田堤と茨田勝

秦氏の河内における根拠地は、今の寝屋川《ねやがわ》市やとなりの枚方《ひらかた》市にあった。淀川の水害を防ぐために秦氏の技術が発揮された。淀川はしばしば洪水を引きおこしたが、それは川の神である竜神のせいであると怖れられた。

「日本書紀」は仁徳帝十一年十月の条に次のごとく記している。茨田堤をきずいたが、きずいてもすぐ壊れて塞ぐことのむずかしい処が二ヶ所あった。そこで武蔵の人の強頸《こわくび》と河内の人である茨田連衫子《ころものこ》の二人を召し出して川の神を祀ったらきっと塞ぐことができるだろう、ということで川の神に祈らせた。

強頸は泣き悲しんで、自分の身を水神にささげた。そこで堤が完成した。一方の衫子のほうは、ひょうたんを二箇持参してきて、それを水に投げ入れて、「川の神は自分を犠牲にしようとしている。もし、川の神がこのひょうたんを沈めて浮かばせなかったら、それは本当の神であるから、自分は犠牲となって水中に入ろう。しかし、ひょうたんを沈めることができなかったら、それはにせの神であるから、自分は身を亡ぼすこともあるまい」と云った。そこにつむじ風が起って、ひょうたんを水に引き入れたが、ひょうたんは波の上に舞いながら沈まず、遠くへ流れていった。そこで衫子は水中に自分の身を投げ入れることなくてすみ、堤が完成した。時の人は、この二ヶ所を強頸断間《こわくびたえま》、衫子断間《ころものこたえま》と云ったという。

「たえ」というのは「出雲国風土記」にも出てくる言葉で、地層が切れたところを云う。ここでは堤の切れやすい処という意味である。この「断間《たえま》」は茨田郡太間村《たいまむら》（大阪府寝屋川市太間）の地名として残っている。「河内名所図会」に「池田村より、太間、伊加賀《いかが》に至って、故堤、僅かに残れり」とあり、茨田堤の一部も事実近年まで残っていた。「池田・太間は現寝屋川市、伊加賀は現枚方市。その延長と思われる堤の一部約百メートルが、現門真《かどま》市宮野町（旧茨田郡）の堤根神社の境内にある（「大阪府の地名Ⅱ」日本歴史地名大系）。

茨田勝《すぐり》の一族は淀川の築堤工事に関与したことで、繁栄し、茨田屯倉の管理にもたずさわった。その本拠は、「和名抄」にいう讃良《さらら》郡幡多郷のあたりとみられるが、寝屋川市のもと大字秦と太秦のあるところである。秦と太秦はもと丘上のカセグラと呼ばれるところで一集落をなしていたという（「寝屋川市誌」）。

秦や太秦にはその子孫たることを誇りとする家々が今もある。寝屋川市の大字秦には、秦氏の祖先と伝える秦河勝の墓所があり、江戸時代造立の石造五輪塔が墓塔となっている。「寝屋川市誌」によると、秦氏の子孫は往古から西島、茨木、平田の三家に分かれていた。慶長年間からその本家として栄えた西島家には、「秦河勝広隆卿伝」が残されている。

広隆卿というのは、河勝が創始した広隆寺にちなんだものである。その伝記には秦河勝が、寝屋川市の旧秦村の地に大恩寺を造立し、阿弥陀像と太子像を安置したとして次のように記されている。

「於玉造岸上、始基四天王寺。又於大和国飛鳥地、立法興寺矣。河勝復大和州、創秦楽寺。於山城国、立広隆寺。於当国河内郡、建教興寺。於当郷、造立堂舎、安置阿弥陀尊像、並太子影像、号各大恩寺。亦勧八幡大菩薩（下略）」

これについて多少の解説を施して置こう。玉造の岸上にはじめて四天王寺をきずいた、というのは、四天王寺が現在地の荒陵《あらはか》に最初から創建されたのではないことを示している。また玉造の四天王寺を建てるにあたって、秦河勝が参与したという意味もある。次の大和国飛鳥に法興寺を建てたというのは、蘇我馬子であって、これには河勝は何の関係もない。

また大和国の秦楽寺のある秦庄は秦氏の拠点と伝えられている。秦楽寺は奈良県田原本町大字秦庄にあり、秦河勝が聖徳太子から賜わった観音像を安置したことから始まるという。

山城国の広隆寺は京都市の太秦にあり、聖徳太子から仏像を授けられて秦河勝が創建したと伝えられる。また教興寺は大阪府八尾市にあり、「御手印縁起」によると、聖徳太子が物部守屋討伐を祈願して秦河勝に命じて創建させたという。高安寺また秦寺とも称している。最後は寝屋川市秦町にある大恩寺であるが、これも秦河勝の創立にかかわる寺とされる。

私が興味ぶかく思うのは秦河勝が創建したとされる秦楽寺、広隆寺、教興寺などの名刹と大恩寺が肩を並べて記されているということである。このことは寝屋川市の旧秦村に秦氏の拠点がきずかれていたことを明らかに物語る。

元和九年（一六二三）にこれらの人たちは宇佐八幡宮を勧請建立し、それを中心に秦系一族は団結し、八幡講と呼ぶ宮座を結成し、その祭祀を継続した。このことは秦氏と宇佐八幡の密接な関係を示しており、興味をひく。

播磨の法隆寺領と秦氏

淀川をはさんで向いあっている摂津の茨木市と河内の枚方市から秦氏系の勝姓の人々が兵庫県揖保《いぼ》郡太子町に移住したという話が「播磨国風土記」の三つの記事に見られる。

「播磨国風土記」の揖保郡枚方の里の条に次のごとく記されている。

「枚方と名づくる所以は、河内の国茨田の郡の枚方の里の漢人、来到《きた》りて、始めて此の村に居りき。故、枚方の里といふ」

河内郡茨田の郡の枚方の里は、大阪府枚方市枚方で、淀川の東岸に沿った地である。そこから漢人、つまり帰化人がやってきて、播磨国揖保郡の枚方の里である現在の太子町佐用岡の平方に住んだというのである。

「播磨国風土記」の揖保郡佐比岡の条には「河内国茨田郡の枚方の里の漢人《あやひと》、来至《きた》りて、此の山の辺に居りて、敬ひ祭りて、僅《はつか》に和《やわ》し鎮むることを得たりき」とある。佐比岡は太子町佐用岡とされる。次に「播磨国風土記」の揖保郡大田の里の条に、その里の名の由来が説明されている。

それによると、昔、呉の勝というものが韓国から渡来してきて、最初は紀伊の名草の郡の大田（和歌山市大田、日前《ひのくま》神宮《かみ》の西方の地）に到着した。その後、そこから分かれた連中が、摂津の国の三嶋の賀美郡の大田（大阪府茨木市の北部）に移った。その連中は更に播磨国の揖保郡の大田（揖保郡太子町大田）に遷ってきた。そこに紀伊の国の大田の地名をつけた、というものである。

これで見るように韓国からの秦氏系の勝姓の渡来人がまず和歌山市大田にやってきた。その後大阪府の茨木市の北部に移った。その連中はさいごに兵庫県揖保郡太子町大田にとどまったとある。

「播磨国風土記」に出てくる枚方＝佐用岡＝佐比岡は太子町大田の近くである。したがって、帰化人たちの移動の終点は、播磨国揖保郡太子町とみなして差支えない。

その帰化人は秦氏系の勝姓の人々であった。勝姓の移住民がいた大阪府茨木市は淀川をへだてて、枚方市と隣接する。枚方は河内国茨田郡に属する。茨田といえば茨田堤や茨田地を想起する。「古事記」の仁徳帝の段に「秦人を役《えだ》ちて茨田堤また茨田三宅《みやけ》を作」ったとあるのはすでに紹介した通りである。今の寝屋川市と枚方市にわたって、近年まで茨田堤の一部が残っていた。

ところがこれら秦氏系の人々が移住した先の兵庫県揖保郡太子町の鵤《いかるが》には聖徳太子ゆかりの斑鳩寺《いかるがでら》が建てられている。このことは何を物語るか。

「日本書紀」には、推古十四年に推古天皇が播磨国の水田百町を聖徳太子に賜わったので、太子町鵤にある斑鳩寺に納入したという記事がある。

「峯相記」によると、聖徳太子が推古天皇から水田三六一町（のちの鵤庄）を施与された際、斑鳩寺も創建されたという。

天平十九年（七四七）の法隆寺資材帳によると、推古天皇六年に法隆寺に施入された播磨国佐西《させ》地五〇万代（うち成町二一九町一段八二歩）は法隆寺領の鵤庄の前身と見られている。

斑鳩寺に必要な水田を聖徳太子が推古天皇から賜わったとなっているのはタテマエであって、その実際は勝姓の人たちが開拓した広大な土地を法隆寺領として寄進したものであろう。そこは、摂津、河内の枚方、茨木、寝屋川あたりを根拠地として巨万の富をきずいた秦氏系の勝姓の人々が播磨国に移住して開いたものと考えられる。

平野邦雄も「秦氏の研究」のなかで、「播磨国揖保郡の法隆寺地も、同郡が秦氏の勢力圏であるだけに、秦氏の役定になるものであろうと想像する」と述べている。

秦氏が播磨国の私領を法隆寺領に寄進したことはきわめて重要な意味をもっている。というのも、聖徳太子にゆかりの深い四天王寺の寺領に対して秦氏が浅からぬ貢献をしているのではないかと推測することができるからである。

「播磨国風土記」餝磨《しかま》郡の枚野《ひらの》の里の条に新羅訓《しらくに》の村・筥岡という注記があり、

「右、枚野といふは、昔、少野《をの》たりき。故、枚野と号く。新良訓《しらくに》と号《なつ》くる所以は、昔、新羅の国の人、来朝《まゐき》ける時、此の村に宿りき。故、新羅訓と号く」

とある。

そこには新羅人の祖神を祀る式内社の白国《しらくに》神社がある。また「播磨国風土記」餝磨郡少川《おがわ》の里の中に豊国の村の名が見える。

「豊国と号くる所以は、筑紫の豊国の神、此処に在す。故、豊国の村と号く」

とある。ここでは、豊前の国からの移住者が氏神を奉斎して居住していることをまぎれもなく物語っている。その移住者は秦氏で、その神も秦氏の神であったことはまちがいない。今も姫路市に飾東町豊国の地名が残っている。秦氏の神を祀る豊国と、新羅の神を祀る白国とは、おなじ姫路市にあり、市川を挟んでいるが、一〇キロもはなれていない。とすれば、豊前からやってきた新羅系の秦氏が双方の神を祀ったとも考えられる。姫路の名の由来として、「播磨国風土記」餝磨郡の条に「蚕子《ひめこ》落ちし処は、即ち日女道丘《ひめぢをか》と号《なづ》く」とある。ヒメコは蚕の方言である。ところで蚕をシラとも呼ぶところがある。沖縄や奄美でも絹糸をシラガと呼んでいる。こうして見ると、白国神社の白は新羅であると同時に蚕の意味も含めているとも考えられる。

こうしたことから秦氏が播磨国の西部でも養蚕を営んでいたことが推測される。

第19節　秦河勝の命運

河勝の亡命地

秦河勝は伝承の靄につつまれた人物の趣きを呈しているが、れっきとした実在の人間である。「日本書紀」には、推古十八年十月、新羅と任那の使者がみやこにやってきた際、秦河勝が新羅の客を朝廷に誘導したと記している。秦氏が朝鮮半島（それも新羅か加羅あたりから）の渡来氏族であることを考えると、秦河勝が外交の衝にあたったことはまことにふさわしい役目であったことはまちがいない。

その秦河勝が聖徳太子と親交のあったこともよく知られている。「日本書紀」には推古十一年十一月に、聖徳太子から与えられた仏像を本尊として、広隆寺は秦氏の氏寺となった。また、聖徳太子が没して一年余の推古天皇三十一年七月には、新羅、任那（加羅）から仏像、金塔、舎利、灌頂幡などが送られてきた。仏像は「葛野《かどの》の秦寺」である広隆寺に、またほかの仏具は難波の四天王寺に納めた、と「日本書紀」は述べている。これらは聖徳太子の供養のための贈物だったかも知れない。

ここに「秦寺」とあるからには、河勝の指図によることはたしかである。しかし秦河勝と聖徳太子との親密な関係は、太子没後、彼の置かれた社会的、政治的立場を危うくさせることにもなった。蘇我蝦夷・入鹿は聖徳太子の嫡子である山背大兄王と秦河勝の関係に警戒の眼を向けていた。

秦河勝が大生部多《おおうべのおお》に制裁を加えたと「日本書紀」にあるのは、皇極天皇三年（六四四）のことである。これによって、河勝がこの頃まで健在であったことがたしかめられる。しかし当時の政治情勢はけっしておだやかではなかった。この頃、蘇我蝦夷・入鹿父子の横暴は眼に余るものがあった。前年の皇極二年（六四三）には、蝦夷はひそかに紫冠を子の入鹿に授け、大臣に擬する不遜な振舞いも見られた。その年、山背大兄王が入鹿によって殺されるのを河勝は目のあたりにしている。

山背大兄王の側近の三輪文屋君は、山背大兄王に深草の屯倉にのがれ、そこから馬で東国に行き、再起をはかることをすすめている。秦河勝の根拠地の太秦と深草は近いところにある。山城国の深草は、京都市伏見区深草稲荷から深草大亀谷にかけての地で、山城国の葛野郡太秦に次ぐ秦氏の有力な根拠地であった。深草にいた秦大津父《はたのおおつち》は欽明帝に寵愛され、大蔵の管理出納をまかされた。三輪文屋君は山背大兄王に秦氏を頼れと進言したにひとしい。そこで入鹿の迫害が及んでくることをひしと感じた河勝は身の危険を避けるために太秦をはなれ、ひそかに難波から孤舟に身をゆだねて西播磨にのがれ、秦氏がつちかった土地に隠棲したと推測される伝承が伝えられている。世阿弥の「風姿花伝」並びに世阿弥の娘婿の禅竹の「明宿集」にその記述が見られる。

「風姿花伝」神儀篇にいわく、

彼河勝、欽明・敏達・用明・崇峻・推古・上宮太子に仕へ〔奉り〕、此芸をば子孫に伝へ、〔化人《けにん》〕跡を留めぬによりて、摂津国難波の浦より、うつほ舟に乗りて、風にまかせて西海に出づ。播磨の国坂越《しやくし》の浦に着く。浦人舟を上げて見れば、かたち人間に変（れ）り。諸人に憑き祟りて奇瑞をなす。則、神と崇めて、国豊也。「大きに荒る、」と書きて、大荒大明神と名付く。今の代に霊験あらた也。

とある。

この箇所を「明宿集」は次のごとく記している。

業ヲ子孫ニ譲リテ、世ヲ背キ、空舟《うつほぶね》ニ乗リ、西海ニ浮カビ給イシガ、播磨ノ国南波《なは》尺師《しやくし》ノ浦ニ寄ル。蜑人《あまびと》舟ヲ上ゲテ見ルニ、化シテ神トナリ給フ。当所近離ニ憑キ祟リ給シカバ、大キニ荒ル神ト申ス。スナワチ大荒神《だいこうじん》ニテマシマス也。

「風姿花伝」には「化人《けにん》跡を留めぬ」とあり、「明宿集」には「世ヲ背キ」とある。これは、言外に河勝の置かれていた当時のきわめて困難な政治状況をほのめかす言葉でもある。一方河勝が播磨国での隠遁生活を目指したというのは、そこが都から遠く離れて、追手の力の及ばぬところであったという地理的条件に加えて、播磨が秦氏の一大勢力の拠点であったからでもある。つまり河勝の亡命にとって安全な土地であったからである。地元では、河勝は大化三年（六四七）に八十三歳で播磨国の坂越で死んだと伝えられてもいるが、もとより伝承の域を出るものではない。また河勝は播磨国で不遇な晩年を送り、死後は霊神となって、諸人に憑き、祟りをなしたと、「風姿花伝」も「明宿集」も述べているが、それは河勝の荒びた晩年の心境を伝えたものであろう。

サクは裂くこと

さて、秦河勝が漂着した西播磨の坂越という地名は、「風姿花伝」や「明宿集」ではシャクシと読ませているが、現在はサコシと呼んでいる。シャクシやサコシは柳田国男の説にしたがえば、外部から悪霊が侵入するのを遮るという意味をもっている。境や関所などに多く見られる地名には、坂越のほかに、さまざまな漢字を宛て、左宮司、社宮司、左久神、作神、左口、石神、佐護神、尺神、社軍司、杓子神など、おびただしいが、いずれも、遮るとか、塞と同じ意味で、シャグジ、シャゴシ、サグシ、サクジンなどの呼称をもっている。柳田は「石神問答」の中で、サカ、サキ、サク、サイ、スク、スキ、ソウ、ソク、ソコなどが同一語源からいろいろと分化した語であって、それらの語はすべて隔絶の義があるとしている。播磨の坂越については柳田の説の通りと思われる。しかしこれらすべてを一括して柳田説で解釈することに、私は次の理由から疑義を呈したいのである。

「日本書紀」は雄略天皇十五年に、秦酒公に秦の民を賜うたという記事を伝えている。秦酒公は、百八十種の勝《すぐり》をひきいて、租税の絹織物を朝廷に積んだので、太秦《うずまさ》の姓を与えられた。では秦酒公の「酒」という名は何を意味するか。

京都市右京区太秦東蜂岡町に大酒神社がある。広隆寺の東にあり、広隆寺の伽藍神となっているが、もとは広隆寺桂宮院の内にあった。秦氏の氏神であり、一説では秦河勝の霊を祀るという。十月十二日夜おこなわれる広隆寺の牛祭には、牛に乗った伽藍神の摩多羅神が四天王をしたがえて現われる。大酒神社は大辟神社や、または大裂神社とも記したというから、このサケは酒ではなく、避（辟）または裂の意であると解してよい。

赤穂市坂越《さこし》にあり、秦河勝を祀る大避《おおさけ》神社もその一つである。「明宿集」にそこが荒神と呼ばれたとあるのは京都太秦の大酒神社を勧請したからであろう。同神社の石段の上に立つと、河勝が葬られたという坂越湾の生島《いきしま》が真向いに見える。大避神社は相生市若狭野町下土井にもあり、千種川流域に大小三十余の分社、分祠がある。そこは秦氏の地盤であった。

秦氏は土木事業の専門家であった。

日本各地を見渡しても秦氏とその同族によって河川が修理され、地堤がきずかれ、荒野が耕地に変えられた例は京都の大堰《おおい》川（桂川）の葛野大堰（「伝暦」）のほか豊前の三角池、河内の茨田池などかず多く見られる。こうしたことから秦氏が開拓事業に活躍していたことは紛れもない。

孝謙帝の天平勝宝五年（七五三）頃、赤穂郡人の秦大炬なる者があり、坂越庄の墾生山や石塩生荘の堤を造ったが、強固でなく、またそれを修理することができなくて退却した云々の記事が見える。今井啓一は、秦大炬は河勝の三、四世の児孫ではなかろうか、と推測している。

赤穂市坂越の大避神社より秦河勝の墓のある生島を望む

蹴裂伝説

中山太郎が「蹴裂伝説」と名付けた伝説が、日本各地に見られる。昔、湖沼であった処を神が足で蹴り裂いて水を流し、土地を開墾したという話で、全国的に分布している。たとえば、阿蘇火口原が湖水をたたえていた時代、阿蘇大神が、数鹿流《すがる》の滝のところを蹴り裂いて水を流したという。また山梨県東八代郡右左口《うばぐち》村（現甲府市右左口町）の佐久神社は、太古、甲斐の湖の水を排して土地を開くために、山を切り裂いた神を祀るという。佐久神社の佐久は裂くの意をもつ。同じく山梨県の南巨摩郡鰍沢《かじかざわ》町の蹴裂神社も、安曇氏の祖神の日金析命《ひがねさく》を祀るという。日金析命の析は裂の意である。大分県由府市湯布院町の宇奈岐日女《うなぐひめ》神社の末社として、ナベクラの地に、蹴裂神社が祀られている。湯布院盆地が湖であったとき、力自慢の道臣命（蹴裂権現）に命じて湖壁を蹴破らせて田畑を開かせたという。

また長野県の佐久では、諏訪明神の御子神が新開《にいさく》の神として佐久平の開拓をはじめたので新開神社（のち新海神社）に祀る。新開の地を略して「佐久」となったといわれる（「長野県の地名」）。つまり、佐久の地名の由来は、佐久盆地を切り裂いて開墾したことだと云う。

これらを見ると、神社名や地名には、切り裂いて開拓するという意味の「サク」という語が用いられている場合がある。

そこで秦酒公の「酒」や大酒、大避、大裂の名を冠する神社名は、山川を切り開き開拓する意味をもつ「裂」からはじまるのではないか、と云うのが私の考えである。古代の土木開拓事業の熟練者であった秦氏にまつわる「サカ」「サク」「サケ」などの語が、必ずしも柳田説では解釈し得ないことをここに強調して置きたいのである。

第20節　猿楽 諸座の名称

秦河勝影向の地

禅竹の「明宿集」には、秦河勝が空舟《うつぼぶね》に乗って播磨国の坂越の浦に着いた後のことが記されている。それによると、河勝は坂越の浦から山の里に移って宮造りをおびただしくして、西海道を守ったと述べたのち、「山の里ヨリ、大和桜井ノ宮ニ影向《ようごう》シマシマス由、一説アリ」とある。山の里については、赤穂に河口をもつ千種川の中流に赤穂郡上郡《かみごおり》町山野里がある。山野里は昔は山里、または山ノ里とも称した。今井啓一によると、以前は赤穂郡内の神社の三分の一は秦河勝を奉祀した大避社であったという。大和の桜井の宮というのは、「元興寺伽藍縁起流記資財帳」には「桜井等《と》由《ゆ》羅宮《らのみや》」とみえる。豊浦《とゆらの》宮《みや》は推古天皇の皇居のあったところで、のち推古十一年に、小墾田宮《おはりだのみや》に遷居ののちは、豊浦寺《とゆらでら》に施入された。

一九七〇年に、今日の向原寺《こうげんじ》の本堂の傍を発掘してみると、下から豊浦寺の講堂の跡と見られる版築工事による土壁や敷石、礎石の穴などが現われた。さらにその下から、推古天皇の豊浦宮の跡と見られる石敷の舗装が見つかった。推古帝の皇居が豊浦宮から小墾田宮に移されたあと、豊浦寺が建てられ、その土地が今日の向原寺にまで引きつがれてきたことが明白になった。建物周囲に石敷舗装を施すのは飛鳥宮殿の特徴である。

この向原寺というのは、欽明帝の時代、向原《むくはら》にあった蘇我稲目の家を、寺に変えたものである。それを物部守屋が焼いてしまったが、のち、廐戸皇子が再興して、蘇我氏に賜うた。蘇我氏は葛木臣であったので葛木寺と称した。葛木寺は高市郡豊浦村にあって、豊浦寺とも云った。また向原の音がコウゲンということから広厳寺とも云った。江戸時代以来ふたたび向原寺と称して現在にいたっている。

この向原寺の傍らに桜井という井戸があった。桜井という地名はここから起った。桜井はまたの名を「榎葉井《えのはい》」と呼んだ。

催馬楽「葛城」に次の歌がある。

葛城の　寺の前なるや　豊浦《とよら》の寺の　西なるや　榎葉井に　白璧沈《しらたましづ》くや　真白璧沈くや　オシトト　トオシトト

歌意は、豊浦寺（葛木寺）の西にある榎葉井（桜井）に白玉が沈んでいる、というも

向原寺

豊浦寺址

のである。オシトト、トオシトトははやし言葉である。これとほぼ同じ歌が「日本霊異記」や「続日本紀」の宝亀元年の童謡の歌詞にも載っている。

私がここで問題にしたいのは榎葉井である。

推古紀二十四年に「掖《やく》玖人二十口来けり。先後《さきあと》、並《あわ》せて三十人、皆朴井《えのゐ》に安置《はべ》らしむ」とある。

この「朴井」は「榎葉井」と同じで、「桜井」と一所であると「地名辞書」は言う。

崇峻紀三年三月「学問尼善信等、百済より還りて、桜井寺に侍り」とある。この桜井寺は豊浦寺のことである。これからして、桜井または榎葉井と呼ぶ井泉の近くの向原に、寺があって、それはかつて向原寺と呼ばれ、のちには桜井寺、葛木寺、広厳寺と言った。その土地が豊浦にあったから豊浦寺とも称した、ということになる。このあたりは蘇我稲目以来の本拠地であった。

しかし榎葉井、または朴井は、物部氏族の居住地でもあった。孝徳紀に、物部朴井連椎子《しいのみ》と云う人がいた。また文武紀二年に「直広肆榎井朝臣倭麻呂、大楯を竪《た》つ」とある。

また「旧事本紀」の「天孫本紀」には「物部荒猪連公」とその弟たちの「物部弓梓連」「物部加佐夫連公」「物部多都彦連公」はすべて「榎井臣等の祖」となっている。物部守屋は物部荒猪連にとっては、祖父の兄、つまり大伯父にあたっている。

そして物部守屋の子の物部雄君連は、榎井連小君と称した。雄君連は大海人皇子の舎人で、壬申の乱にも功績があり、天武帝から内大紫の位と氏上を賜わったという。守屋亡きあと物部氏の本流はこれから始まった。

その雄君連の本貫が榎井（榎葉井）に置かれていたことが確認できる。

この物部氏の拠点であった榎葉井（榎井）に向原寺がある。また榎葉井と同じ桜井に寺があって、そこに百済から伎楽をもたらした味摩之《みまし》が居住させられていた。その寺とはたぶん向原寺であるが、そこにさらに、秦河勝の伝承が加わるのである。

推古紀二十年に、百済人味摩之が帰化し、伎楽を伝えたとある。それによると味摩之は呉国で伎楽を学んだという。呉楽というのがそれであるが、もともと古代チベットやインドの仮面劇で、西域を経て中国南朝に伝わって散楽と呼ばれたものであるという。この舞は厳粛なものではなく、滑稽卑俗なものとされている。

朝廷は味摩之を桜井に住まわせ、少年を集めて伎楽の舞を習わせた。真野首弟子《まのおびとでし》、新漢済文《いまきのあやのさいもん》の二人が、その舞を習い伝えたという。百済からの帰化人の味摩之は、向原寺（豊浦寺）辺に止住せしめられたと考えられる。

榎葉井から円満井へ

味摩之は一人でなく複数の百済帰化人であったという説がある。「聖徳太子伝暦」の出雲路家蔵ひらがな本には、味摩之に註して、「舞人の惣名なり上下十八人きたる」とある。つまり演技者集団の渡来があったと考えられている。林屋辰三郎は、このひらがな本は、足利氏の末期に書き下されたものらしく、けっして史料的な価値の高いものとはいえないが、しかし味摩之を渡来者集団と考えるのはきわめて自然のように思われると云っている（「中世芸能史の研究」）。

それよりはるかに時代をさかのぼる文保二年（一三一八）になった醍醐寺三宝院本「聖徳太子伝記」に「味摩之は十八人の伶人で、これに就いて学習したのは河勝とその子息五人、孫三人、秦川満とその子息二人、孫三人の十五人」と述べてある（藪田嘉一郎「新楽寺鏡銘と大和猿楽」）。

このように、味摩之渡来の頃から秦氏との関係が密接であると伝承されてきた。したがって、四天王寺の伶人が秦河勝にはじまると「明宿集」が述べているのはとうぜんであると云わねばならぬ。四天王寺の舞人は猿楽の伝統と源流を共にしながら、もう一つの別の流れを形作ったことが、「明宿集」に述べてある。

河勝の御子三人、一人ニワ武ヲ伝エ、一人ニワ伶人ヲ伝エ、一人ニワ猿楽ヲ伝フ。武芸ヲ伝エ給フ子孫、今ノ大和ノ長谷川党コレナリ。伶人ヲ伝エ給フ子孫、河内天王寺伶人根本也。コレワ、大子、唐ノ舞楽ヲ仰《おおせ》テナサシメ給フ。仏法最初、四天皇寺ニ於キテ、百廿調ノ舞ヲ舞イ初メシナリ。猿楽ノ子孫、当座円満井金春大夫也。秦氏安ヨリ、今ニ於キテ四十余代ニ及ベリ。

　つまり河勝の子に三人あって、一人は武芸を伝えた。長谷川党である。一人は猿楽を伝えた。円満井金春の座である。もう一人は伶人を伝えた。四天王寺の伶人（楽人）であると述べている。

「百済国より渡りし舞師味摩之妓楽を写し留めて、大和国橘寺一具、山城国太秦寺一具、摂津国天王寺一具、寄せ置く所なり」

と「教訓抄」が引く古記にある。

　一具とは面や鼓笛や装束一揃いという意味であろう。ここでも河勝の意向が働いていたと推考される。また河勝一族と味摩子（味摩之）との結びつきを推測することができる。

「風姿花伝」第四神儀には「大和国春日御神事相随申楽四座」として「外山《とび》　結崎《ゆうさき》　坂《さか》戸《ど》　円満井《えんまんゐ》」と記されている。また「秦氏安《うじやす》より、光《みつ》太郎、金春まで、二十九代の遠孫なり。これ、大和国円満井の座也」とある。

　これを見ると秦氏安から金春まで二十九代つづいてきたのが、大和の円満井座ということになる。円満井座は秦氏安を中興の祖として連綿として続いていることに誇りをもっていた。

　だが円満井という名称は何にもとづくものであるか、その解釈はすこぶる困難であると、能勢朝次は「能楽源流考」で困惑の体である。能勢は諸説を披露しているが、それらは円満井座を円満寺または円満院に由来するものとして考察しているのがすべてである。それに対して、世阿弥や禅竹の書いたものには、ことごとく「円満井」と記されている。それを見ると、「円満井」は「円満寺」の誂りであるとは云いがたい、と能勢は批判する。「むしろ逆に、円満井と聞いた所を、円満寺と書くといふ誤りの方が、可能性が多いのではあるまいか。又、金春が円満院と称する土地に住し、それを以て座名とするものであるならば、その事情の最も明かな筈の金春の記録には正しく円満寺又は円満院と記されるべく、一般的な誂りは第三者の側に起るべきではなからうか。従って、世阿弥や禅竹のものに円満井と記されたのが座名として本来で、円満寺といふのは類似連想から生じた誂りではないであらうかと思はれる。」

と反論している。しかし能勢自身の見解は何も述べておらず、お手上げの状態である。能勢が紹介した諸説の一つには、高野辰之が円満井座は、摂津三島郡吹田《すいた》町にある円満寺に奉仕していた猿楽であったために、こうした座名が生まれたものであるという意見を述べている。次に小滝久雄が大和西の京（奈良市西ノ京地区）薬師寺南方の円満寺のあたりとしている説がある。さらに野々村戒三が小滝説に同調して、円満寺は古くは円満院と称せられていて、円満院が円満井に転訛したと推測している。これら高野、小滝、野々村の説に対する能勢の批判と反論は先に述べた通りである。

これらに対応して林屋辰三郎は「中世芸能史の研究」の中で、円満井座の座名は小滝・野々村両氏の考証にしたがって、西ノ京に元亨四年（一三二四）の頃までは存在した円満寺あるいは円満院という寺名から生じたものであろうとしている。それも円満寺付属の猿楽座とみるより、その周囲の円満寺と呼ばれていた地名のところに居住していたという見方をとっている。それでも能勢と同じく一抹の不安をおぼえるというので、西ノ京の円満寺という領域のなかに円満井と称する聖井があって、修正あるいは修二会が行われていたかも知れない、と推測している。林屋説はもとよりまったくの想像にすぎない。しかし実際の井戸を想定しているところに、私の説にわずかに近いものを感じる。

そこで私はこれから自説を述べてみようと思う。結論を最初に云えば、私は円満井というのは、榎葉井に由来する言葉と考えている。唐突な云い分のようであるが、かならずしもそうでない理由を次に述べる。秦河勝が大和の桜井の宮に影向したという伝承は、河勝が桜井すなわち榎葉井に神となって姿を現わし、来臨したことを意味している。あと、河勝の子孫が円満井金春大夫として猿楽を代々伝えていったことを述べているのだから、榎葉井は円満井座の象徴的な発祥の地であったと考えられる。

「明宿集」にも「昔ワ座名タビタビ変レリ。円満井ワ惣名字ノ地ナレバ、呼ンデ長久也」とあって、円満井が地名であることを認めている。

これまで述べたように、推古二十年に百済人の味摩之が来朝し帰化した際、朝廷は味摩之を桜井に住まわせ、少年たちを集めて、伎楽の舞を習わせた。一方「明宿集」には一説では河勝は大和桜井ノ宮に影向したとあり、さらには秦河勝が壺に入って泊瀬《はっせ》川を流れ下ったとある。そこで泊瀬猿楽が根本であるとも云っている。したがって、味摩之と秦河勝はともに桜井を出発点としている。桜井は味摩之の学統を受けつぐにも、秦河勝を源流とする猿楽にも原点と呼ぶのにふさわしい場所であったのである。「明宿集」も「河勝モコノ山河ヨリ出現シマシケルヨト、感応肝ニ銘ズ」と言っている。とすれば、桜井すなわち榎葉井（朴井）を金春流の座名にしたことはいたって自然であるといわねばならない。「えのはゐ」から「えんまんゐ」への音韻の変化はごく自然で無理がない。それにあとから円満井をあて、さらに円満院という寺院名をあてたにすぎない。

秦楽寺と楽戸

円満井座は竹田座とも云った。竹田は地名であるが、その場所はどこを指すか。奈良県磯城《しき》郡田原本町大字竹田はかつて西竹田村と呼ばれていた。西竹田村と改めたのは、同郡内の竹田村（現橿原市東竹田町）と区別するためで、もと竹田は広域の地名であった。

「大和猿楽四座の一つである金春円満井座は、座を竹田に構えたので竹田座とも称した。奈良時代の散楽戸以来、平安期の寺奴の猿楽、春日若宮祭の猿楽などで活躍した大和猿楽は、円満井座であろうといわれる。『花伝書』『円満井座法式』は円満井座猿楽の先祖を秦河勝に求め、また『本朝文粋』は河勝の子孫秦氏安を中興の祖という。これらの説は伝説的ではあるが、竹田近辺は古来秦氏一族の居住地でもあった。この竹田が、現橿原市東竹田か田原本町の西竹田かは断じ得ない。しかし西竹田近くの十六面《じゅうろくせん》には、往昔一六の面が天降ったことによる地名との口碑があり、十六面の近傍には往昔の金春屋敷の跡といい伝えられている所がある」と「奈良県の地名」は要領よく述べている。現在、田原本町大字十六面の地名が残っている。竹田に居をかまえて活動した金春円満井座について「風姿花伝」には次のように記している。

「氏安より相伝へたる聖徳太子の御作の鬼面、春日の御神影、仏舎利、是三、この家に伝はる所なり」

とある。また「申楽談儀」には、

「大和、竹田の座、出合の座、宝生の座と、うち入《うちいり》〳〵あり。竹田には（河勝よりの）根本の面など、重代あり。」

とある。「根本の面」とは「風姿花伝」にある「聖徳太子の御作の鬼面」のことである。さきに天から面が降ってきたという伝承の十六面という地名もこれに由縁するのであろう。

秦楽寺の秦河勝像（左）と聖徳太子像

秦楽寺

下間少進の伝書を写し伝えたという奥書のある「風姿花伝」の、大和の猿楽四座を記した条に次の文章がある。

「金春、春日に宮仕え、すなわち先祖のために秦楽寺を立つ。此の門前に金春屋敷あり、そのうちに、天照大神の御霊八咫《やたの》鏡《かがみ》陰を移し給うと云い伝うなり。故に金春の家を円満井と云うなり」

しかし円満井が、もともと榎葉井の地名に由来することは前述した通りである。それでは、金春屋敷は何故鏡作明神を勧請したか。それは古代中世では、井戸に鏡を入れて、井戸の魂とする風習があったためで、榎葉井から出発した金春は、円満井の座名にあやかって、井戸の神を大切にしたと考えられる。

さきの「風姿花伝」の文章の中で、金春は先祖のために秦楽寺を立つ、と述べている。先祖とは云うまでもなく秦河勝をはじめ秦氏安などの面々である。

「地名辞書」は「秦楽寺《じんらくじ》は多村大字秦荘に在り、楽戸《がっこ》秦氏の氏寺ならん」と記し、「新楽寺」については「此寺けだし、楽戸秦連の氏寺にして、郡郷の所管諸書相異なるは、境界の移動に因れるか」と述べている。

ここで「秦楽寺」と「新楽寺」の関係について述べて置く。双方とも楽戸秦氏の氏寺というのは共通しているが、秦楽寺は現在田原本町大字秦庄にある。その秦楽寺はもとは田原本町大字蔵堂《くらんど》（杜屋《もりや》）に置かれていたが、杜屋から秦荘に移された。そこで杜屋にあったもとの秦楽寺は新楽寺と改名した。したがって杜屋の新楽寺のほうが、秦荘に移された秦楽寺よりも古い寺なのである。

ところでこの杜屋には楽戸があった。「延喜式」の雅楽寮式の「伎楽」の「楽戸郷」には、「大和国城下郡杜屋に在り」という原注が施されている。楽戸は楽生を出すために設定された戸で、雅楽寮に所属している。雅楽寮式では、四月八日、七月十五日の斎会の折の伎楽人を、杜屋にある楽戸郷から選びあてる、としている。蔵堂は蔵人、大蔵、財人とも書いて、秦氏系の伎楽伶人のことであり、したがって、蔵堂に属する杜屋の楽戸郷は秦姓の伎楽戸の在所であった。

ここで秦楽寺と楽戸とがかつて同じ杜屋郷（蔵堂）に所在していたことを考えると、秦楽寺は楽戸秦氏の氏寺であったことは間違いない。秦河勝の後裔を自称する伎楽人が楽戸にいたと推定するのは自然である。

秦楽寺は楽戸秦氏の氏寺であったが、その楽戸が分裂した。そこで秦楽寺は一方の秦氏（金春の祖か）が、自領の秦荘に移したと藪田嘉一郎は推測している。杜屋郷の旧寺は新楽寺を名乗ったが、享保十九年に廃絶した。一方秦荘に移された秦楽寺も、享保十九年の前に退転してしまった。そのあと二十年たって再興されたが、それは秦楽寺の寺名を名乗るだけの新寺であるという（「新楽寺鏡銘と大和猿楽」）。

とはいえ、私は現在の秦楽寺を訪ねて秦河勝の木像が安置してあるのを見ることができた。

アジマという地名

円満井座という座名が物部氏に由縁のある榎葉井の名にあやかって生まれたように、他の猿楽の座名も物部氏に関連があり、注目される。

田原本町大字蔵堂（もと杜屋郷）に村屋坐弥富都比売神社がある。梵鐘（寛永十五年）には森屋大明神とある。神武紀には、村屋神が祝《はふり》（神官）に憑《よ》って、自分の祀られている神社の中道から軍衆がやってくるから、神社の中道を塞げ、と神勅を下したとある。祭神の弥富都比売の弥は敬称、富都はフツの御魂と云うから物部神である。私は大矢良哲の案内でその神社に伝わっている「物部系図」を見せて貰ったことがある。それによると、物部守屋の敗亡の後、守屋の子の物部雄君連公がひそかに逃げてきて、室屋（村屋）にかくれたが、そのとき、自分の家の滅亡を憂慮して、祖先からの系図を綴り、それを長子の認勝に伝えたということが記されている。ところが室屋の館のぬしの室屋邦重には子どもがなかったので、物部認勝を子としてあとを継がせた。認勝は村屋神をまつる神長官祝となり、三輪君根麻呂の娘の国媛を妻としたとある。この系図は江戸中期のものとされているから、どの程度信頼が置けるかおぼつかないが、物部守屋の子の雄君ではないにせよ、血縁の者がこの室屋を頼って逃げてきたというのは、一応うなずける気がする。というのも、室屋はほかにも村屋、守屋、杜屋、森屋とさまざまに表記されてきており、そこは物部守屋とまえから、由縁のある土地と思われるからである。この神社の境内に物部神社が祀ってあることも注目に値する。しかもそこは秦氏の楽戸と秦楽寺があり、秦氏の芸能の拠点としては注目すべき所である。これは物部氏と秦氏との関係を暗示するものである。

私は守屋から目と鼻の間にある田原本町の大字味間《あじま》の木村という旧家をおとずれたことがある。木村家はもと庄屋をしていた家柄であるが、奥座敷には、神棚のような形式で、味間見命《うましまみ》がまつられている。そこに掲げられた神額にも味間見命と記されていた。以前は九月の祭のときは近所の人たちも庭先までやってきて拝んだというが、今は多神社の神主がやってきて祭を施行するだけにとどまっているという話であった。田原本町の味間は中世には味間庄のあったところであるから、味間という地名の由来も古いと見なければならぬ。そこに祀られている味間見命がニギハヤヒの子であるからには、そこは物部氏の根拠地の一つであったとみることができる。

味間見命は「旧事本紀」には、可美真手命《うましまで》または宇摩志麻治命《うましまじ》とも記されている。

私の考えによれば、物部氏は筑後に起ったきわめて古い豪族である。筑後川の下流の流域は三潴郡《みぬま》である。そこに水間君《みずま》がいた。「旧事本紀」に物部阿遅古《あじこ》連は水間君等の祖なりとあるから、水間君は物部氏族である。物部氏は弥生時代の中期、倭の大乱の時期に、筑後から瀬戸内を通り、大和に東遷したと私は考えている。そのことは「白鳥伝説」に詳述したのでここにくりかえさないが、その移動の過程で、彼らは由縁のある地名や神社を残した。それを西から辿って見ると、次のごとくである。すなわち、

水間《みずま》（水沼）→水間《みま》→味間《みま》→味間《あじま》→味間《うましま》

という風に変化しているのが跡づけられる。これを見れば、田原本町の味間《あじま》に物部氏族の祖神であるニギハヤヒ命の子の味間見命《うましまみ》が祀られていることに合点がゆくのである。

久保文雄は、「大和国には、川上、五ヶ所、十座等の唱門師の座があり、十座の支配下に属する唱門師部落でも、大和国中で数十ヶ所存在した。味間村周辺に果して唱門師村があったか否かは不詳である」と云いながら、次のように問題を提示している。

「ただ次の事例は、味間村の姿相を模索するある暗示になるかも知れない。第一例は丹波多紀郡の篠山の西一里の味間村であり、発音も同じアジマである。この村は『夙《しゆく》』部落である。ここは丹波の須知村などから、播磨の揖保《いぼ》郡へ出る街道を少し西に入っている。第二例は自らをショモンジと称していた越前万才の人達の居住地が、越前今立《いまだて》郡味真野村（アジマノ）であること、第三例は、尾張の院内万才の根拠地も西春日井郡味鋺《あじま》村である事等である。大和の味間村を唱門師村と推測するのではないが、アジマという村には、探求すべき何かを暗示しているように思われる。」（「世阿弥一族と大和の補巌寺」「芸能史研究」一〇号所収）

久保がここで示している第二例から考えてみよう。福井県今立郡味真野村は今は越前市味真野町（野大坪）上大坪町で、そこには古くから越前万歳が伝えられている。その本拠地である旧野大坪・上大坪は大正頃までは数十人の男が、毎年正月から二月にかけて、新春の「祝禱人《ほかいびと》」として、越前・加賀の両国に出向いていた。この大坪という地名は、「舞楽宇津保の舞」の「宇津保」の転訛したものとされている。「うつぼ」は矢を盛って腰に背負う用具で、中空の籠である。「靭」とも記す。靭は「ゆき」で矢を入れて携帯する容器、木または革で作った長方形の箱形の筒である。「うつぼ」に靭の字を宛てるのは誤用であると「広辞苑」にはあるが、誤用されたのは、「うつぼ」も「ゆき」も矢を入れる容器であるからであろう。

ところで、「越前今立郡志」に記す味真野村大字野大坪に伝わる由緒書には、大坪は、『靭』先河内首三男使主智、御所の馬飼郡なりしが、皇子の飼馬のご祈禱をつとめ、其の因縁にて初春毎に廐の前に万歳楽より出づ、祖を奏し、又宇津保舞をまふ。よって野宇津保万歳の称を給へり。」とある（堀一郎「わが国民間信仰史の研究」(二)。

ここに「靭」先河内首と見えるのは判読しがたいが、「靭《うつぼ》」は「靭《ゆき》」とも読む。弓削は「和名抄」で「ゆけ」と清音で訓ませている。そこで「弓削」と「靭」とを同一視して、弓削氏のこととすれば、味真野の大坪に弓や矢を製作する弓削の民がいたことになり、そこが弓削物部の由縁の地であって、傍ら万歳の職を営んだということも推測される。もとより仮定のことにすぎないが、山一つへだてた谷に水間村があることも気にかかる。慶長の頃には水間村に含まれていた印内村（越前市南中町《みなみなか》）には白鳳時代に草創されたという大日院がある。大日院の院内を印内と宛字したのである。

インナイというのは、特殊民の一種である。敦賀市の旧田島村はもと陰内村と称していて、舞々が住んでいた。幸若五郎右衛門がこの地に移り住んでから田島村と称した。福井県丹生郡越前町西田中はもと印内村と云われ、幸若舞を家柄とした幸若が住んでいた。静岡県掛川市付近に居住していた院内は、声聞身《しょうもんじん》とも呼ばれ、千秋《せんず》万歳にたずさわっていた。愛知県知多郡では、養父《やぶ》村（現東海市養父町）の陰陽師は三州院内村より来る故に院内というと云われた。つまり地名の院内がまずあり、そこに住む者の呼称にもなったのである。

ところでさきほど述べた味真野から二里ぐらいのところに位置する越前市南中町の印内（旧村）にある大日院の七つの堂では堂主がすべて院籍であってかつ神職の故に血統優良なるものとして一般人民と縁組をしないという（『福井県の地名』日本歴史地名大系）。

これは印内の大日院に関与する人々がみずからを特殊民と認めたことにほかならない。重ねて云う。水間から味間《みま》、味間《あじま》、味真野《あじまの》と地名が変動することもある。

さきに引用した、野宇津保万歳について由緒書には「又鎌倉にも出て祝言をなす。頼朝より『証文士』の位を授かる。その状扇に書いて下されしに、その扇の骨一本偶然に折れ損じたる故に、後世野宇津保証文士は骨が一本足らぬ等と云はれるのであるとの事だ〕とある。「証文士」は唱門師のことである。被差別民は骨が一本足りないということは方々で云われている。

久保がここで示している第三の例、尾張の西春日井郡味鋺《あじま》村（今は名古屋市北区楠味鋺）は寛文十一年（一六七一）の記録によれば、陰陽師が十五軒あり、そのうち頭分が三軒あった。身分は神職と同様、寺社奉行の支配を受けた。「雑志」「尾張名所図会」は十六人とし、万歳をつとめたとある。

その味鋺には式内社の味鋺《あじま》神社があって、祭神には宇麻志麻治命を祀ってあるのが注目を引く。

味鋺神社の東北二町のところに、物部神社がある。祭神の宇麻志麻治命は、物部氏の祖神のニギハヤヒの子である。「神名帳考証」や「日本書紀通証」には、味間見命を祀るとある。

久保文雄が述べている丹波のアジマの例については倉光清六も味間と夙との関係を次のように述べている。

「篠山より一里余西に味間村あり、そこに夙という村ありしも、今は名のみにて人家はない。又東一里余の所に上宿あり。……氷上郡前山村宇宿といふ所、ここも他から縁組を厭ふ風がある。」（「民族と歴史」第五巻第四号「夙」名義考）

「丹波のしゆく」（「申楽談儀」）もこの味間村の猿楽のことを指すのであろう。丹波にせよ、越前にせよ、尾張にせよ、アジマを名乗る地名の人々が万歳を仕事としたり、唱門師となっているのはなぜか、不明な点が多いが、ショウモンジ、万歳、院内などが夙と関連のある雑多な芸能賤民であることから、物部氏の系統にも無縁ではない部分が認められるのはたしかである。

ミマジという名

世阿弥の「申楽談儀」によると、「近江は敏満寺《みまじ》の座、久しき座なり」とある。敏満寺と書いて「みまし」「みまじ」と訓ませている。この敏満寺がどこにあったか、はっきりしない。そこで諸説が生まれることになった。

吉田東伍は後世に宮増と称した猿楽の座の前身を「みまし」の座と考えた。この宮増説を能勢朝次は批判していう。「宮ます」の「宮」はみやという例はあるが、みと訓む例はない。したがって、宮増の訓は「みやます」であって「みまし」ではない。「みまし」が「みやます」に転訛することはない。また「みやます」が「みまし」に音韻を転訛することも考えられない。さらに、宮増大夫および宮増座は近江猿楽系ではないのだから、吉田東伍説は妥当でないという（「能楽源流考」）。

では敏満寺の座についてはどうであろうか。近江国犬上郡敏満寺《びんまんじ》村（滋賀県犬上郡多賀町敏満寺）に敏満寺跡がある。敏満寺の村名は寺名からとったものである。この敏満寺は水沼村と関係があると考えられる。水沼村の故地は現在の多賀町大字敏満寺一帯に比定されている。

能勢朝次は村名も寺名も「びんまんじ」であるところから、これを早く呼ぶときは「ん」の発音を省いて「びまじ」ともなるという。また「ば行」と「ま行」は通音であるから「びまじ」はさらに「みまじ」と転訛しないとも限らないと云う。つまり「びんまんじ」から「みまじ」になったという説である。

能勢説にたいして、香西精は異説を述べる。すなわち「敏」は古く「びん」よりも「みん」とよまれるのがふつうであった。そこで「みんまじ」であった可能性があり、「みんまじ」から「みまじ」への転訛は、発音の上から、いたって自然、円滑であったとする。もと「みんまじ」または「みまじ」であったが、敏を「びん」と訓むのが通常になってから、当世風に「びんまじ」の読み方に移行したのもふしぎではないとしている（「世阿弥新考」）。

吉田東伍の説は受け入れがたい。能勢説は「びん」から「みん」へ、香西説は「みん」から「びん」へと逆のコースで音韻転化を説明しようとしているが、これらの説すべてに欠けているのは、敏満寺がもと水沼村にあったという歴史的背景への考慮である。

敏満寺というのは寺名である。その寺名は何に由来するか。それは寺の所在地がもとの水沼村であったということである。そこには水沼池があった。もともと水沼のある原野であった。そこを近江国司が開発した。天平勝宝三年（七五一）の近江国水沼村墾田地図があって、水沼池として描かれている。そのほとりに敏満寺が建てられた。池は敏満寺の大門のそばにあったので、水沼池は大門池とも呼ぶことになった。今も大門池の名は残っている。

こうして最初は水沼があった原野を開発して水沼村が作られ、その水沼村の水沼池のほとりに寺が建てられたので、それを敏満寺と呼ぶようになったのである。では「みぬま」がどうして「みまじ」になったか。「じ」は寺であるから省くとして「みぬま」から「みま」への音韻の変化が考えられねばならない。それは前に述べたように、筑後川の下流に蟠踞した水沼（水間）氏の豪族名が地名に転化してミヌマをミマと呼ぶようになったことを想起すればよい。

こうした例は奈良県に現存する。奈良市水間《みま》町（水間と書いてミマと訓ませる）付近に水間町と沓掛町をむすぶ水間《みま》峠がある。水間町の集落にある八幡神社は九月九日の神事に翁舞を演じた。そのときの能面七面が残っている（山路興造「翁の座」）。

この八幡神社の翁舞はどこからもたらされたか。それは水間の地名と関わりがあるにちがいない。この神社は東大寺の鎮守の手向山八幡を勧請したものとされているが、祭神は品陀別命《ほんだわけ》（応神天皇）と宇麻志間遅命《うましまじ》である。品陀別命は八幡宮の主神として勧請されたものであるから、もとは宇麻志間遅命だけを祭神とする神社であったと考えられる。物部阿遅古連公は水間君等の祖なりとあるが、奈良市水間町の場合もそこの豪族の水間氏が物部氏の祖神宇麻志間遅命を祀ったのであろう。

いずれにしても水間（水沼）がミマという発音に転訛することは現実的におこなわれているのであって、近江の敏満寺の地名ももとは水沼がミマになり、そのミマに相当する漢字として敏満が選ばれたのであろう。「興福寺官務牒疏」に、伊吹山三修上人の高弟の敏満童子が開いたとあるが、それが理由であろうか。

兵庫県の敏馬《みぬめ》はかつて摂津国兎原郡、いまは神戸市中央区灘にある。人麻呂の「珠藻刈る敏馬《みぬめ》を過ぎて……」の歌で知られている。この場合も「敏」を「み」と訓ませている。みぬめはみぬまに由来する。水沼は「ぬ」という助辞を省いて、「みま」と訓ませることができる。したがって敏満寺を「みまじ」と訓むことは、敏満童子をわざわざ持ち出さなくても可能である。

「和名抄」に阿波国美馬《みま》郡があり、その中に弥都波売神社がある。祭神はミツハの女《め》、すなわち水の妖精である。したがって美馬の郡名も、もともとはミツハまたはミヌマに由来すると推察される。折口信夫は「水の女」のなかで、ミヌマ、ミツハなどのツ、ヌを領格の助辞とみて切り捨てたミマ、ミメなどの郡郷の称号ができている、と述べている。それは、阿波の美馬郡を念頭に置いて言っているとみて差支えない。摂津国の敏馬や阿波国の美馬ももとはミヌマ、ミツハから出た地名である。ということからして敏満寺の敏満もミヌマ→ミマという地名をあてたものと考えるのが最も妥当である。

それでは話を変えて、帰化人の「味摩之《みまし》」と「みまじ（弥満寺）」とはどのような関係にあるのだろうか。

藪田嘉一郎は次のように述べている。

「この円満寺も弥満寺（敏満寺？）も味摩之という名目から出た名称であると思われる。

こういうと甚だ突飛のようだが、元来味摩之は一人の伶人の固有名詞ではなく、伶人の集団に与えられた名目と思う。前引の醍醐寺『聖徳太子伝記』からこれが窺われるが、林屋辰三郎氏は出雲路本『仮名伝暦』の注から、味摩之の帰化は同時にその演伎者集団の渡来が考えられると云われた。まことに卓見であるが、私は一歩を進めて、味摩之そのものを伶人集団の名目なりとするのである。これが後世に妓楽人をミマシといい、居住地もミマシといい、集会所にもその名をつけ、好字を選んで弥満寺・円満寺と名つけることになった所以ではあるまいか。彼等の集会所は当時寺院の形態をとるのが最も便利であったろう。秦楽寺が楽戸の集会所であり、祇園犬神人の集会所が愛宕念仏寺であったことを想起する。」

このように述べて、藪田嘉一郎は円満寺や近江の敏満寺は百済人の帰化人である味摩之の名に由来するという。しかし味摩之は大和の豊浦寺のある桜井に居住していたのであり、それが飛び離れた後世の近江国犬上郡多賀町の旧敏満寺村の地名や寺名になったとは考えにくい。第一に遠隔の時代と場所であり、第二に百済帰化人の人名が地名になることはあり得ない。それよりも敏満寺という地名が水沼の名に起こり、それがミマとなって、ミマにある寺をみま寺と呼んだと考えるほうが自然である。それに敏満という漢字を宛てたのは後のことである。その場合、味摩之という人物を想起したのであったとすれば、味摩寺という寺名にしたのではなかろうか。それなのにわざわざ敏満という字をあてたのはこれまで私が述べたような理由があったからにちがいない。

ついでに守山猿楽について一言して置く。近江の守山（滋賀県守山市）には、近江猿楽の一つの守山猿楽があった。文明十七年（一四八五）九条政家が京都五条坊門東洞院（現京都市中京区）で見た勧進猿楽では、十一歳から十四、五歳の守山の猿楽衆が興行していた。また天文十九年（一五五〇）三月、奈良春日社頭で猿楽が催された際にも「森山の衆」が興行していた。少年たちの歌舞は都の貴顕に賞讃された（能勢朝次「能楽源流考」）。

ところで、守山市勝部はもとの勝部《すぐりべ》村である。村名は用明天皇の時代物部守屋と中臣勝海が開墾した物部郷勝海村に由来するとされる。また古代に勝部が居住したことによるともされる。近江の勝部は物部氏族とされている。守山市勝部には勝部神社が鎮座し、物部布津命や宇麻志間知命を祀る。このあたりは「和名抄」の栗太郡物部郷とされ、その庄園の物部庄は奈良興福寺領であった。興福寺は藤原氏の氏寺であり、春日社は藤原氏の氏神であって、両者の関係はきわめて緊密であった。ということから守山猿楽が春日社頭で舞を披露したときは興福寺領であった物部庄、ひいては、勝部神社の関係者もそれと一緒に連動して活躍したと推測される。

サカトの名

「風姿花伝」に記された大和猿楽四座の一つが坂戸である。坂戸座は金剛座である。「旧事本紀」の天神本紀に天から降った五部造《みやつこ》の中に「坂戸造《さかとみやつこ》」がある。また二十五部の中に「酒人物部《さかひとの》」がある。

「和名抄」大和国平群《へぐり》郡に坂戸郷（坂門郷）がある。坂戸郷は法隆寺の西方、旧立野にあたる。法隆寺ときわめて関係の深い場所である。

坂戸郷の立野には風神で有名な竜田神社がある。藪田嘉一郎によれば、坂戸座はもともとこの竜田神社に神楽を奉仕していた楽人であったと考えられるという。楽人は竜田本宮または新宮に神楽を奉納し、竜田神を鎮守し勧請した法隆寺の法会にも参加したので、その末流が坂戸座の猿楽になった、とする。猿楽は法隆寺関係の法会に古くからおこなわれており、坂戸大夫が楽頭をつとめていた。

しかし坂戸の神楽や猿楽は、平群郡坂戸郷から発生したのではなく、大和国十市郡の香久山付近に起ったようである。

世阿弥の「風姿花伝」第四神儀には、天香久山で天照大神が天岩戸にかくれた時、天鈿女命《あまのうずめのみこと》が歌舞したことから猿楽は始まったとある。坂戸は坂門、尺度、坂田、酒人とも記す。そこは坂戸物部の由縁の地と考えられる。坂戸氏が大和盆地の開発の進むにつれて盆地の中央部へ支族を送った。そうしてできた里が平群郡の坂戸郷であった、と考えられると藪田は云う（「坂戸座源流考」）。

これまで見たように、各地の猿楽の生まれる風土に物部氏の影が微妙に落ちているのはたしかであるが、その理由は今のところ不明というほかはない。それは奈良坂の夙人が弓削夙人と称したように、物部氏を名乗る一派が職人として、賤民の社会に混在したのかも知れない。桜井のばあいは、物部氏の榎井連と円満井座の名称の由来に、地名の榎葉井を通してのつながりが見られる。前に述べたように、秦楽寺や秦氏の楽戸のあった杜屋(味間)も、物部氏と深い関係があるが、秦氏の活動の中心となっていた。また近江は秦氏の有力な根拠地であったから、かつて物部氏と秦氏の間になにがしかの関連があったと思われる。

第21節　四天王寺の舞楽

滑稽・猥雑な所作

四天王寺の舞楽の沿革については、かつて四天王寺貫主だった木下寂善の記述がある。それによると推古天皇以前は主として三韓の楽が伝えられていたが、聖徳太子が小野妹子を隋に遣わし、留学生を送って以来、平安朝の初期までは中国から唐楽が伝えられた。そこで文武天皇の時には雅楽寮を置いて伎楽を司らせた。日本の古楽は大歌所の所管となり、雅楽寮では外国のものだけを扱った。聖武天皇の御代に南天竺の菩提僊那林邑の仏哲が渡来して大安寺に属し、印度舞すなわち林邑楽を伝え、桓武天皇の頃には、渤海楽が伝わった。平安朝の中頃に雅楽寮が楽所となり舞楽も日本的なものになってきた。これを業とする家柄がすでに平安朝の頃から定まっていた。これは聖徳太子が舞楽を奨励して、これを学ぶものには、課役を免ぜられたのに始まり、後代には諸寺の斎会には必ず舞楽を併せ演ずるようにさせたからであるという。

京都には、代々神楽を専門にやっていた多氏《おおのし》、豊原氏（今は豊氏《ぶんのし》という）、また安倍氏や大神氏（今は山井氏という）など神楽のヒチリキや笛の家柄があった。

奈良には狛《こま》氏があった。高麗から来た家柄といい、山城狛という所に住んでいたから姓を狛ともいうとも伝えられている。左舞の家柄でさらに分かれて上氏、芝氏、奥氏、窪氏、久保氏、辻氏等となった。

大阪天王寺の専属の楽人は秦氏を名乗っていたので天王寺流の舞楽を「秦姓《はたせい》の舞」と称した。朝鮮、印度、中国などの外国舞楽を専門となし、薗氏、林氏、東儀氏、岡氏の四氏がこの家から分かれた。

ここで伎楽について云えば、朝廷の儀式に演じられる外来の仮面劇と思われがちだが、その内容は、西域の異民族の日常を滑稽かつ猥雑な所作に反映させたものが少なくない。それに輪をかけて演者たちの趣向が凝らされて、観客をひきつける力をもっていた。林屋辰三郎は、鎌倉時代の「教訓抄」によると「伎楽」として「師子、呉公、迦楼羅《かるら》、金剛、波羅門《ばらもん》、崑崙、力士、大孤、酔胡」の九種と唐楽の「武徳楽」があると挙げている。

この楽舞に必要な伎楽面の一般的なセットは、この九種に「師子児、治道」を加えて十一具ということでほぼ一致している。したがって、伎楽はこの仮面をつけて行われる演技であるとして、林屋はさらに各演曲について次のように簡単にコメントを施している。


一「治道」は行列の先頭に立つ露払いのきわめて特徴的な鼻高面である。

二「師子」は師子の手綱をとる師子児。

三「呉公」は呉女に対する貴公子の登場。

四「迦楼羅」は毒蛇を食う霊鳥の風姿。

五「崑崙」は南方黒人の奴で、呉女に懸想して、陽物を打ちふる仕草をして、やがて金剛、力士によって制裁を受ける。

六「波羅門」はインドの四姓の最上位の階級にある僧侶、学者たちだが、これらが襁褓《むつき》を洗濯する場面を見せて、揶揄される。

七「大孤」は継子の孤児二人を脇につれて、危なげな老歩を仏前にはこぶ寸劇。

八「酔胡」は酔胡王と酔胡従八人と一緒になって胡人の酔態を演ずる。


この林屋のコメントから分かるように、伎楽の曲目のほとんどすべてに観客の哄笑をひき出す猥雑で滑稽な仕草や場面が見られる。あとで見る「採桑老」がくりかえし所望されて演じられたのも、それに含まれた庶民的で日常性の濃い所作が観客に親しみを与えずには置かなかったからである。

とくに注目されるのは鎌倉時代に大内楽所において演奏されなくなった曲目が、四天王寺に伝えられている場合が多いことである。林屋が指摘しているところでは、たとえば、「蘇莫者《そまくしゃ》」という曲は、天王寺の舞人のほかは舞わぬ舞であるとされていた。「蘇莫者」が敬遠されたのは、「龍鳳抄」によると、舞の体が黄色の蓑を着た金色の猿の形であるということで、その舞容が賤しめられたところにあるという。

また「還城楽《げんじようらく》」にしても、蛇を手に取って舞うという甚だグロテスクな舞であった。演者は顔面に朱を注ぎ、憤怒のいかめしい面をつけ、蛇を真中に置き、輪を作って舞い、遂には蛇をわしづかみにする。次に蛇を振りまわし、歓喜の姿で乱舞する。この舞楽は、西域の人が好んで蛇を食するところから、蛇を捕えて悦ぶさまをあらわしたものともいわれ、一名「見蛇楽」とも称された。「還城楽」については、中国の玄宗皇帝が韋后の乱を平定し、夜おそく帰城したときに作ったという言い伝えがあるが「還城楽」と「見蛇楽」が同じ発音であるために、混乱して呼称されたのではないかとも云われている。宇治殿（藤原頼通）の童舞では「マコトノ蛇形ハウトマシキ也」として、蛇のかわりに紙の輪を用い、やがてはススキや女郎花を折って輪にして舞ったという位で、上品な舞とは云いがたいが、未開人の土着的な踊りを源流とした庶民的な色彩の濃いもので、四天王寺の舞楽にも伝えられたのであった。そうした舞楽のもっとも代表的な例が次に見る「採桑老」である。

採桑老の舞

この舞については舞人の多資忠とその子の時方が山村吉貞・政連父子のために殺害さ

れるという事件から始めねばならない。多資忠は舞の名手であった。寛治二年（一〇八八）十月、法勝寺で、「採桑老」をはじめて舞って絶賛されている。多資忠が殺害されたのは康和二年（一一〇〇）六月十五日の夜半である。この事件は公家社会に大きな衝撃を与えた。

多資忠の祖父は多正方である。多正方の弟は秦公信である。秦公信は「鼻ヲカム手」を始めて「採桑老」にとり入れた舞人である。秦公信は自分の子の秦公定（公貞）に「採桑老」を伝授した。秦公定は、白河院の仰せで「採桑老」を多資忠の子である多近方に伝授した。多近方は多資忠が殺害されたのち、秦公定の子となっている。林屋辰三郎はこの間の入り組んだ人脈を「採桑老相承」の系図に次のように示している。

四天王寺・聖霊会

「採桑老」に手鼻をかむことを所作する「鼻ヲカム手」をとり入れたのは秦公信である。その子の秦公定（公貞）は、元永元年（一一一八）宇治一切経会で舞楽があったとき、「採桑老」を舞っている。

この会の模様を「中右記」は書き留めている。それによると、複数の楽人が舞い終って退出する段になって、豊原時元や狛行高はそれぞれ五領の纏頭《はな》を与えられた。つまり衣裳五領を賜った。天王寺の舞人である秦公定には衣裳一領が下された。散所の楽人はもともとこうした会には参加しなかったが、今日は公定の「採桑老」の舞が特別によかったので、衣服を下賜されたのである、と述べている。

これについて、林家辰三郎は次のように言及している。

「この記事(「中右記」)のなかでも、公定は楽人とも舞人とも書いているので、ここでは楽人・舞人の両者が特別に使いわけられていないことが知られるのであるが、かれは『採桑老』を舞って感興を与えたにかかわらず、纏頭一領であった。……それもこのような纏頭にはふつう散所楽人はかかわらないのだが、特に議あって最低の纏頭が行なわれたというのである。この記事は天王寺楽人が散所楽人であり、ふつうは褒賞からも除外される存在であったことを示していると思う」(「中世芸能史の研究」)

その翌年の元永二年(一一一九)十月、白河院が北面で舞を叡覧したときもやはり秦公定が「採桑老」を舞った。しかし、その答舞である林賀の上演をめぐって「天王寺舞、答舞は勅仕せざる事也」という意見が出されたという。結局のところ、然りと雖も許容なく、仍《すなわち》これを舞うことで納まったが、このような些細なやりとりのなかにも、四天王寺楽人に対する冷遇の実態がうかがわれると、守屋毅は「日本芸能史(第二巻)」の中で述べている。

他の寺院の楽人が四天王寺舞人と共演することは仲間から擯斥《ひんせき》されたのであった。「楽所《がくそ》補任」によれば、天養元年(一一四四)八月十五日の放生会で、右近府生行貞(狛行貞)という楽人を、左右の舞人(楽人)らが相談して、ついに「擯出」してしまったという。大内楽所の構成員が行貞を追放したのは、狛行貞が近来、天王寺に居住しており、彼寺天王寺の楽人舞人と同座しているのは、これまで例がない、という理由によってであった。しかし、狛行貞は制止を加えられても承知せず、追放されたのちは、天王寺に住んで、天王寺の舞人として、七十五歳で死んでいる。これまで見たように、四天王寺の楽人・舞人は明らかに差別されていた。

狛行貞は興福寺楽家に所属している狛氏の一族と思われる。狛氏は左方舞を担当した。これに対して、右方舞を舞った多氏は大内（宮中）の楽所に所属していた。「左右の舞人」とあるのは、左舞の狛氏と右舞の多氏が手を組んで、狛行貞を追放したことをいうのであろう。

「『楽所補任』には、天永元年（一一一〇）から弘長二年（一二六二）までにわたって大内楽所に採用された楽人の名を記しているが、そこには時として、興福寺の狛氏をはじめ、薬師寺・東大寺あるいは八幡などの楽人が招かれる例を多々見るにもかかわらず、四天王寺楽人の任用は、少なくともこの間、一件も見出せないのである。それらは、彼らの技量が拙かったからではなく、いやむしろ演技面では優れた実力を有しながら、彼らが『散所楽人』と呼ばれることがあったような、その隷属的身分による差別的処遇であったと考えられている」（『日本芸能史』2）

しかし四天王寺の舞には他に見られない特徴と魅力があった。

林屋は次の点を指摘している。

「元来、『採桑老』は桑を採摘する老翁の姿を模しているので、五十にして衰老に至り、六十は行歩宜しきも七十にして杖に懸りて立ち、八十にて座巍々、九十にして病を得、百にして死疑無しというような推移をうつし出すのであるから、この『鼻ヲカム手』というのは、老翁を現わすにふさわしいはなはだ写実的な演技であるといわねばならない。しかしそこにはやや滑稽を伴なうので宮廷では考えおよばれない芸能だが、天王寺においてはこれをよくなしえて、この舞をきわめていきいきしたものにしたと考えられる」(『中世芸能史の研究』)

吉田兼好は『徒然草』の中で、

「何事も辺土は、賤しく、かたくななれども、天王寺の舞楽のみ、都に恥ぢず」

と高く評価している。この評価からみれば、四天王寺の舞は卑近なテーマを演目の中に取り入れたが、けっして野卑ではなかったということが分かる。しかしながら、それでもなお社会的には疎外されたままであった。その理由を林屋は三つ挙げている。

一つには、四天王寺じしんが国家的保護をはなれ、むしろ太子の遺跡として社会的事業に重点を置き、かつ浄土教信仰の中心となったといういきさつが、他の諸寺の動向とはおのずから異なるものであったということ(つまり興福寺のように、背景に摂関家のような政治的勢力をもたなかったこと)。

二つには、四天王寺の地理的環境からも、中国からの帰化人がこの付近に多く居を占め、天王寺楽人もほとんど秦氏であったという点。

三つめには、四天王寺の楽人が散所の楽人として、音楽を提供するかわりに課役を免ぜられるという、四天王寺への隷属的地位に置かれていたということ。

このうち、第一と第二は、四天王寺の楽人が他寺の楽人より低く見られたとしても、林屋が指摘するように、疎外され排斥されるまでになった理由としては充分とは思えない。四天王寺楽人のほとんどが秦氏であったということが、執拗に擯斥された理由とは考えにくい。秦氏は多氏や狛氏と共に、楽家として認められていた。

また「四天王寺年表」（棚橋利光編）を開けば、平安・鎌倉時代に朝廷や貴顕の信仰が篤く、多くの高僧も四天王寺を訪れているのを知ることができる。もし四天王寺の楽人が排斥された理由を考えるとすれば、四天王寺の楽人が散所の楽人であったことが決定的であったと思われる。

それについて林屋は次のように述べている。

「平安時代中期以後、荘園領主たる貴族・社寺は、自己の荘園と並んで散所を領有するようになっていた。散所は、元来領主がその住民に対して清掃・駕輿丁・運搬その他の雑役を負担せしめるために、領主の直下や交通の要衝、さては荘園内部におかれた年貢免除の土地をいうのだろうが、やがてその住民じたいを指すようになったのである。ところで、天王寺もまた散所をその付近に設けており、天王寺楽人はその散所に属せしめられていたのであった。他寺の楽人は、その境遇としては天王寺に比してあまり変わらない場合にしても、特に散所民とは規定されていなかった。天王寺の場合そうした身分を明確化している点で、はなはだ特徴的であったと思われる。こんにち大阪市天王寺区の西南、四天王寺域に近く伶人町なる町名をのこしているところがある。この地はその名の示すように、近世まで天王寺の楽人らの居住地であったところである」（林屋、前掲書）

四天王寺楽人と大和猿楽者

これまで、天王寺楽人が大内の楽人と同席を拒まれた状態であったことを述べてきたが、「明宿集」に秦河勝の子孫に三流あり、一は武人、二は猿楽、三は天王寺の楽人とあるように、秦河勝を先祖と仰ぐ円満井座の猿楽者と天王寺の楽人との間には根強い結縁意識があった、と服部幸雄は推測している（「宿神論」）。

服部によれば、興福寺に所属して芸能の奉仕に従った円満井座の大和猿楽の芸能民が興福寺楽人とは近づかず、積極的に四天王寺楽人との結縁関係を強調しているのは、同じ秦姓を名のる彼らの散所民として置かれた処遇の共通による一族共同体的意識によるところが大きかったといえるだろうとして、その例に観世流の番外曲として伝わった謡曲「上宮太子」をあげる。「上宮太子」の後ジテ聖徳太子が四天王寺の舞楽の由来を説いて次のように言う。

「げに伝え聞くこの楽を。……又我が朝に伝へしは、推古天皇の御時、百済国の伶人、来りて舞楽管弦の、秘曲を伝へ尽しければ、其時我も悦びて、普《あまね》く四方に弘めけり。四天王寺の楽人も、此時よりぞ始まれり。」

これを見ても、四天王寺の楽人の秦氏と円満井座の猿楽の金春の家とは、ともに河勝を守護神と仰いだ芸能民であり、あたかも兄弟のような強固な同族意識をもっていたことが推測できる。

四天王寺舞楽の芸能は、同じ舞楽ではあっても、大内の舞楽とはちがって、庶民的であり、滑稽、物真似的要素を含んでいる。このことも、彼ら楽人の置かれた散所民としての社会的地位と無関係ではなく、より散楽的な、その意味で猿楽に相通ずる性格を備えていたことは、猿楽芸能民の芸とその質を同じくするものであった、と服部は述べている。彼はさらに次のように強調する。

「平安時代以降に登場した多数の芸能民の中に秦姓を名のる一群があり、いずれも社会的に差別され、卑賤視されながらも、迫害に耐えて芸能を創造し伝承するわざに従ってきた。しかし秦氏が帰化人の後裔であるという理由で、差別されたのではない。そのことは、秦氏の後裔であると高唱することが、彼ら芸能民たちの誇りとさえなっていたことでも明らかである」と。暗に林屋説を批判した服部説に私は賛意を表する。

三方楽人

しかし時代は移り、社会にも大きな変動が訪れた。応仁元年（一四六七）からおよそ十年の間、京都は戦乱の巷と化した。その大乱は日本史を二分するほどの節目であった。

それからさらに百年、京都を中心として芸能文化の構図にもこれまでに見られない現象が出現した。

天正五年（一五七七）から六年にかけて、四天王寺楽人の立場に大きな変化が見られることになったと南谷美保は云う（「天王寺楽所史料」序）。

南谷によれば、その経緯のあらましは次の通りである。応仁の乱以後、ともすれば不足しがちであった京都の楽人を補充するものとして、初めて天王寺楽人の中から、禁裏より官位を賜わり、京都に住まいする禁裏付きの楽人が召し出された。最初は数名にすぎなかったが、江戸初期には、京都、奈良、天王寺のそれぞれに等しく、十七家が楽家として認められるに至った。近世に、宮中に勅仕する雅楽家には三つの系統があった。宮廷直属の京都方と興福寺所属の南都方、それに四天王寺所属の天王寺方の楽人である。これらを総称して三方楽人と呼んだ。

これまで社会的に差別され、卑賤視されてきた天王寺楽人は、古くから宮中に出仕していた京都及び奈良の楽人たちと知行配当についても対等の地位を得るに至った。この時代の四天王寺の楽人の立場は、中世までのものとは全く異なるものとなった。天王寺楽人たちと四天王寺との関係は途絶えることはなかったが、京都住まいをして主に禁裏関係の業務に日常的に携わる楽人と、主に四天王寺での演奏をおこないながら、必要があれば京都へも上る楽人とに分かれた。天王寺楽所の楽人たちは、江戸時代の初めには、すでに、林、東儀、岡、薗の四家に分かれていたが、この四家がさらに分かれて出来た十七家が、ひとしく官位を頂戴し、それぞれの家が京都と大坂とに分かれて住まいしていたのである、と南谷は述べている。

このあと、四天王寺楽人は四天王寺の隷属を脱しようとして寺側と交渉をくりかえし、はげしい争論に及んだ。それはながい間、「散所の楽人」として蔑視された四天王寺の楽人が、時代の変遷とそれに伴う待遇の問題に目ざめた当然の自己主張であり、みずからの自由と権利を求めての折衝であった。

四天王寺の西北方に伶人町の町名が残っている。ここは明治になるまで、東儀、岡、林、薗などかつての秦姓の伶人諸家が居住していたところである。これら楽人は、四天王寺にいても、自分は四天王寺に仕えているのではなく、御所に仕えているのだ。つまり御所の楽人であるという誇りをもっていた。

三方楽人は御所に奉仕するとともに、江戸幕府によって、江戸城内紅葉山に集められ、紅葉山楽人として活動していたが、明治になると、三方楽人も紅葉山楽人も一括して、宮内省式部職に楽部を置いて奉仕させられることになった。

宮内省に呼ばれて天王寺楽人たちは上京したが、任命の辞令がなかなか下りないのに待ちくたびれ、しびれを切らして、大阪に帰ってきた人たちがいた。その人たちを中心にして、万延元年二月以来途絶えていた聖霊会の舞楽法要が、明治十二年二月、十九年ぶりに復興され、今日にいたっているのである。

第Ⅳ章　永奴婢の末裔

第22節　守屋の敗死後の四天王寺

馬子の妻

ここで本書の冒頭にかえって、守屋敗死後の四天王寺を考えてみたい。

四天王寺建立の真の動機はどこにあったろうか。

廐戸皇子が守屋合戦の際、護世《ごせ》四王のため寺を建てようと誓ったと「日本書紀」にあるが、かりに廐戸皇子が合戦に参加していたとしたところで、十四歳の少年にそのような殊勝な願を立てる力量はない。まして廐戸皇子と物部守屋は敵対関係にはなかった。と同時に親密な関係というほどでもなかった。寺を建てる動機は稀薄である。

あるとすればそのような発願をするのは蘇我馬子しかない。馬子であれば敗死した守屋をとむらう感情が湧いても不自然ではない。それも善意からではなく、死者のたたりを怖れて、死者を鎮撫するための行為にほかならない。馬子は用明天皇二年（五八七）

七月に飛鳥に法興寺を氏寺として建てることを発願している。だが、四天王寺は馬子一族のために造られたものではない。「日本書紀」によると、四天王寺は守屋に隷属していた人々の半分と家宅を分けて、寺の所有としたとある。この場合、守屋の死霊を供養し、鎮魂するために、寺を建てたとする馬子の動機は、世間の人々の理解を得ることができ、また後述するように、馬子の妻となっている守屋の妹が、守屋の莫大な遺産を手に入れたことの言い訳にもなる。

馬子が戦いをはじめる行為には、どこか不自然なものがあった。守屋は準備もないままに馬子側に攻めこまれ、あっけなく敗死した。そのことが馬子に守屋の怨霊を祀るための一寺を建てようとする動機につながった、と私は見るのである。それは正史に書かれるはずもないが、こうした推量を裏付ける事実がある。「日本書紀」は崇峻天皇の即位前紀に、守屋敗死の後の世間の風評を次のように伝えている。

時の人、相謂《かた》りて曰はく「蘇我大臣の妻は是物部守屋大連の妹なり。大臣、妄《みだり》に妻の計を用ゐて、大連を殺せり」といふ。

その当時の人々の間では、蘇我馬子は彼の妻である物部守屋の妹の計略にうかうかと乗って守屋を殺した、という噂が立った。つまり陰謀をたくらんだのは馬子の妻で、それを実行したのが馬子だという噂である。「妄に」というのは馬子が守屋を殺す必然性がなかったことを暗示している。ではその馬子の妻の動機はどこにあったか。

蘇我大臣蝦夷、病に縁《よ》りて朝《つかえまつ》らず。私《ひそか》に紫冠を子入鹿に授けて、大臣の位に擬《なずら》ふ。復《また》其の弟を呼びて、物部大臣と曰《い》ふ。大臣の祖母は物部弓削大連の妹なり。故《かれ》母が財に因りて、威《いきおい》を世に取れり。

これは皇極紀二年（六四三）の記事である。「日本書紀」の原文は「復呼二其弟一、曰二物部大臣一」とあるが、「聖徳太子伝暦」には「復呼二其弟字一曰二物部大臣一」とある。そこで「日本書紀通釈」（飯田武郷）は「弟」は「第」の誤りとする。さらに「字」を「宇」の誤りと考えれば、「第宇」つまり物部大臣の邸宅の意になり、この方が意味が通りやすい。つまり蘇我入鹿は、物部守屋の財産を手に入れた蘇我馬子の妻のおかげで大臣となったから、その邸宅を世間の人から、物部大臣と揶揄されたのである。今日でいう成金者の「××御殿」というのと同じである。

これを見れば馬子の妻が自分の兄を殺そうと計画した動機がはっきりする。彼女の願いは実の兄である守屋の尨大な財産を、非情な手段に訴えても手に入れることであった。それも我が子や孫のためである。

その効果は絶大であった。蘇我蝦夷や入鹿は、守屋が滅亡した五八七年から半世紀余しか経たない皇極紀三年（六四四）十一月の条によると、甘橿（樫）岡に家を並べて建て、蝦夷の家を上の宮門《みかど》と呼び、入鹿の家を谷の宮門《はざま》と呼んだ。またその息子や娘を王子《みこ》と呼ばせた。そうした振舞いが自分の一族を天皇になぞらえたものであることは明らかであるが、それを可能にしたものがほかならぬ守屋の莫大な遺産の奪取であった。「日本書紀」の記述では守屋の奴の半ばと宅は四天王寺を中心とした大寺に帰属したとあるが、久米邦武は、それは守屋の所領のごく一部でしかなく、その残りはことごとく馬子の妻の手に渡ったと云っている。

馬子ははじめ自分の妻でしかも守屋の実の妹がそんなにおそろしいたくらみを秘めているとはつゆ思わなかったにちがいなく、妻からその計画を聞いたとき、たじろいだであろう。しかし馬子の妻はためらう夫にむかって実行するように、きっとマクベス夫人のような科白を吐いて背中をつよく押したにちがいない。

考えてみれば、馬子に守屋と直接に対決する決定的な動機があるはずもなかった。守屋が穴穂部皇子の無理な皇位簒奪に加担したのが原因とされているが、しかし、用明紀二年四月の条によれば、穴穂部皇子が豊国《とよくに》法師という仏僧をつれて宮中に入ったのを見て、守屋はそれを睨みつけて激怒した、と記されている。穴穂部皇子は守屋の神経を逆撫でするようなことをあえてしたのである。また、崇峻天皇即位前紀によると、守屋は初めは穴穂部皇子を天皇にしようとしたが、今となっては、狩猟にかこつけて「替え立つることを謀らむ」つまり、穴穂部皇子を殺害することをもくろんだともとれる記述となっている。このあたりの守屋の行動の真意は不明であるが、狩猟にかこつけて誘い出され殺されたのは「日本書紀」の雄略天皇即位前紀の市辺押磐《いちのべのおしは》皇子の例がある。いずれにしても、かならずしも、穴穂部皇子に自分と一族の運命をゆだねるような加担の仕方ではない。敏達即位前紀に「天皇仏法を信ぜず」とあるが、次の用明天皇になると、天皇は仏法を信じ、一方神道を尊んだ、とある。時代の流れは守屋よりも馬子の方に有利に動いていた。それなのに馬子は突然、守屋を攻撃し、打倒を計ったのか。その行動が唐突だったので馬子が妻にそそのかされて、守屋を打倒し、その莫大な財産を手に入れようと計ったと世人は噂をしたのである。

ここで、もう一つの類推が可能になる。蘇我馬子が物部守屋を滅したのは用明天皇の二年（五八七）のことであるが、それから五年して今度は崇峻天皇の五年（五九二）に崇峻天皇を殺していることである。「日本書紀」によると、大伴嬪小手子《おおとものみめこてこ》が崇峻帝の寵を失ったので、人を馬子の許につかわして、天皇が馬子を殺そうとしていると告げ口をしたことが発端になった。馬子はそれにおどろいて、東漢直駒《やまとのあやのあたいこま》をして崇峻天皇を弑《しい》させた。そのいきさつを、「日本書紀」は次のように述べている。

「是の月に、東漢直駒、蘇我嬪河上娘《そがのみめかはかみのいらつめ》を偸隠《ぬす》みて妻とす。河上娘は、蘇我馬子宿禰の女なり。馬子宿禰、忽《たまたま》河上娘が、駒が為に偸まれしを知らずして、死去《まか》りけむと謂ふ。駒、嬪を汙せる事顕《あらは》れて、大臣の為に殺されぬ」

これについて久米邦武は次のような解釈を下している。大伴妃は帝の寵愛が蘇我嬪河上娘に移るのを嫉妬して馬子に密告したのだが、もともと蘇我嬪は東漢直駒と密通していた。それで駒はこれを幸いに蘇我嬪を盗もうと馬子をそそのかし、弑逆を敢行させたのだ。東漢直は蘇我家に大きな力をもっていたのだから、崇峻天皇の弑逆は馬子の使嗾というよりもむしろ駒の教唆と判断すべきである、というのである。この久米説をさらに延長して考えることもできる。延長というのは馬子の妻を陰謀の仲間に加えてみることである。

崇峻天皇即位前紀によると、七月に守屋大連を殺したが、あくる月には炊屋姫《かしきやひめ》と群臣が泊瀬部皇子を天皇に立てている。崇峻の帝の即位はあわただしかった。しかもそのとき、敏達帝の屍はまだ殯宮にあり、崇峻帝の四年になって葬られた。それからわずか半年して、こんどは馬子が崇峻天皇を殺し、殯《もがり》の儀式もおこなわないまま、その日のうちに天皇を倉梯岡陵に葬った。このことについては馬子のみならず、それを傍観したというかどで、江戸時代の儒家からの非難は、聖徳太子や炊屋姫にまで向けられた。太子に対する誹謗はあたらないと思うが、泊瀬部皇子を天皇（崇峻）に推挙した炊屋姫はその責任の一端を担わねばなるまい。

とはいえ、炊屋姫が崇峻帝を殺す仕事に、直接手を貸したということでは全くない。むしろ、崇峻の弑逆には馬子の妻が参与していないだろうか。蘇我嬪河上娘は馬子の娘である。河上娘は馬子の妻が自分の腹をいためた娘かどうかは別として、崇峻帝の嬪となったのだから、河上娘の動静にたえず気を配っていたのはまちがいない。ところで、崇峻帝の心は蘇我嬪河上娘に大きくかたむいた。大伴妃は失寵の女となった。崇峻帝を排除することは、大伴妃ばかりでなく馬子も炊屋姫も欲していることであった。馬子と炊屋姫は、叔父と姪の関係でもあって、いたって親しく、自分たちの意のままになる天下を待望していただろう。また馬子の娘の蘇我嬪が東漢直駒と通じていたとすれば、両者とくに駒にとっては、崇峻帝の存在は邪魔であったにきまっている。こうして崇峻帝に対する反感や憎悪はまわりのすべてに共通しており、崇峻帝を亡きものにしようという陰謀の輪はたやすく作られたであろう。だがしかし、守屋の土地財産を手に入れるのに、崇峻帝がそれを阻む存在として立ちふさがった可能性は充分考えられる。守屋討伐のとき、馬子側の軍隊の筆頭に立ったと「日本書紀」に記されているのは泊瀬部皇子である。泊瀬部皇子は守屋合戦の一ヶ月後に即位して崇峻帝となった。守屋合戦で得た奴婢や土地は、四天王寺造営の分は官側が没収し、その残りは馬子の妻を物部氏の相続人ときめてこれを所有させた、と久米邦武は述べているが、崇峻帝は馬子に対してつよい憎悪を抱いているのだから、事はそう簡単には運ばなかったかも知れない。むしろ、守屋の尨大な土地財産は崇峻帝の手中に落ちた可能性もないとは言い切れない。というのも、それらは一旦は官側に没収されたからである。また「旧事本紀」の「天孫本紀」を見ると、守屋の妹に布都姫がいて、崇峻天皇の夫人となり朝政にあずかった、と記されているからである。布都姫は御井夫人または石上夫人とも称したとあり、石上神宮の祭祀もつとめたとある。もしこの布都姫が兄の守屋の土地財産を自分のものと主張したらどうであろうか。

馬子の妻となった守屋の妹はもう一度マクベス夫人の役をやる必要に迫られた。馬子の妻は自分の娘の蘇我嬪河上娘と東漢直駒との親しい関係を知悉していた。そこで駒を使って崇峻帝を弑逆することを馬子につよく進言したのではないか。馬子は大伴嬪小手子からの情報によって、自分が抹殺される危険のあることを知っていたから、その進言を受け入れるのに時間がかかるはずもなかった。馬子の使嗾によって駒は直ちに実行した。

この間の事態の足どりは頗るはやい。崇峻天皇五年の冬十月に、馬子は一族をあつめて崇峻帝を弑することを計画し、そのあくる月には東漢直駒に天皇を殺させたが、同じ月に駒は蘇我嬪を盗み出して自分の妻とした。その間髪を入れないすばやい駒の行為は、あらかじめ計画されたものにちがいない。この計画を馬子の妻は知悉し、駒に自分の娘を与えることを約束していたかも知れない。「日本書紀」に、馬子は駒のために河上娘が盗まれたことを知らずして、彼女がいなくなったのは自分の夫である崇峻帝の死を悲しんで死んでしまったと思ったが、駒が娘をかどわかしていたことが露顕して、腹を立てて駒を殺してしまった、と記している。馬子は自分の娘の心や動静をつかんではいなかった。しかし馬子の妻は事のなりゆきを見きわめ、馬子に駒を殺させた。穴穂部皇子を殺し、守屋を殺し、崇峻帝を殺し、東漢直駒を殺すことはすべて蘇我氏の勢力を絶大にするために有利に働いたのである。その事件を背後であやつったのは馬子の妻にほかならなかったのではないか。もとより半ばは想像の域に属することとはいえ、妻の進言が夫の行動を決定させた例はめずらしくない。「日本書紀」は継体天皇六年十二月の条に物部大連麁鹿火《あらかび》が百済に使いを命じられたとき、妻にいさめられ、仮病と云って辞退したと記している。妻の影響力の大きさを知る話である。

歴史的事件は背後に社会的要因を孕んでいる。しかしそれが大事にいたるきっかけは、個人的な情念が口火になることが多いのである。たとえば承久の乱は後鳥羽上皇が自分の愛妾である白拍子の亀菊（伊賀局）に与えた摂津の長江、倉橋の両庄園の収入を地頭に邪魔されたことを憤り、鎌倉幕府への不信を募らせたことが原因とされている。

ある人間が、あるときにささやいた決定的な一言が、運命を根本から変えるきっかけになるのは、われわれが日常的に体験する事柄であるが、国家の一大事の場合でも、その動機として個人の果した役割を過小評価することはできないのである。

物部戦争の実態

久米邦武は「聖徳太子実録」で、

「守屋が誅せられることになったのは、穴穂部皇子を擁して皇位を争おうと謀ったのが正因であって、世にいう排仏論のためというのは枝葉のことである。仏法興否論の破裂ということを明言したのは、『補闕記』にはじまる」

と批判を加えている。私も邦武が合戦の原因を排仏論争のためとするのは枝葉のことである、とするのは賛成である。しかし穴穂部皇子を皇位に就けようとしたことが戦争の動機だとするのは不賛成である。何故ならば、前に述べたように、守屋は最後になって穴穂部皇子を皇位に就けることをためらっている節が見られるからである。

久米はまた「日本書紀」は、泊瀬部皇子、竹田皇子、廐戸皇子、難波皇子、蘇我馬子宿禰大臣など軍兵をひきつれて守屋を進討したとあるが、なんとぎょうぎょうしいことであろう。また、大伴連嚙、阿倍臣人、平群臣神手、坂本臣糠手、春日臣など大貴族が軍兵をひきいて志紀郡から渋河の家に到ったというのも、海外出征のように大げさなことで、これまで類例がなかった話である。さきの四皇子のうち、竹田皇子は十一歳にすぎず、難波皇子も年少らしく、廐戸皇子も十四歳であって、こうした幼い皇子も合戦見物にいったとしか思えないのは、あまりに筋のない書き様である、とも云う。

私は久米説に同感である。廐戸皇子は父君の用明帝が亡くなった直後であり、また守屋に敵対する理由は全くなかった。まして十四歳の少年である。

久米邦武は次のようにも批判する。

「補闕記」では合戦の様子をさらに潤色して秦河勝を加えたが、河勝は孝徳朝まで仕えた人であったから、この戦争のときは廐戸と同じく十余歳にすぎなかったはずである。

これも邦武の云う通りであろう。しかし「補闕記」の存在価値は史実とは別のところにあると考えられる。

秦氏と白膠木

「補闕記（上宮聖徳太子伝補闕記）」は平安時代前期に編纂された聖徳太子伝で、著者不明。その編集意図は巻頭に「日本書紀」、暦録ならびに四天王寺聖徳王伝には、まだ委曲を尽くしていないところが少なからずあって、憤慨に堪えないので、あらためて古老を訪ね、古記を探った、と述べる。先行の諸書に見られないその特徴は、守屋征討に秦河勝（川勝）が大いに活躍する点である。「日本書紀」の崇峻天皇即位前紀には次のごとく記されている。

是の時に、厩戸皇子、束髪於額《ひさごはな》して、古《いにしえ》の俗《ひと》、年少児《わらわ》の年、十五六の間は、束髪於額《ひさごはな》す。十七八の間は、分けて角子《あげまき》にす。今亦然り。軍《いくさ》の後《うしろ》に随《したが》へり。自ら忖度《はか》りて曰はく、「将《はた》、敗《やぶ》らること無からむや。願《ちかいこと》に非ずは成し難けむ」とのたまふ。乃ち白膠木《ぬりで》を斮《き》り取りて、疾《と》く四天王の像《みかた》に作りて、頂髪《たきふさ》に置きて、誓を発《た》て言《のたま》はく、白膠木、此《これ》をば農利泥《ぬりで》といふ。「今若し我をして敵《あた》に勝たしめたまはば、必ず護世《ごせ》四王の奉為《みため》に、寺塔《てら》を起立《た》てむ」とのたまふ。

私はここに白膠木が出てくるのに注目する。「上宮聖徳法王帝説」には次のごとく記されている。

上宮王四王像を挙げ、軍士の前に建て、誓ひて云はく、若しこの大連を亡ぼすことを得ば、四王のみために寺を造り、尊重供養せむ

「帝説」には、白膠木で四天王の像をつくったとは記されていない。それが「日本書紀」では、白膠木を切り取って、急いで、頂髪に置いて誓を立てたとある。さらに「補闕記」では秦河勝が登場する。

太子堂に在り、士卒気衰ふ。軍政秦河勝軍を率ゐて、太子を護り奉る。官軍の気衰へしを見、馳せて太子に啓す。太子謀を立て、すなはち河勝をして、白膠木《ぬりで》をとらしめ、四天王像を刻み造り、繋げて鋒を立つ

秦河勝（川勝）は軍政官として軍隊を率いて太子を守っていたが、官軍の士気が衰えたのを見て、太子が河勝に白膠木をとらせ、それで四天王像を刻んだというのである。「上宮聖徳法王帝説」でも「日本書紀」でも姿を現わさなかった秦河勝が「補闕記」では軍政官として公然と登場している。ここに秦氏の作為がはたらいているのを見るのはたやすい。問題は秦河勝が白膠木をとってきて、太子に差出したことが何を意味するかである。四天王像を刻むのに適当な材質の木は他にいくらでもあるのに、白膠木を選ん

だことにはいわれがなくてはならない。

白膠木はカツノキともカズノキとも呼ばれ、勝ということから縁起のよい木として、魔除けにしたり、正月の宴の箸などにも用いられ、すでに「万葉集」にもうたわれている。

しかし、白膠木を持ち出したのはそれだけでなく、別の事情もあるであろう。ヌルデ(ヌリデ)はウルシ科に属し、ウルシの生えている山に好んで生える。白色の膠漆《こうしつ》が樹皮にあって塗料にすることからヌルデと呼ばれている。秋はハゼノキのように紅葉する。新川登亀男によれば「釈日本紀」述義十に「修法之壇、取此木乳而塗用」とあり、寺院建築の塗料の部にも使用されたから、それがために創造された記事ともみることができるという(「上宮聖徳太子伝補闕記の研究」)。

また白膠木はウルシ科の樹木であり、香木の一種で仏像の心木にも用いられたという(辻泰明「聖徳太子信仰への旅」)。

塗物の材料として白膠木が使用され、また塗師には秦氏が関与していたからこそ、白膠木の話は、秦氏によって持ち出されたのではないだろうか。

虚空蔵菩薩を祀る京都嵐山の法輪寺は、秦氏の関与する寺で、漆寺とも呼ばれていた。全国の塗物師が法輪寺に参詣するならわしは今でもつづいている。

それでは秦河勝が「日本書紀」に姿を見せないのはなぜか。しかも太子が白膠木に四天王像を刻むという記事があるのはなぜか。

厩戸皇子が十四歳の身空で、馬子守屋合戦に登場する必然性がないのは、久米邦武の説の通りであろう。さらに「上宮聖徳法王帝説」には、白膠木は出てこない。四天王像を挙げて軍士の前に建てて誓った、とあるだけで、四天王像を作ったとも記されていない。

そこで考えられることは、秦河勝は「日本書紀」という公式の記録に、秦氏に関係の深い塗物の材料の白膠木を持ち出して、秦氏と聖徳太子との親密な関係を伝えたかったのではないか、という憶測である。この推測が許されれば、本来必要のなかった白膠木で四天王の像を刻むという「日本書紀」の一条には、秦河勝は登場しなくてもはやくも秦氏による作為の影が落ちているのである。

厩戸皇子に花郎の面影

日本に伝来した弥勒信仰は、河勝によって、山城の葛野《かどの》に受けつがれた。河勝は下生した弥勒が花郎《ファラン》に化身するという考えは、日本と新羅とを往復する僧や外交官から、最新の情報として聞き知っていたと思われる。

「三国史記」新羅本紀第四の真興王の条には三十六年（五七六）に「はじめて源花を奉じた」として花郎の記事が見える。源花は原花である。馬子が守屋を滅したのは、五八七年のことであるから、新羅の花郎制度が始まってから十年余にしかならない。海彼の国の華々しい精神活動は、秦氏にも大きな影響を与えたにちがいない。

守屋合戦に参加した廐戸皇子の年齢は十四歳、一方、花郎の集団を構成するのは十四歳から十八歳までの年齢の少年たちであった。秦河勝にとって、廐戸皇子は束髪於額《ひさごはな》の美少年であって、まさしく花郎仙花にほかならなかった。「日本書紀」は、秦河勝のつよい要望を入れて、「花の顔《かんばせ》」の面影をもつ皇子の参戦を、「演出」したと私は見るのである。もとよりそれは廐戸皇子が実際には合戦に参加しなかったこととは関係のないことである。

丙子椒林剣と七星剣

「古今目録抄」によると、法隆寺には、地中に埋められた伏蔵があって、法隆寺の回廊の西南角下には、守屋頸切太刀が埋めてある、と記されている。また経蔵下の伏蔵には、守屋合戦の際の弓矢や守屋の頸切太刀、腹巻、甲冑などが埋めてある、となっている。守屋頸切太刀が法隆寺にあるのは合点がゆかず、記事が錯綜していると思われるが、そこは所詮伝承の産物と考えるほかはない。

伏蔵について高田良信は「法隆寺の謎と秘話」の中で次のように述べている。

「去る昭和五八年七月二十一日、浴室表門前の東西の大門を結ぶ大路の地表面から約一〇センチの土中から、直径約二・二メートルに及ぶ楕円形の大石を発見した。古来、法隆寺には浴室前に伏蔵があるとの伝承があり、この大石こそ法隆寺の三伏蔵の一つであろうと関係者一同色めき立った。

三伏蔵のうち、金堂と経蔵の二つはその位置が昔から確認されているが、浴室前の伏蔵は伝承のみでその所在は明らかにされていなかったからである。それがはじめて人々の前にその姿を現わしたのであるから、騒然となったことは当然でもある。この伏蔵という意味は、地中に埋められた宝蔵のことで、弥勒下生成仏《みろくげしょうじょうぶつ》経などの経典中にもその名が見えており、インド以来のものであることがわかる。しかし法隆寺以外に伏蔵が現存するという話は聞かない」

上原和は「寺が、天智九年（六七〇）の無残な法隆寺全焼というものを、物部守屋の怨霊の祟りと考えて、再建のさいに、それを封じこめるための伏蔵を、金堂内に、或は伽藍の処々に造ったとしても、それは無理からぬことのように思われるのである。それというのも、物部守屋は、実際に、厩戸によって討たれているからである」（「斑鳩の白い道のうえに」）と記している。

私は、守屋が厩戸によって討たれたという上原説には賛同しないが、天智九年の法隆寺全焼が物部守屋の怨霊の祟りと見なされたことは充分考え得ることであると思う。守屋の怨霊を鎮魂すると同時にその怨霊の力を法隆寺の鎮護に役立てようとして伏蔵に封入したのであろう。峻厳が「御物古今目録抄」から抄出した「顕真得業口決抄《くけつしょう》」には守屋の頸切りに使った二振りの太刀は、聖徳太子が百済国の刀工（鉄細工）を召して作らせたものであって、一つは蘇我馬子に賜うた。馬子は合戦のときその太刀を迹見赤檮《とみのいちい》に与えた。四天王寺に宝蔵してあるのはこの太刀である。また太子は別の一口《ふり》を蝦夷に賜うた。蝦夷はその太刀を秦河勝に与えた。守屋の頸を切ったこの太刀は法隆寺の若草伽藍の回廊の未申の方角に埋めた。あるいは金堂の鎮壇の中に入れたという説がある、と述べている。

「日本書紀」には朴《えのき》の枝間《また》にのぼって応戦した守屋を射殺したのは迹見赤檮となっている。

「伝暦」には守屋合戦の最後がややくわしく述べられていて、守屋が大きな榎にのぼって、物部の府都《ふつ》の大矢を放ち、聖徳太子が乗っていた馬の鎧に命中させた。太子は舎人の迹見赤檮に命じて、四天王の矢を放たせた。矢は守屋の胸にあたって、守屋は木から落ちた。秦河勝が守屋の頸を切った、とある。「伝暦」も「口決抄」も十三世紀のものであって、奇怪な伝承に満ちている。聖徳太子が二口《ふり》の太刀を百済の刀工に作らせ、馬子と蝦夷に賜い、それをまた馬子は迹見赤檮、蝦夷は秦河勝に与えた、河勝はその太刀で守屋の頸を切ったという風に、仕立ててある。その時使われた二口の太刀の一方は四天王寺に、他方は法隆寺にと分けて保管されていると「口決抄」に伝承されているが、守屋と関係のふかい四天王寺にあるのはともかくとして、どうして法隆寺にあるのか、誰でも抱く疑問である。

これについては「仏教芸術」五六号（昭和四十年）所収の論文の中でたなか・しげひさは、

「摂津・河内で戦があったのに、守屋の頸きり刀をわざわざ、何の関係もない斑鳩までもっていって、この戦のあった五八七（用明二）年から四〇年ばかりしてからぼつぼつ立ち始めた斑鳩寺（若草伽藍の地）の回廊の西南か金堂の須弥壇の下に埋めるだろうか。私はこの十三世紀の法隆寺の内の伝説を、丙子椒林の四字銘剣をぬすんだ人間（僧とは限らない）の拵え話と睨んでいる」と述べている。となると、法隆寺の伏蔵にあるからと云ってそれが守屋の頸を切った太刀とは限らない。またそれによって、法隆寺と天王寺との関係の必然性を強調することはできにくい。

法隆寺の伏蔵に埋められた問題の太刀は見ることができないが、四天王寺に残された守屋の頸切太刀は今も国宝として保存されている。その太刀は玉造の寺の仏壇の底に埋め、その上に四間四面の堂を作り、守屋の霊を供養し畢《おわ》ったと「口決抄」にある。それを見れば、まず守屋の鎮魂の寺としての四天王寺は、玉造から出発して、のちに荒陵《あらはか》の地に移された。荒陵でも守屋祠を四天王寺の境内に建てて祀っているのであるから、守屋の怨霊を鎮めるために寺を建てたという動機は玉造から荒陵へ引きつがれたことになる。

馬子から迹見赤檮に渡されたという伝承をもつ太刀は、ながく四天王寺の宝物として所蔵されることになったが、この太刀には「丙毛槐林《へいもうかいりん》」という四文字の銘が刻まれており、丙毛とは馬子のことであり、槐林とは大臣のことであると「口決抄」は説明しているが、それは間違いであり、実際には「丙子椒林」の四文字が金象嵌されている。

この宝剣を親しく実見した新井白石の説では「丙子」はこの刀を作った年を記し、「椒林」は刀を作った工人の姓かも知れない、としている。

この「丙子椒林剣」のほか「七星剣」が四天王寺に宝物として残されている。七星剣のほうは銘文はなく、北斗七星雲文、また四神である青竜、白虎などを刀身に象嵌してあり破邪滅敵の宝剣とされている。

この七星剣と丙子椒林剣は二口一双であるとされてきた。その由来について出口常順は興味のある推論を展開している。

彼によると、丙子の年に朝鮮三国から日本に朝貢したという「日本書紀」の記事があるが、天武天皇五年の丙子（六七六）も推古天皇二十四年の丙子（六一六）にも、七星剣などの二口の刀を貢したという記事はない。そこで、さらに一干支をくりあげて欽明天皇二十三年（五六二）八月の条に、大伴連狭手彦が高麗王の宮殿に攻め入って、高麗王の所持品である甲《かぶと》二領、黄金作りの刀《たち》二口などを取ってきた、またこのとき、捕虜にした美女を蘇我稲目に贈ったとある。欽明天皇二十三年をさかのぼる丙子は欽明天皇十七年（五五六）である。

出口の推測ではこの戦利品は蘇我稲目に献納されたが、稲目は欽明天皇三十一年に亡くなり、その子の馬子に与えられた。また欽明天皇も三十二年に崩じ、敏達天皇の即位となり、稲目の子の馬子が大臣となった。高麗王から取ってきた黄金の飾りをもつ二口の太刀は馬子の許に保持され、「丙子椒林剣」を「丙毛槐林剣」と読み伝え、丙毛槐林とは「馬子大臣」のことであると伝承されてきたのはこの剣が四天王寺に納められる以前は、馬子大臣の所持剣であったことを強いて云わんがためであった、と出口常順は読み解く。

また「日本書紀」の一書に伝えるように、大伴狭手彦の高麗侵入を欽明天皇の十一年（五五〇）の事件とすれば、それをさかのぼる丙子は四九六年となる。それは仁賢天皇の九年にあたり、その年に製作されたことになる。

出口説は推理にすぎない。とはいえ、しかし朝鮮から招来されたと見られるこの剣が馬子の所持剣であったとすれば、守屋の頸切りの太刀という伝承を引き出すのにつごうがよい。ひいては守屋と四天王寺との密接なつながりをうかがわせるものとしても注目に値するのである。

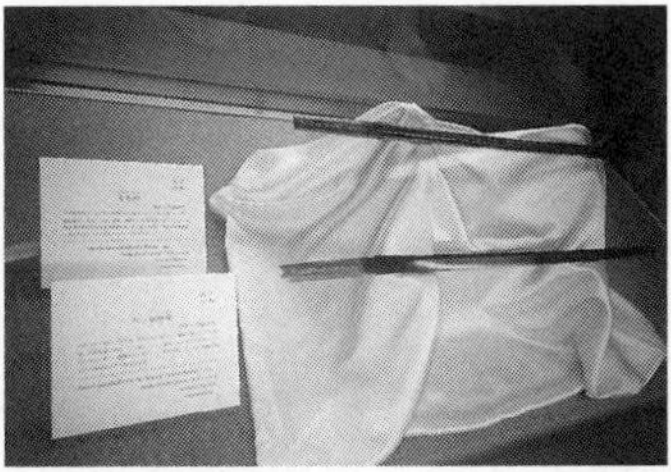
四天王寺・七星剣

玉造の原四天王寺

守屋合戦と四天王寺造立の経緯については、聖徳太子に関する諸書に、喰い違いが見られる。

最も古い「上宮聖徳法王帝説」や「日本書紀」に玉造の記事は出てこないが、それにつづく「上宮聖徳太子伝補闕記」「聖徳太子伝暦」「御手印縁起」「古今目録抄」「顕真得業口決抄」など、諸書のすべてが、玉造に原四天王寺が創始され、のちに荒陵に移転したと記しているのである。

これらの諸書のほかに「暦録」がある。「暦録」は天平頃の編集という説もあるが、平安初期とも考えられる。「暦録」逸文に聖武朝までの記事が見られること、また「暦録」を引用する諸史料のなかでもっとも古いとされる「補闕記」の成立が平安初期とされていることがその理由である。ところで「伝暦」の中の書き入れに「暦録曰く」として、

是歳、四天王寺始壊移、建難破荒陵東下

とある。「暦録」には玉造の名は見えないが、壊して荒陵に移したとあるところからすれば、玉造にまず置かれたと述べていると見てもまちがいない。

「日本書紀」には四天王寺の造立に関する記事が二ヶ所出てくる。一つは用明二年に相当する崇峻天皇即位前紀七月に、守屋合戦の叙述ののち「乱《みだれ》を平《しづ》めて後に、摂津国にして、四天王寺を造る」とある。もう一つは推古天皇元年九月に「是歳、始めて四天王寺を難波の荒陵に造る」と記されていることである。用明二年は五八七年であり、推古元年は五九三年で六年の差がある。最初から荒陵の地に四天王寺を創立したと見る論者は、玉造からの移転を否定する。しかし乱をしずめた直後に守屋の怨霊をとりあえず追善供養するために玉造に四天王寺を作り、六年後に荒陵の地に移転したと考えることは可能

である。

四天王寺建立の目的が守屋の怨霊の鎮魂にあったとする立場からすれば、最初は玉造の地にあったものが、のちに荒陵の地に移されたと見るのがむしろ自然である。

「日本書紀」は守屋合戦のとき「物部守屋大連の資人《つかいびと》（近侍者の意）捕鳥部万《ととりべのよろづ》、一百人を将《ひきゐ》て、難波の宅《いえ》を守る」とあるが、「難波の宅」というのは守屋の居宅である。

守屋の敗死を聞いて捕鳥部の万が逃亡したあとにのこされた難波の宅に、守屋の鎮魂を兼ねて原四天王寺を造ることにしたのではないか。

私が四天王寺は最初玉造に建てられたのち荒陵に移転したと類推するのは、蘇我馬子が法興寺を建立するいきさつが「日本書紀」によってたしかめられ、それが参考になるからである。これを年代順にみると次の通りである。

○崇峻天皇即位前紀（五八七）蘇我大臣、亦本願の依《まま》に、飛鳥の地にして、法興寺を起つ

○崇峻天皇元年是年（五八八）飛鳥衣縫《あすかのきぬぬいみやつこ》造が祖樹葉《おやこのは》の家を壊《こぼ》ちて、始めて法興寺を作る

○崇峻天皇三年十月（五九〇）山に入りて寺の材《き》を取る

○崇峻天皇五年十月（五九二）大法興寺の仏堂と歩廊を起《た》つ

○推古元年正月（五九三）仏の舎利を以て法興寺の刹《せっ》の柱（仏堂の中心の柱）の礎の中に置く

○推古四年十一月(五九六) 法興寺、造り竟《をわ》りぬ

これを見ると、馬子はまず崇峻天皇即位前紀(五八七)に法興寺を建てる願いを立てた。そこで翌年の五八八年に、樹葉等の家をこわして、仮の法興寺を建てたのである。

それゆえに、仮の仏舎は一時的なものにすぎず、そのあと、五九〇年に山に入って寺の材を取って、五九二年に新しく仏堂や歩廊を作ったときは「大法興寺」と、仮の仏舎と区別した表現となっているのである。おそらく仮の仏舎は、樹葉の家を修理する程度の小規模な改造で使用したのではないか。

これと同様に四天王寺も最初は、難波の守屋の旧宅に、守屋の亡魂を祀ることからはじめたと思われる。「補闕記」に次のような記事がある。

少将軍(平群臣神手)余党を撃ち平げ、虜賊の首を家口に係け、玉造の東岸上に覆奏す。(東生郡に在り)即ち営を以て四天王寺と為す。始めて垣基を立て、大臣、太子と宮に還へり覆奏す。……四天王寺後に荒墓村に遷る

今井啓一はこの部分を次のように解説している。

「平群臣神手は守屋軍の残党を撃ち平げ、敵の首を家口に梟《さら》し、その顚末を、東生郡の玉造の東辺の台地上に陣せられていた聖徳太子に申し上げた。(そこは「日本書紀」に物部氏の難波の宅としている地であり、合戦中は、守屋の資人である捕鳥部万が部下一

百人を率いて守っていたが、守屋誅滅と聞いて逃亡した。）因って太子はとりあえず、玉造の陣営を仏舎とし、その周囲に垣基を作りかねて対陣中の誓言通り、四天王像を祀る寺として、その事情を蘇我馬子と共に、崇峻天皇に奏せられた。のちにその寺を荒墓村に遷した……」

聖徳太子は守屋の部下が守っていた難波の宅を占拠して本営としたが、そこに垣基を立てて、四天王寺にした。そのあと、四天王寺を荒陵に移した、というのである。ここに聖徳太子が出てくるのはもとより、事実としてはあり得ないが、玉造をとりあえず仏舎としたというのは賛成である。

「御手印縁起」（寛弘四年〔一〇〇七〕）には、

丁未歳を以って始めて玉造岸上に建て……癸丑歳壊して荒陵の東に移す

とある。守屋の居宅の一つの「難波の宅」が玉造にあったとしている。丁未歳は守屋滅亡の年の五八七年であり、癸丑歳は四天王寺を難波荒陵に造った五九三年である。これは「日本書紀」の記事と合致する。

また「古今目録抄」には次のように述べている。

守屋合戦。太子十六歳丁未七月……三日寅時今日は多聞天の日也。然して四天王を造り給ふ。其の員《かず》は四十八躰也。午時寄付ぎ、其の本誓願を遂ぐ。仍って当日より玉造の地に至って、始めて柱を立つ。其の日より毎日四天の一体、供養せしめ給ふ。守屋の菩提の為なり。八月廿日に至って、各一体畢んぬ。この間四面堂一宇造る。すなはち太子等身の四天を造り、間別に竝居す。四十九日に当って之を供養す。これすなはち御願の四天王寺なり。

また顕真の甥で法隆寺僧であった俊厳が著わした弘長二年（一二六二）頃の「顕真得業口決抄」には、

守屋頸並びに頸切太刀、著せし所の衣服とを悉く玉造の寺の仏壇の底に埋めて堂を作り、供養せしめ給ひ畢んぬ。

とある。これらを見ると、守屋を誅殺した直後の用明二年七月三日、玉造の地に柱を立て、それから四十九日にあたる八月二十日には、四間四面堂一宇を作った。そのとき守屋の頸、頸切の太刀、着ていた衣服などをことごとく玉造の寺の仏壇の底に埋め供養した、となっている。

この玉造説に反対する説もある。

久米邦武の「聖徳太子実録」には「補闕記」に馬子大臣が聖徳太子に勧め奉って、軍士をひきい難波に向い、物部の軍の後より襲い、平群臣神手はわずかの兵をひきいて志紀から渋川を襲い、賊（守屋）の軍勢を二分して、東西に相戦ったとあるが、これは戦に勝って直ちに玉造に四天王寺を安置する順序として構成した文であり、その玉造に四天王安置のことも頼りにならない伝承である、と一蹴している。

村田治郎は、廐戸皇子の出陣の話が消えてしまえば、玉造に寺を造ったという話も消えてしまう。戦後のごったがえしのとき、あわただしく寺を造るはずがない。物部氏の土地と奴隷をとりあげて寺を建てたというが、もしそんな大きな寺ができたとすれば、にわかに、荒陵に移したということが信じられなくなる。これは定めし四天王寺縁起の古い作り話だろうという趣旨の久米邦武の説を紹介している（「四天王寺創立史の諸問題」）。

まえにも述べたように、「日本書紀」に四天王寺創立の記事が用明二年と推古天皇元年の二度にわたって出てくる。これは最初玉造にあったのが、のちに玉造から荒陵に移遷したという説をなすのが玉造論者の云い分であるが、この二つの記事は同じできごとを指しているにすぎないと、否定論者は云うのである。

また否定論者は玉造の地から飛鳥時代の寺の瓦が出土したことがないので、そこに寺があったはずはないとも主張している。しかし玉造の最初の寺はごく簡素なものであるから、瓦が出ないのは当然である。

今井啓一も玉造の四天王寺というのは、おそらく、草葺、萱葺、あるいは板蓋の掘立柱程度の四間四面の堂一宇であり、七月三日立柱、八月二十日落慶という記事からもその規模の小さかったことが察せられる、と云っている。要するに、原四天王寺と考えられる玉造寺は、物部守屋の菩提をとむらい、その成仏を祈るために造立したものである、というのが核心であって、玉造から荒陵への移転説に私は全面的に賛意を表する。

諸文献には玉造寺の位置を、玉造の東岸上（「補闕記」）また玉造岸上（「御手印縁起」「伝暦」「古今目録抄」「扶桑略記」「元亨釈書」など）と記している。

今井啓一は大阪市の環状線「森ノ宮」の駅近くにある鵲杜宮《かささぎのもりのみや》、つまり森の宮に注目している。推古紀六年四月、難波吉士磐金《いわかね》が、新羅から持ち帰った鵲二隻を飼わせた難《なに》波杜《わのもり》はこの社の森で、よっていまに鵲社というとある。社伝によると、聖徳太子がこの地に初めて四天王寺を創始したとき、御父の用明天皇の神霊を伽藍鎮守として奉斎したことにはじまるというが、それは付会であって、もともと難波の守屋の宅のあったところ、すなわち「守屋の宮」であったのが「森の宮」に変ったのではないかというのが私の推測である。鵲の話は後世に付加されたものであろう。

「摂津志」東生郡の条に「森村に守屋大連難波第址あり」とある。また「摂津名所図会」に「玉造に森宮という小祠あり。此は鵲の森なり」とある。そこは上町丘陵の東辺にある台地であったので「玉造の東岸上」とか「玉造岸上」という言葉を用いたと思われる。

和田萃は「四天王寺から出土する瓦は、斑鳩の法隆寺若草伽藍（焼失した創建時の伽藍）で使用された瓦の範（型）を再利用しているので、建立時期は若草伽藍とほぼ同時期の七世紀初めか、やや遅れて造営されたものと推定されている」（「飛鳥」）と述べている。

「日本書紀」では四天王寺造立を推古紀元年（五九三）としているが、実際はそれより時期が遅れて荒陵に建立されたとすれば、玉造から荒陵へ移転したという考えは、いっそう合理性が増すわけである。

前田晴人は次のように云う。

「初発の四天王寺は物部氏の難波宅を利用して、そこに建立されたらしい。平安時代の太子に関する伝記類には、四天王寺は初め、玉造の岸上に造立したのを、後に荒陵つまり現在地に移建したと記している。玉造は大阪市中央区の東南部分から天王寺区の東北部分にかけての地名としてあり、付近は上町台地の東縁部に相当し、かつては古河内湖の入江に面した小港津群をひかえた交通上の要衝だったのである。こうしたことから、玉造の地に物部氏の田宅があったことや、太子がそれを寺院造営の地として指定したこともうなずかれるのである。」（「聖徳太子事典」「四天王寺」の項）

前田の文中、「太子が……指定した」とあるが、聖徳太子は弱年であるから、実は蘇我馬子の指示によるものであったことは、すでに述べた通りである。玉造説を否定する史家は、「補闕記」以降の諸書がすべて玉造説であることを眼中に入れない。しかしその伝承が根も葉もないと云い切ることは誰にもできない。彼らの依拠する「日本書紀」の記述にも遺漏が多く、ときには簡略にすぎ、ときには省略されている。それを以て最初から荒陵に四天王寺が建てられたと推定するのは、一見厳密な態度のようであるが、甚だ不確実な選択に従っているのである。

玉造説が平安初期の記録にはじめて現われたにしても、それをもって妄誕と退けるわけにはいかない。玉造の地は没収された守屋の所領ときわめて近い場所にあるのである。

秦氏の版築技術

秦氏のすぐれた土木技術の中に版築技術があった。「補闕記」が四天王寺の移建説を述べているのも、「あるいは秦氏自身、四天王寺のある時期の造営改造に関係することがあったか、難波宮の造営にかかわったことがあったかも知れない」と新川登亀男は、述べている。

「補闕記」には次の如くなっている。「玉造の東岸上に覆奏す。即ち営を以て四天王寺と為す。始めて垣基を立て……」。新川は「始立垣基」という表現はいかにも建築用語にふさわしいと述べている。

玉造の東岸上にあった物部守屋の宅を馬子や厩戸皇子の本営としたが、合戦が終ったので、その陣営を四天王寺とすることにし、はじめて寺の垣の土台をきずいた。この「垣基」というのは秦氏の関与してきた宮垣（この場合は寺垣）を築く版築技術を思い起さ

四天王寺・五重塔

ずにはすまない。こうした表現からも、「補闕記」の編纂や作成に秦氏が関与したことをうかがわせることになるのである。

ここで注目すべきは、秦下嶋麻呂が恭仁宮の大宮垣をきずきその功によって、正八位下から十四階躍進して従四位下に叙せられて、太秦公の氏姓を与えられ、また長岡京の造営に際しては、延暦三年（七八四）葛野郡人の秦忌《いみ》寸《き》足長が、同じように宮城を築いた功によって、外正八位下から従五位下に進み、翌年には太秦公忌寸宅守が太政官院の垣をきずき、従七位上より従五位下に叙せられていることとである。これらは「続日本紀」の記事に見られる。大石良材は「秦下嶋麻呂、太秦忌寸や宅守の築造したのが宮城の宮垣や院垣であり、足長の築いた宮城も宮垣を指すと考えられることから、秦氏が宮垣を築くことが古くからの伝統であり、この氏が大陸から伝来した高度な版築（土層を棒の先で突き固めて築地や基壇を作る）の技法に習熟していた」と推測している（「秦氏の宮城垣築造」「古代文化」所収）。

秦氏が長岡京や平安京に造宮官人として指導監督したことはこのように諸家のみとめるところである。そこで山城国の秦氏だけでなく、摂津国にも居住していた同族の秦氏が、すぐれた実力を発揮して難波宮や四天王寺のある時の造営に関与したことがあった可能性は大いにある。

難波吉士について

ここで、四天王寺は難波吉士の氏寺として創建されたという田村圓澄説を検討しておこう。

「日本書紀」の推古五年（五九七）には、朝廷は難波吉士磐金《いわかね》を新羅に派遣している。また推古八年には、難波吉士神《みわ》を新羅に遣わし、さらに難波吉士木蓮子《いたび》を任那に遣わしている。このように、難波吉士は六世紀後半から、七世紀にかけて、敏達、用明、崇峻、推古の各時代に外交官として活躍し、新羅との外交交渉にあたった。

田村圓澄によると、難波吉士は秦氏と同様に、新羅系の渡来氏族であり、難波吉士と秦氏は、新羅の花郎《ファラン》＝弥勒信仰を知っていたので、自分の氏寺を弥勒下生信仰の寺として、半跏像を安置したにちがいない。四天王寺にしても広隆寺にしても、本尊は半跏像である、という。田村の説では、四天王寺はもともと難波吉士の氏寺として発足し、のち現在の四天王寺に発展したのである。ただし田村は、玉造にあったことを認めず、荒陵の地に最初から造られた四天王寺の初期の部分が、難波吉士の氏寺であったと云うのである。

私は田村説に反対である。その理由は次のごとくである。

「姓氏録」に「吉志　難波忌寸同祖　大彦命の後なり」とあり、難波忌寸についての一つのエピソードを述べている。それによると大彦命が蝦夷を征討するために菟田の墨坂にきたとき、嬰児が泣いているのを聞いた。大彦命はそれを見て大変よろこび、乳母をつけてやしなった。そして得彦宿禰という名をつけた。

ただしこれには異説がほかにもあるという。――この挿話から、難波忌寸が大彦命の後裔とあり、「姓氏録」では河内国皇別に分類してあるのは、この挿話をもとにした作り話であるという感が深い。

「古事記」によると、仲哀天皇のとき、忍熊王が叛乱し、難波吉士部の祖の伊佐比宿禰を将軍としてたたかったが、追いつめられ、琵琶湖に入水して死んだとある。その反逆の歴史的汚名から逃がれるために、難波吉士は自分の先祖をあらたに創作する必要があった。「姓氏録」に大彦命の末裔となっているのはそのためである、と奥田尚は云う（「兵庫史学」第五七号）。

秦氏は「姓氏録」には蕃別となっている。難波吉士は「皇別」となっており、おまけに大彦命が嬰児のとき拾って大切に育てたというエピソードまでつけている。それは先祖の不名誉な過去を消したいがためにほかならない。そこで「姓氏録」もその挿話に「異説あり」と云っている。そのような前科のある難波吉士が四天王寺を氏寺としたとは考えにくい。四天王寺は、守屋の奴の半分と宅地をもって創建された。それは「官寺」であったから可能であって、難波吉士が自分の氏寺として建てることができるはずはない。

これについて久米邦武は「聖徳太子実録」の中で、

「『御手印縁起』は『四天王寺資財帳』を抄録したものであることはまちがいない。物部氏の所有からこの分を官没して、そのあまりは馬子の妻が相続したのである。これは守屋誅伐のとき、聖徳太子が陣中で発願した寺のように記されてはいるが、没官所領を寄附して創立したということはまさに官立の寺であることの明らかな証明である」と云い切っている。

また出口常順は次のように述べている。「物部守屋の所領が一度朝廷に取り上げられて、それが四天王寺創建の資財になったのであるから、没官田をもって建立したのである。したがって個人の建てたものではない。『日本書紀』に『大寺』とあるのは官寺をあらわしている。推古元年に、聖徳太子が皇太子になって、おそらく蘇我馬子とあいはかって、推古天皇の詔を奉じて、四天王寺の建立が行われた。蘇我馬子は、一方では自分の願いの通りに飛鳥の地に飛鳥寺を建てている。その建てた人は、当時天子に代って執政するという地位に在った聖徳太子にもって行くより方法がない。それ故、四天王寺の建立者は聖徳太子である」（「四天王寺の創立について」「聖徳太子研究」創刊号、一九六五年、傍点引用者）。

これは一応筋道に叶った考えである。

「日本書紀」には推古元年四月に、廐戸皇子を皇太子とし、万機をまかせたとあり、同年九月に、四天王寺を難波の荒陵に造る、とある。聖徳太子は四天王寺建立の名義人の代表の位置にあるが、四天王寺が玉造に建てられたときも、玉造から荒陵の地に移されたのちも、蘇我馬子は実際上の執政官として権勢を振るっていた。守屋の怨霊を鎮撫するという馬子による四天王寺の建立の動機は受けつがれて生きつづけたと見るべきであろう。

荒陵というのは、古伝によれば仁徳天皇の代に陵を作ろうとして中止した土地で、土地の人は荒陵郷と呼んでいたという。俗伝にはちがいないが、いずれにしても、物部守屋の荒魂を供養する土地にふさわしい。四天王寺の境内の一隅に守屋祠が祀られているのは、守屋の亡魂を慰撫する目的以外に守屋の配下で四天王寺の奴婢となった人々の末裔が先祖の霊を祀る御霊屋として崇敬する場所であったことも大きい意味をもっている。

「日本書紀」の守屋の所領

「日本書紀」には守屋は馬子ならびに群臣が退路を断とうとしていることを知って「阿《あ》都《と》」に退いて人を集めたとある。これは河内国渋川郡跡部郷の地で、大阪府八尾市跡部にあたる。「日本書紀」の註に、「阿都は大連の別業の在る所《なりどころ》の地の名なり」とあるから守屋は阿都を根拠地としていたが、大和に進出したのちに、ここを別荘として使用していたことが分かる。阿都は、もともと「旧事本紀」に出てくる天磐船の「船長跡部首等祖天津羽原、梶取阿刀造等大麻良」に見るごとく、舟運に関連のある氏族名である。大和川は大和盆地と難波の港をむすぶ古代交通路としてきわめて重要な役割を果していた。雄略紀七年に、百済から渡来した工人を吾礪《あと》の広津《ひろきつ》という邑に置いたとある。これはさきにのべた河内国渋川郡跡部郷とみなされる。また敏達紀に、百済から日羅を招いて、阿斗《あと》の桑市に住まわせたとある。そこも河内国の跡部郷とされている。

このようにみてくると、阿刀氏は大和川の水上交通にたずさわっていた可能性が大きい。そして「旧事本紀」や「姓氏録」に記されている物部氏と阿刀氏の同族関係から、物部氏はある時期に大和と河内をつなぐ大和川を掌握し、管理する勢力ではなかったか、と亀井輝一郎は述べている（「大和川と物部氏」）。

「和名抄」の跡部郷は旧亀井村（現八尾市）の周辺の地域であるが、旧亀井村のほか旧渋川村、太子堂村、植松村、久宝寺村がふくまれる。旧亀井村に跡部の地があり、八尾市太子堂には物部守屋墳《はか》と大聖《たいせい》将軍寺がある。それは聖徳太子が四天王の加護によって戦勝を得た後に建てたと称する寺である。

「日本書紀」には跡部を守る守屋の軍兵とたたかう馬子の軍勢の進路が述べられている。

「軍兵《いくさ》を率て、志紀郡より、渋河の家に到る。大連、親《みづか》ら子弟《やから》と奴軍《やつこいくさ》とを率て、稲城《いなき》を築きて戦ふ。大連、衣揩《きぬすり》の朴《えのき》の枝間《また》に昇りて、臨み射ること雨の如し」

　志紀は郡名である。八尾市の南部に志紀町があるが、かつての志紀郡の中心は、藤井寺市国府の志紀県主神社あたりという説がある。渋河の家というのは守屋が退いて守った阿都の別荘のことである。この記事に見える地名はつぎに述べる「御手印縁起」に記されている地名とも重なっている。

御手印縁起の地名

「荒陵寺御手印縁起」（「御手印縁起」と略称）は、「四天王寺御手印縁起」とも称する。平安時代の後期に作成されたとされている四天王寺の縁起資材帳であるが、平安初期に書かれたという説もある。「御手印縁起」の中には、物部守屋の所領や奴婢を寺財としたことが具体的に記されている。

守屋子孫従類二七三人　寺の永奴婢となる
没官所領田園十八万六千八百九十代、寺の永財と定め終んぬ
河内国　弓削《ゆげ》、鞍作《くらつくり》、祖父間《おおじま》、衣摺《きずり》、蛇草《はぐさ》、足代《あじろ》、御立《みたち》、葦原《あしはら》等八ヶ所地、総てあつめれば千二万八千六百四十代
摂津国　於勢《おせ》、摸江《かたえ》、鵄田《とびた》、熊凝《くまごり》等散地、総てあつめれば五万八千二百五十代

と述べられている。

この中の地名を順に見てみよう。

まず河内国の「弓削」であるが、今の大阪府八尾市にその名が残っている。弓削といえば弓削道鏡を思い出すが、道鏡は守屋の子孫ということになっている。守屋は敏達紀には物部弓削守屋大連という復姓となっている。「旧事本紀」の天孫本紀には、ニギハヤヒの十三世の孫である物部尾輿《おこし》連公の条に、弓削連の娘を妻として、守屋を生んだとあるから、弓削守屋というのは母方の名をとったのである。八尾市の南部の弓削はもともと志紀郡に属していた。その北にあたる曙川村の東弓削はもと若江郡内にあったという。

このほか「御手印縁起」の中で没収された守屋の所領の内訳が記されている内容を見ると、「鞍作」は渋川郡の中にあり、その中に長瀬里（東大阪市）も含まれている。今は大阪市平野区加美鞍作がある。そこは八尾市の跡部や亀井に近く、南部を八尾街道が通っている。古代、鞍作氏三代の居住地で司馬達等、その子の善信尼および多須奈、多須奈の子の止利が住んでいたといわれる。止利は飛鳥時代の仏師として著名（平凡社「大阪府の地名」）。鞍作は武具製作部民であるから、八尾市の弓削部と同じように、物部氏は鞍作部を支配したこともあったであろう、と推量される（「布施市史」第一巻）。

「祖父間」の地ははっきりしない。「布施市史」は、鞍作と衣揩の間におかれたこの地が安宿郡に属するというのは誤りであるとしている。というのも安宿郡は羽曳野市、柏原市あたりを指しているからである。

「衣揩」は「衣摺」であるとされている。東大阪市の衣摺をあてるのが有力である。「地名辞書」は、守屋が防戦した渋川稲城はこの地であろうと云っている。

「蛇草」は東大阪市長瀬町にあり、長瀬川が東を流れる。いまも蛇草には式内社の波牟《はむ》許曾《こそ》神社がある。ハムは蝮のことで蝮を神として祀る神社である。コソは社をあらわす。

「御手印縁起」の内訳には、蛇草地の中に宅良里《やがらのさと》の名が見える。大阪市生野区巽矢柄町をもとは矢柄村と云った。西足代の東にあって、渋川郡に属した。古くは蛇草に含まれていたと考えられている。

「足代《あじろ》」東大阪市に足代の地名がある。

「葦原」八尾市の西郡《にしごおり》、または東大阪市の弥刀《みと》あたりとされている（「布施市史」）。

「御立」については不明である。

これを見ると、没収された河内国の物部守屋の所領は八尾市と東大阪市に含まれるのがほとんどである。

それでは摂津についてはどうか。

「於勢《おせ》」これには諸説がある。於勢はオバセであり、オバセを小橋と書き、鶴橋駅の北の東西にわたる地域であるという出口常順の説がある。

「摸江《かたえ》」大阪市東成区の東南端から生野区の東北端へかけて片江町があり、それが古代のカタエの名残りとする。摂津国の摸江は当地だとする（「摂陽群談」）。

「鵄田《とびた》」大阪市西成区の北部にある飛田あたりと推定される。飛田は明治四十二年までは四天王寺所領の一部であったという。

物部守屋の旧領で四天王寺に施入された地名のさらにこまかい内容が「御手印縁起」に記されている。ここにいう「代」は、一般に大化前に使われた単位であり、五歩を一代とする。二五〇歩で一段とすると一町は五〇〇代となる。一代は稲一束を得る田ともみなされている。

ここで棚橋利光が「御手印縁起」の記述にもとづいて作成した「四天王寺施入物部守屋旧領表」を掲げておく。「代」は「町」に換算してある。

「御手印縁起」には、物部守屋の所領は河内、摂津両国合せて三七三町七反余であり、河内国では二五七町余、摂津国では一一六町余であると記されている。河内では六八・八パーセント、摂津で三一・二パーセントを占める。以下、棚橋利光の「物部氏旧領と四天王寺」によって、その実体をさらに細かに見ていくことにする。

河内国での二五七町余は、その大部分九〇パーセント以上が渋川郡に属し、そのほか若江郡と大県郡、安宿《あすかべ》郡に分布する。地域名でいうと、弓削地、鞍作地、祖父間地、衣摺地、蛇草地、足代地、御立地、葦原地となる。渋川郡は大体、長瀬川と平野川にはさまれた南北に長い土地である。現在は東大阪市・大阪市・八尾市にまたがる。守屋旧領

（国地名）	代	町
全寺領	186,890	373.78
河内国田地	128,640	257.28
摂津国田地	58,250	116.50
河内国		
弓削地	9,430	18.86
鞍作地	4,692	9.384
祖父間地	8,540	17.08
衣摺地	40,950	81.9
蛇草地	24,000	48.0
足代地	23,768	47.536
御立地	6,120	12.24
葦原地	11,150	22.3
摂津国		
於勢地	14,275（14,273）	28.55
（摸江地）	（27,000）	（54.0）
鵄田地	6,500	13.0
熊凝地	9,813（10,173）	19.626
伏見地	（505）	

四天王寺施入物部守屋旧領表（棚橋利光作製）

が渋川郡のどの地域に特に多いかを見ると、衣摺、蛇草、足代の順になり、この三地域合せて全体の六八・九パーセントを示す。

次に摂津国は東生郡、西成郡、住吉郡の三郡にまたがる。地域名でみると、於勢、摸江、鵄田、熊凝、伏見に分布する。於勢・摸江は四天王寺の東にあり、旧片江村などにあてられる。鵄田は住吉郡の最北部から西成郡にかけての地で、現在も飛田の地名が残る。伏見はほぼ四天王寺の西にあたり、熊凝は西北の方向にあたる。

これら摂津国内の守屋旧領をみると、東生郡が全体の七〇・六パーセントを占める。西成郡は二三・四パーセント、住吉郡が六・〇パーセントとなっている。したがって大部分が東生郡内にあることになる。東生郡の中では摸江が摂津国全体の守屋旧領のうちの四六・二パーセントを占める。於勢は摸江の半分である。

結局、守屋旧領地で四天王寺領となった土地は、四天王寺のすぐ東の地に集中しているといえる。つまり東生郡の内では於勢と、摸江であり、渋川郡では衣摺・蛇草・足代の地である。この両者を合せると、全旧領の七〇パーセントにも達する。

「日本書紀」では四天王寺の奴婢となったのは「大連の奴の半ば」である。「御手印縁起」では、具体的には「弓削五村居家、男百六十人、女百十二人」と書かれている。このことはすでに述べたが、これらの人々は四天王寺の周辺に移され居住したのではないかと、棚橋利光は述べている。とはいえ、弓矢を製作する職業の部民全部が四天王寺の永奴婢となったとは考えられない。弓削村の一部の者は法隆寺の奴婢となり、また他郷を流浪し、奈良坂や祇園のような所で、弓矢を製作し、それを市にもっていって売るという、つるめそのような仕事をしていたのではないか。奈良坂の春日王の縁起にそれを思わせるものがある。

物部守屋の本拠地は、蘇我馬子との戦争で守屋が最後の拠点とした「渋川の第」「阿都の別業」といわれたところを中心とした地域である。その本拠地は現在の八尾市亀井町、跡部、渋川町、太子堂などにまたがる地域であろうと考えられている。これは渋川郡の南部である。それに対して四天王寺に施入されたとする守屋の旧領は、渋川郡の北部を中心とする地域であった。このくい違いをどう考えたらよいかと棚橋は問い、次のような考察をしている。

物部守屋に由緒のある地名、伝承、遺跡、神社、豪族はすべて渋川郡南部に集中している。それが渋川郡の北部にはきわめて稀薄になる。こうしたことから、物部氏の所領のうち、渋川郡北部は四天王寺に施入されたと考えられる。では渋川郡南部はどうしたか。棚橋によると、その広い地域は朝廷や蘇我氏が獲得したのではないか、と云う。それを証拠づけるものとしては、法隆寺の寺領が渋川郡に水田四十六町余、園地六町、庄倉一処あることである。これが守屋旧領という確証はないが、守屋の旧領であった可能性がある。

もう一点は、渋川郡南部を中心に、渡来系人の分布が多いことである。かつて大和川の本流であった長瀬川は古代の河川交通の中心で、物部氏の同族の阿刀氏が舟運をにぎっていた。物部氏滅亡後は、阿刀氏は河内を去り、入れ替って蘇我氏系列の渡来人が進出したと思われる。蘇我氏の手中に帰した守屋の土地もあったかも知れない。また秦河勝も八尾市に教興寺を建てている。

村田治郎は次のように云っている。

「『御手印縁起』における右の諸地を大観するに、八尾市の南部から布施市をへて、だんだん西北方へむけて伸縮した形を呈していたことが分かり、もし出口常順の説のごとく、於勢が小橋（鶴橋駅の北の東西）であるとすれば、その北は玉造に接続するのである。その形勢をみると、四天王寺がわで、玉造を寺領にすることを希望したのは、まことに当然だったように思われる。右の四天王寺領の全部がそのまま物部守屋の所領であったとは考えにくいが、（中略）仮りにそれをすべて守屋の所領であったと見なすならば、その北端に続く玉造に守屋の宅があったとしても、当然でなかろうかと思われてくる。」（「四天王寺創立史の諸問題」）

玉造に守屋の宅があったとすれば、守屋敗死後、その家宅を仮りに寺として守屋を供養することにしたことは自然に理解される。

では「日本書紀」に記されている没収された守屋の土地の半ばはことごとく四天王寺の所領となったのであろうか。「大寺」とは四天王寺だけを指すものであるか。それとも複数の寺を含むものであるのか。

これについて上原和は「法隆寺資財帳」の中に物部氏の所領であった土地がかなりまじっていることを指摘している（「斑鳩の白い道のうえに」）。そのもっとも顕著なものが近江国栗太郡であり、また河内国の志紀郡、渋川郡など明らかに守屋の所領であった土地が含まれている。そこで上原は次のごとく考える。「四天王寺は官寺として官から直接に旧守屋領が施入されて四天王寺建立の資財となり、法隆寺のほうは、廐戸の私寺として廐戸に分与された」。これは私も賛成である。

近江国栗太郡に物部郷があり、また河内の渋河・志紀（志貴）の一部が物部守屋の所領に含まれていることを見ると、守屋敗死後にその所領の一部が法隆寺領になったことは疑い得ない。上原が指摘している以外にも「法隆寺資財帳」に山林の所在地として「河内国日根郡鳥取郷深日松尾山」とあるが、「日本書紀」の垂仁天皇三十九年には鳥取郷で剣一千本をきたえ、石上神宮に奉納したという記述がある。石上神宮は物部氏の奉斎するフツヌシを祀る。物部氏の所領に関連のある以上の事実は、四天王寺と法隆寺とが全く無関係に建てられた寺院ではなかったことを示唆している。

公人の苗字と地名

四天王寺に所蔵されている慶長六年（一六〇一）と慶安五年（一六五二）の「天王寺坊領幷諸役配分帳」を見ると、公人三十二家の名称が、それぞれ禄高の下に記されている。

慶安五年の「天王寺坊領幷諸役配分帳」には「公人」の項に、「太子御幸の時供奉の役人三十二人このほか諸役これあり」として次の名前を挙げている。

源二郎　上庄　石走　広根　玉造　春日江　船渕　江口　長者　弥左衛門　若江
蛇草　弥蔵　衣摺　玉造　広瀬　熊凝　下床　阿久良　止々呂岐　小原野　荒槙　新
二郎　山口　有野　伊刀志　志利地片江　見野　林地　総職事　弥左衛門

とあり、それぞれが二石二斗から一石一斗の禄高を貰っている。これらの中には、二月二十二日の聖霊会での舞台作りやかざしの花をこしらえ、庭の清掃にあたった「堂家下職」の役目の人々もまじっているが、禄高と共に記された苗字には、片江、蛇草、玉造、熊凝、衣摺など、守屋の所領の地名と同じ姓名が見える。これは明らかに守屋に隷属していたという動かせない証拠である。そのほか、見野、林地などの姓がある。それが明和九年には、玉造、玉野、見野、於勢、林地、芹野、荒巻、広根、止々呂岐、横江、熊野の十一家となり、天保十年には五、六家となり、さらに明治以後は、わずか玉造、玉野、見野の三家と減った。現在の長者としては玉造、玉野の二家に継承されるだけとなった。

このように減少したのは、四天王寺と縁のある「長者」「公人」などは、男子の血族が絶えると公役は断絶罷免することになっているからであるという（昭和十六年聖霊会座談会、玉造徳三郎談話）。

これらの「長者」「公人」がニギハヤヒを祖神として崇敬し四天王寺の守屋祠に参詣を欠かさなかったのは、物部守屋の子孫従類の末裔だったからにほかならない。「御手印縁起」には「守屋子孫従類二百七十三人、寺の永奴婢となす」とある。同縁起はまた別の箇所で「守屋臣子孫従類二百七十二人、弓削五村居家、男百六十人、女百十二人」とも記していて、総数に一名のくいちがいがある。奴婢といえば、手足に鉄鎖を引きずるようなまったく自由の利かない海彼の奴隷を想像するが、そうではない。「続日本紀」称徳天皇神護景雲元年（七六七）冬十月に、四天王寺の家人及び奴婢三十人に「爵を賜ふ」とある。さらに神護景雲三年（七六九）に四天王寺の奴婢十二人に爵を賜うとある。人ごとに三級を賜う、とあるのは三階級飛びこえるということで、特別な優遇をされている。四天王寺の奴婢は、奴隷として扱われたのではなく、かなり優遇されたものであると思うと、四天王寺の管長だった出口常順は述べている。この爵位を貰ったというのは、おそらく公人の中の首領にあたる面々であったと推測される。

「伝暦」に次の記事がある。

　家《え》人《ひと》。馬手《うまで》、革衣、香美《かよし》、中見、大吉、波多、犬養、弓削、許母《こぼ》、河見等十人。奴婢首領となす。その胤子《いんし》今に法隆寺に在り。分けて四天王寺にあり。婢の黒女《くろにょ》、奴の連麿ら、つねに冤枉《えんおう》を訴へらる。連麿の弟の益浦《ますうら》は姓《ひととなり》寺を領するに堪へたり。法隆寺の法頭《ほっとう》となる。冤枉の奴婢ら、根本、妙教寺に於いて、訪ひ定めて、蔵置《かくし》く。今にいまだゆるされず。

これは十人の奴婢の首領について述べている。その子孫は法隆寺にいるが、四天王寺にも一部分が分かれて住んでいることを伝えている。このうち弓削は明らかに弓削村の住民の首領である。とすれば、弓削村の住民は法隆寺でも奴婢として使われていたのである。

また奴婢の身分にあるもので、連麿の弟の益浦のように、法隆寺の法頭となっている者があるということである。この事例からすれば奴婢の子孫と称する人々も立身の道が開けていたことはたしかである。これは全く自由を奪われた外国の奴隷の概念とは全くちがう。そのことを法隆寺の例に見てみよう。

調子丸

奈良時代の大寺院には、莫大な田地が施入されるだけでなく、寺家人や寺奴婢も寄進された。天平十九年二月十一日の法隆寺の資財帳によれば、同寺には寺家一百二十三人、寺奴婢三百八十五人、合計五百八人の奴隷がいたことが知られ、また同年同月の元興寺資財帳によれば、同寺には四百三十一人の寺奴婢がいた。また東大寺には天平勝宝元年十二月二十七日、聖武天皇が奴一百人、婢一百人を施入している。滝川政次郎は「増補日本奴隷経済史」の中で、東大寺には三、四百人の奴隷がいたと推定している。東大寺のばあい、供仏施僧のことにあたるものは上司の職掌にあずかり、身匠の器である者は、造寺工として、また音楽に堪能なものは、法会におこなう歌舞音曲を伝習し、特別の才能のないものは、殿堂の掃除、宝蔵の警固などの雑役にあたらせたと記録にある。また造寺工の中には銅工、鉄工、漆工などが含まれ、婢のばあいは厨子の覆布を縫うものがあり、臈纈《ろうけち》を染める仕事に従事するものがいた。そうしたほかに寺家の写経師などの衣服の裁縫や洗濯などにも従事した。こうして見ると、奴婢の男女は単純な農作業とか土木作業などの労働を強制させられるのではなく、適材は適所に配置され使役されたと見るべきであろう。爵を賜うというのも四天王寺に限らなかった。「続日本紀」神護景雲元年三月の条には、称徳天皇が薬師寺に行幸し、その寺奴婢に爵を賜わったとあるから、奴婢の集団の長だけでなく、特別な技能を発揮して貢献したものもその爵を受ける対象となったのであろう。日本の寺の奴婢が海外の奴隷とおよそちがった意味合いをもった存在であったことは以上の事実から分かるが、次の例も参考になる。

「聖皇曼荼羅図」は聖徳太子ともっとも関係の深いものばかりが登場するが、その中に聖徳太子の舎人であった調子麻呂（調子丸）が含まれている。調子麻呂が十八歳で舎人になったとき、太子は十三歳であった。「上宮聖徳太子伝補闕記」には太子が四十九歳のとき、科長の山本陵を見てのかえり片岡山の飢人に出会ったおり調子麻呂も同行したとある。それ以外の記事には彼は登場しない。調子麻呂（調子丸）のことをくわしく述べているのは、法隆寺僧顕真による法隆寺の記録や聖徳太子伝の中の秘伝が記されている「古今《ここん》目録抄」である。

同書によると、調子丸(調子麻呂)は百済国聖明王の宰相の子孫なりとある。また「生年十五丙午四月八日に百済国よりはじめて調子丸来る。用明天皇、皇后と共に丸に対して、汝は太子の奴婢なり。今日より後は辺《そば》を離るべからず。すなはち皇と后と共に命じ給はく、入胎、住胎、出脈の後のことことごとく授けたまひ終りぬ。後々に調子丸、膳臣《かしわでのおみ》に語ると云々」とある。調子丸が膳臣に語ったという話であるが、ここに「太子の奴婢」という言葉が出てくる。

この文章では調子丸の子孫が法隆寺の奴婢であることを、その子孫の顕真がみずから述べている。

藤井由紀子は「聖徳太子の伝承」の中で「調子丸は太子の従僕であり、またその出自氏族である調使氏は葬送造墓にふかく関係していた一族である」と云っている。その例の一つに「続日本紀」の延暦十年三月に「従五位上調使王《つきのつかいきみ》を諸陵頭《みささぎのかみ》と為す」とある。この調使王については、「日本紀略」の延暦十一年(七九二)六月の条にも、「癸巳。皇太子久しく病す。之を卜するに、崇道天皇の祟と為す。諸陵頭調使王等を、淡路国に遣はして其の霊に謝し奉る」

とある。こうしたことから、諸陵頭の調使王と関係のある調使氏も葬送にかかわる氏族であったと考えることができる、と藤井は云う。調使氏の出身である調子丸も例外ではなかった。

「万葉集」巻十三に、「備後の国の神島の浜にして、調使首《つきのおみのおびと》、屍を見て作る歌一首あはせて短歌」という詞書をもった歌がある。これは行き倒れの死者を悼んだ歌であるが、死者をなぐさめ悲しむと云ったたんなる挽歌ではない。遊部の出身とされている柿本人麿が不慮の死をとげた人々にたいして、呪歌を唱えたと同様に、葬送にふかく関与していた調使首が、事故死した死者の怨霊が荒びないようにとの呪的な言葉をこめた歌である。

調子丸が葬送に関わっていたことは、「古今目録抄」に、

「太子の御母　鬼前大后《かむさきのおおきさき》は、辛巳歳の十二月廿二日に薨じ給ふ。廿八日に間廟陵《はしみささぎ》に葬り奉る。明年正月十五日の夜半に、調子丸、太子と石河の磯長の廟に改葬し給ふと云々」

とあることからも分かる。

そのような職業に従事するのは、世間から凶事に携わるものとみられて、土師氏のようにの平安初期に改姓を欲するものもでてきた。しかし調子丸の属する調使氏の場合はそうではなく、調子丸は太子の奴婢となり、また調子丸の子孫も法隆寺の奴婢となったことが公然と記されている。この「古今目録抄」を書いた顕真も自分が調子丸の子孫であることを誇りにしている。そのためには調子丸を百済聖明王の宰相の子の子孫としなければならなかった。聖霊院の座主の顕真は奴婢の子孫というレッテルに甘んじていた。奴婢という言葉は同じであっても、その待遇はヨーロッパと古代日本ではまるで違って

いたのである。

敗者のゆくえ

守屋が敗死した際の様子を「日本書紀」は次のように伝える（崇峻天皇　即位前紀）。

爰《ここ》に迹《と》見首赤檮《みのおびといちい》有りて、大連を枝の下に射堕《いおと》して、大連幷《あわせ》て其の子等を誅《ころ》す。是に由りて、大連の軍、忽然《たちまち》に自《おの》づからに敗れぬ。軍合《いくさこぞ》りて悉《ことごとく》に皁衣《くろきぬ》を被《き》て、広瀬の勾《まがりの》原《はら》に馳猟《かりするまね》して散《あか》れぬ。是《こ》の役《えだち》に、大連の児息《こ》と眷属《やから》と、或いは葦原《あしはら》に逃げ匿れて、姓《うぢ》を改め名を換ふる者有り。或いは逃げ亡《う》せて向《い》にけむ所を知らざる者有り。

これを見ると総崩れとなった守屋の軍隊の兵士たちは、黒い服を着て、家人や奴婢に姿をやつし、広瀬の勾原に猟をする真似をして散っていった。広瀬の勾原は「和名抄」大和国広瀬郡下勾郷で大和川西南岸の奈良県北葛城郡河合町大字大輪田付近。この戦役に加わった守屋の息子たちと眷属は、あるいは葦原に逃げかくれて、姓を改め名を換える者があり逃亡して、行方知れずになった者もいた。葦原は守屋の所領の地名である。

物部守屋大連は殺されたが、守屋の息子や眷属の中には逃亡し行方知れずになったものもいた、と「日本書紀」は述べているが、それについて次の伝承がある。

大正十一年六月六日の「大阪毎日新聞」は、次のごとく報じた。

「大阪府中河内郡竜華村大字太子堂（註――現在八尾市）にある物部守屋の墳墓は毎年一回五月末河内郡神職会で例祭を執行してゐたが、今度から大阪國學院の手に移し尚この荒れ果てた墓地を拡張改善することとなりその資金として全国篤志家から土地買収費として約六千円を募集することとなった、そして同時に現存せる守屋の子孫を調査した所兵庫県武庫郡本庄村大字青木木村益良の妻ひろ子が守屋から三十九代目饒速日命から丁度五十三代目に当り当主の益良は養子でひろ子がその後裔として最近まで小学校の教師を勤めてゐたものでその子孫たることを主張し系図も所蔵してゐる」

この記事について太田亮は「姓氏家系大辞典」の中で次のように解説している。

太子堂の物部守屋の墓

兵庫県武庫郡本庄村大字青木の木村氏は「物部守屋三十九代の孫にして、先祖天火明櫛玉饒速日命より五十三代目に当る。而して木村姓と名乗りしは、守屋が仏敵として亡び、其の孫仲濃男、摂津国百済野東田辺にて四分一の封を賜ひ、文武天皇の大宝元年に仏敵なる疑を避くるため、物部姓を捨てて木村姓を名乗りしもの也と言ふ。同家には仲濃男の掛軸位牌ありて、裏に『祖饒速日命物部後裔仲濃男霊』と書し、さらに一本の掛軸には『仲濃男氏二十三代木村伴内、寛永十（欠字）年死去』」とある。

太田亮は右の記事に次のごとく追記している。「記録としては、仲濃男の位牌と、寛永以後の過去帳を残すに過ぎざるも、家伝によれば、朴井《えのい》（榎井）雄君の子仲濃男は大宝元年、勅により封四分ノ一を給ひ、木村と改姓し、山城より摂津百済野に来り、東田辺を開墾して、仲濃男村（中野村）と称し、子々孫々此所に居住すと也」

朴井連雄君は天武天皇の舎人で物部朴井連とも云い、物部氏に属し、物部雄君連公とも云う。奈良県田原本町の村屋坐弥富都比売神社に逃亡したという伝承があることは先に述べた。また次の例がある。

河内国交野《かたの》郡は肩野（片野）物部の居住地で、大阪府枚方《ひらかた》市牧野阪の片埜神社の社家をつとめた養父氏は物部氏の後裔と称する土豪である。同家の家譜は次のごとくである。

「河内の交野郡養父《やぶ》郷坂村一之宮天王社は、人皇三十三代用命天皇御宇、勧請あり焉。勅して物部守屋大連の子守邦を以って、社務職と為す。然れども大連守屋は朝敵、仏敵たるに依り、同御宇豊聡皇子（聖徳太子なり。又号廐戸）蘇我馬子大連と志を同うして之を滅ぼす。故に其の子臣属類、悉く滅亡する所となり、子遺なし。希に萌糵の人・彼此ありと雖も、皆名を韜（晦）し、跡を匿して、氏姓を改め、居処を移して世に出づるなし。故に系譜包蔵して世に見えず。

惟養父氏は神職と為りて、河内州養父郷に住し、降りて居間に在り、故を以って無難に家職を継ぐを得たり。爾後経歴二百数十年、而して清和帝の御宇、皇兄惟喬親王、交野に狩し給ふ。

茲に養父孫次郎邦重、初めて親王に拝謁す。時に其の先祖の由緒を聞き、此れ物部姓の後胤たるを知り給ひ、親王・頗る恩顧あり。（後略）」とあり、家譜の最後にこれは寛永十二年に養父甚左衛門尉邦通が書いたことが記されている。

また次の例がある。

岡崎市の薬師山上に真福寺がある。この寺号は物部守屋の次男が本願施主となっているというので、その名の真福をとったものである。真福寺については「古今目録抄」に、

三河国額田郡に寺在り。名は真福寺。此の寺は物部大連守屋之子息、物部真福の父大臣の為に建立する所の院寺なり。

とある。「真福寺縁起」には物部真福の履歴をさらにくわしく記している。それには大宝元年に寺院を建立したことや、霊水が本尊であると云ったたぐいのことが記されている。（寺僧の話では今も寺院の内陣に井戸があり、それを水体薬師如来として祀っている。）

また守屋には五人の子があったと述べている。それを箇条書きに並べると、

一、宇多ノ大将真政《まさのり》（太子に奉仕して合戦に与せず）

二、好大納言真福《まさち》（三河国二木郷流罪）

三、好村中将真通《まさみち》（同国平田郷左遷）

四、好少納言真隆《まさたか》（同国志貴庄大河内郷配流）

五、矢田宰相秀真《ほつま》（因幡宮村田遠流）

となっている。これは「旧事本紀」の天孫本紀に見られない人物であり、「新編岡崎市史1原始古代」が説くように、「大納言」「少納言」など当時存在しない官職を付したところからみて、史実から遠いものであるが、ここに出てくる志貴庄や平田郷は安城市に属し、とくに平田郷には建武二年に物部漂氏の存在が確認される（平凡社「愛知県の地名」）。また二木郷を岡崎市二木村とすれば真福寺と由縁の土地であることが推測できる。この伝承の背景には三河国に勢力をもつ物部氏の存在があることはまちがいあるまい。ここからして守屋敗死後の一族の流亡の姿がほの見える。

また次の例がある。伊予の宇摩郡松柏村（伊予三島市）守屋重輔は物部守屋の末裔と称しているが、委細は不明である。

さらに「斐太後風土記」によれば、飛驒江名子村に守屋神社があって「物部氏滅亡の際、守屋一族の者一人、此の地に忍び来り、亡夫の霊を拝祀り、因って社を守屋社、隠住処を守屋洞と云ふ。今百二戸の氏神にて、氏子に守屋と称する者八十二戸あり」とある。守屋神社は錦山神社もしくは下稲荷社ともいう。

日本各地の守屋姓を名乗るもので、守屋の裔と称するものは少なくない。諏訪大社は洩矢神（守矢神）を祀るが、その神長官《じん》は守屋の子孫であるという説がある。すなわち「神長守矢氏系譜」によれば、物部守屋の次男である武麿が、守屋滅亡後、諏訪に逃亡し、いったん「森山に忍び居てのち、神長の養子となり」(「信濃奇勝録」)

神長家をつぎ、「森山に守屋の霊を祀り、今守屋が岳と云ふ」と伝えられている。

終章　聖霊会と公人長者

聖霊会の光景

去る年の四月二十二日、私は四天王寺の最大の年中行事である聖霊会《しょうりょうえ》に立会った。聖霊会は以前は聖徳太子の命日の二月二十二日におこなわれていたが、今日では四月二十二日に変っている。

聖霊会の式次第は年々簡略化の一途を辿って昔日の面影はかなり失われている。そこで以前の聖霊会の様子を古老の懐旧談や資料によって復元しながら、話を進めてみようと思う。むかしは聖霊会の前夜午後十時頃から四天王寺の引導鐘が鳴り出して、夜明けまで鳴った。夜明け頃になると、公人長者《くにんちようじや》のところに四天王寺から「催促」と云って「今日は御苦労を願います」と頼みにくる。午前三時頃である。続いて七回くる。七度目の使いが見えてから、公人長者は家を出る、そして八度目の寺の使いと四天王寺の坂の下で会う。だから「七度半」ということになる。それが午前七時頃である。俗に「七度半の使いを受ける」と云うのはこれから来た言葉である。七度半の使いを受けて四天王寺に来て、亀井水の能楽堂で休憩して、七時半から八時頃から舞楽が始まる。そして昔は夜零時頃まで沢山の舞楽をやった。

戦前ある座談会でこう語った公人長者、玉野永之助は明治三年十月二十八日、大阪府東成郡天王寺村四天王寺東門の玉造七郎兵衛の次男として出生し、明治十三年三月、叔父の玉野多吉の跡をついで、玉野永之助となった。四天王寺の支院であり、また玉野家の檀那寺である地蔵院の焼け残りの過去帳によると、玉野家の前長者は七名に及んでいる。戒名に前長者と付けられるのは、生前公人長者をつとめたものに限るのであり、玉野家はもちろん代々公人の家柄であった。

大正八年一月、兄の玉造寅三郎の没後永之助は見野文二郎と並んで長者となり、又見野氏が急逝した後は甥の玉造徳三郎と共に公人の筆頭となって諸事を滞りなくつとめた。公人長者は明治維新後は、玉造、玉野、見野の三氏となり、見野氏が亡くなったあと、玉造と玉野の二氏が継承している。そして玉野永之助が玉造家から出ている例でも分かるように、玉野と玉造は婚戚関係になっている。公人の源流は物部守屋の従類二百四十二人が四天王寺に従属し、その田荘の長の三十二人が四天王寺公人と呼ばれたことにはじまる。そして現在では玉野、玉造の二氏が聖霊会に奉仕をしているのである。

聖霊会当日は、四天王寺の石舞台の四隅に曼珠沙華をかたどった大供花が立てられる。

それは太陽の象徴のように見えるほど、華やかな荘厳である。それには今でも燕の作りものが吊される。また昔は聖霊会の頃南風が吹いて四天王寺近くの海岸に打ちよせるきらきら光る美しい貝殻をくっつけたので、一名「貝の花」とも云われていた。

聖霊会の儀式はまず道行からはじまる。儀式場への行列は、太子殿から出発する聖徳太子の御影を奉安した鳳輦を中心とした右方の列と、金堂から出発する仏舎利を奉安した玉輿を中心とした左方の列に分かれる。どちらも獅子を先頭にして、菩薩、迦陵頻《かりょうびん》、胡蝶の舞人、つづいて楽頭、楽人、長者、八部衆の順でならび、右方列の鳳輦には一舎利と称する尊師（管長があたる）がつき、左方列の玉輿には二舎利と称する副尊師（副住職）がつき、進行する。南大門の前で両列が出会い、石舞台の左右階段をのぼって、六時堂に参進する。その間、供奉の楽人は道楽を吹奏しつづける。鉾を振りまわして舞台を清める振鉾についで、蘇利古《そりこ》の奏舞がある。蘇利古は別名を「かまど祭の舞」と云われている。五人の舞人が、顔に薄絹製の布に人面の抽象図を描いた「雑面」をつけて舞う。蘇利古が舞台で舞われている間に、堂内では鳳輦に安置されてある聖徳太子御影の帳をあげる「御上帳」の儀式と、御水を捧げる「御手水」の秘儀がおこなわれる。

ついで六時堂の仏舎利と聖徳太子像に、供物をお供えする。それを伝供という。公人長者が手に梅杖をもち、それぞれ掃部《かもん》と呼ぶ少年または児童をしたがえ、祝詞《のりと》を高唱する。これは神社で奏する祝詞とはちがって、オオーという警蹕のような声を出す。伝供の前には公人長者が祝詞をとなえまた掃部の童児が行事鐘を鳴らす。伝供の後は菩薩、獅子の大輪、小輪の所作、迦陵頻、胡蝶の舞がある。迦陵頻と胡蝶の舞は聖霊会に欠かせない供養舞であり、背に鳥の羽をつけ、天冠に桜の花を挿し、手の銅拍子を打ちながら、円をつくって舞台を飛びまわる童舞である。今でも小学生によって舞われる。さらには承和楽、仁和楽、延喜楽などがあって、太平楽に移る。太平楽以前の舞楽はすべて供養楽であって、仏に捧げられたものであるが、太平楽から以後に奏される舞楽は、参拝者に見せる目的で演奏される。この曲は序破急に分かれているが、急の「合観宴」で、舞人が太刀を抜くのを合図に、舞台四隅にかがり火が入り、堂内の聖徳太子の御影が巻き上げられて、一舎利（四天王寺管長）の供奉で還御する。これは古来からのしきたりとして守られている。したがって太平楽の演奏がなければ、聖霊会の儀式は終了しないことになっているとされる。

四天王寺・聖霊会

私が見たときの聖霊会は蘭陵王の舞で終了した。以前の聖霊会には「蘇莫者《そまくしや》」がかならず演じられたという。清水洪の教示によると「蘇莫者」の曲名は中央アジアのトルファン地方の一種の帽子のことであるともいわれる。聖武天皇の御代に林邑僧仏哲が伝えた「林邑八楽」の中の一つであり、中央アジア地方の民族音楽の一つであるとも考えられている。

聖徳太子が飛鳥と天王寺の間を、愛馬「甲斐の黒駒」に乗って往還しているとき、大和と河内の境である大和河の亀の瀬で、太子が愛用の尺八をとり、馬上で吹奏すると、いつも一匹の老猿（じつは信貴の山神）が現われて、笛の音に合わせて舞ったという。その姿を天王寺の楽人に命じて作らせたものであるという。天王寺では、この曲の横笛の主奏者が、太子を表わす平纓唐冠をかぶり、聖徳太子になぞらえて、舞台横に立って演奏する。とくに聖徳太子が愛用したという、四天王寺所蔵「京不見御笛《きようみずのおふえ》」を借りて吹く慣例が残っている。

蘇莫者は「続古事談」に「此舞ハ天王寺ノ舞人ノホカハマハヌ舞也」とあるように、天王寺固有の舞といわれて、聖霊会の時は必ず上演されたものである。元来は中央アジアの胡人の楽であり、「金色ナルサルノカタチ」で揆《ばち》を左にもち、黄色の蓑をきて登場する。

蘇莫者の舞台面は残されたが、装束はいつの間にか消滅してしまっていたのを、四天王寺では昭和十五年五月に新調した。裲襠《りようとう》の紋には「鷹が止まり木にとまって羽根を拡げた姿」の意匠を選んだ。このようにして、四天王の白鷹の古伝承は、聖霊会の舞楽「蘇莫者」の衣裳の紋によみがえったのである。

公人長者は聖霊会で重要な役割を果している。私は聖霊会の間中、忙殺されている公人長者の一人、玉野節雄にわずかの時間会うことができ、いくつかの質問をした。そして玉野家ではニギハヤヒの子孫であることを非常な誇りとしており、節雄の父の玉野邦次は、毎日、四天王寺内のニギハヤヒの霊を祀っている守屋祠に詣でていたという話を聞くことができた。玉野邦次の父は先に述べた玉野永之助であり、玉野節雄にとっては祖父にあたるが、永之助は邦次よりも先祖の物部守屋、祖神のニギハヤヒを尊崇する念はいっそう強かったとおもわれる。

こうしたことは近代にはじまったのではない。江戸初期の慶安五年（一六五二）の写本である「林地家由来」を見ると、当時公人の家であった林地家では、自分の家系は光栄あるニギハヤヒの後裔で、物部守屋の子孫であることを誇らしげに述べている。これから分かるように、彼らは物部氏の末裔であり、ニギハヤヒを祖神と仰ぐことを無上の誇りと思い、推古帝の頃から今日まで耐え抜いてきた。それは気の遠くなるような長い年月である。彼らは今も聖霊会の重要な儀式に公人として参加している。一方、聖徳太子と共に守屋と戦ったと称する秦河勝の流れを汲んで「秦姓の舞」と呼ばれる四天王寺の舞楽も、その一部は聖霊会に生きている。源流を辿れば敵対した物部守屋と秦河勝の系派が四天王寺に合流しているという奇妙さは四天王寺の寺院としての性格さからくるものと思われる。

四天王寺は法隆寺と比べてみるとその違いがよく分かる。四天王寺の金堂や五重塔の甍は空にそそり立ちながら、どこかガランとして底のない容器を思わせる。寺は境内を通り抜け自由で、いかめしく囲いこむ門や塀がない。法隆寺のように目を見張る宝物には乏しいが、観光寺院のそしりを蒙ることもなくすんでいる。かつて四天王寺は築地《ついじ》のかたわらに非人や乞食や癩者の住むのを許し、彼らにねんごろに食を施した。聖霊会が終了したあと、私は金堂のかたわらで、いまでも鷹の舞いそうな空を見上げて立ちどまった。

「四天王寺はふしぎな寺だ」

と私は思わず呟いた。私が四天王寺に感じたのは底知れないやさしさだった。

仇敵の守屋を寺の境内に公然と祀り、四天王寺の永奴婢の末裔がニギハヤヒの栄光を誇りとしていることを許している。かつて秦姓なるがゆえに疎外された四天王寺の楽人たちに、もっとも心を寄せたのは、同じく秦氏の祖河勝をいただき社会的に差別されていた大和猿楽の一派、円満井座の徒であった。世阿弥も秦元清と自称した。不治の病者、世の敗者に見せる四天王寺の限りない包容力は、慈悲のたまものなのか、それとも虚無の姿であろうか。そこには慈悲とも虚無ともつかぬものがある。金堂のかたわらから西門へと歩んだ私は石鳥居の彼方に沈む大きな夕陽の幻を見た。

あとがき

私はよくよく物部氏に縁があると思っている。本書を書き終えてその感は深い。

物部氏は氏族の存亡に関わる二度の大敗を喫した。最初は神武東征の軍にやぶれ、ヤマトの中央に占めていた主役の位置を空け渡した。次には蘇我馬子とのたたかいで、権力の座から転落した。そのゆえか、物部氏は「日本書紀」などの正史でも、あるいは近代の史家の間でも不当に遇せられていると私は思っている。勝者が敗者を抹殺するのは歴史の定石である。このことは一企業の「社史」のごときにも貫かれている。かりに会社内に社長派と専務派に分かれて抗争が起ったとして、「社史」には、抗争などはまるで無かったかのように滑らかな筆致で、勝者が敗者の存在そのものをまるごと無視するのがふつうである。とすれば、物部氏が敗者として軽視されてきたのも、尤もであろう。

だがしかし、天皇氏よりも早くこの島国の中央部を支配していたと称する物部氏の末裔の誇りはながく続いた。その残党を名乗る一類は東北北端の辺陬の地に、かつての先祖の栄光を忘れずに生きていた。私はその途轍もなく長くつづいてきた意識の連続を目のあたりに見て驚嘆し、「白鳥伝説」を書いた。その後、永奴婢として四天王寺に隷属していた守屋の配下の末裔が、寺の一隅に祀られている守屋祠への参詣を欠かさず、物部氏の祖神のニギハヤヒを今も礼拝していると聞いて、二度驚くことになった。千年の歳月を越える深層の情念が敗者に流れていることを知って、それが本書の執筆動機になった。

私は別の側面からも物部氏に着目している。それは物部氏と金属精錬の関係である。私は「青銅の神の足跡」（一九七九年）、「鍛冶屋の母」（一九七九年）、「白鳥伝説」（一九八五年）、そしてこの「四天王寺の鷹」（二〇〇六年）の四つの本で、民俗学の立場から金属文化を追求している。そこには伊福部氏や物部氏が登場するが、今回は秦氏の役割を重視した。秦氏は鉱山開発や治水、木工などに貢献した帰化人の大族であるが、政治権力社会には縁のうすい集団であった。しかし芸能の面では当初から並々ならぬ手腕を発揮し、やがては「秦姓の舞」と称する四天王寺の楽人として活躍した。

その物部氏や秦氏が四天王寺にふかく繋がれているという事実は、四天王寺にたいする私の愛着をいっそう断ちがたいものにした。

弱者にたいする愛は聖徳太子にはじまるといえるが、同じく太子に由縁の寺院であっても、法隆寺と四天王寺とでは、歴史的経緯も景観もまるで違っている。癩者の救済に挺身した僧忍性は、永仁二年（一二九四）に四天王寺の別当となり、かたわら悲田、教田の二院を興したとされる。忍性にかぎらず、貧者や病者のいたわりは、他の寺に見られない四天王寺の特色であった。

広々と開放されている四天王寺で、私は人間の精神の解放感をつよく感じる。その一方私には四天王寺の境内を吹き抜ける空無の風のようなものが快よい。慈悲と虚無は紙一重であるとさえ思う。

「青銅の神の足跡」にはじまり、「鍛冶屋の母」「白鳥伝説」と書きついで、本書「四天王寺の鷹」に終る四部作で、私は金属民俗学の主題を追求した。それに携わる人々の生態はいうまでもなく、哀歓も見落さないようにつとめたつもりである。その意味で本書をヒューマン・ドキュメントとして読んでいただいてもかまわないと思っている。

最後に、本書を上梓するにあたっては、河出書房新社編集部の西口徹氏を煩わし、また装幀は毛利一枝氏にお願いした。ここに両氏に感謝の意を表する次第である。

二〇〇六年三月尽日

谷川健一

三尾杣山　246
水沼村　293, 297, 298, 299, 300, 301
水間村　293, 294, 295, 299
三角池　74, 75, 76, 277
御立　358, 359
南杣　234, 235, 254
敏満（寺）　297, 298, 299, 300, 301
宮古島　61
宮町　203
妙見山　55, 93, 138, 140, 141
妙見鉱山　93
熊川（ユウセン）　58
夕陽丘　31
弓削　356, 357, 359, 360, 365, 366
六郷山　69, 70
嫩草山　188, 189
若狭井　238
涌谷　230, 231
和束杣　253, 255

黒田庄　250, 255
桑原　86, 87, 120, 135
慶州南山　47, 69
甲賀山作所　234, 235, 247
甲賀杣　234, 235
狛坂　68, 69
古宮鉱山　90
古宮鼻　90, 92, 95, 100
衫子断間　265
強頸断間　265
金勝山（こんぜやま）　68, 177, 178, 186, 195, 205
金春屋敷　288, 289
採銅所　47, 48, 50, 55, 73, 81, 90, 92, 93, 94, 96, 100, 138, 213
坂戸　302, 303
佐久　278
桜井　280, 281, 282, 283, 286, 287, 301, 304
桜井の宮　279, 286
信楽杣　234, 237, 239
紫香楽宮（京，甲賀宮）　185, 197, 199, 201, 202, 203, 204, 205, 206, 207, 208, 210, 224, 240, 241
地獄谷　188, 189
坂越（しゃくし，さこし）　274, 275, 276, 277, 279
集福　212, 215
俊徳道　26, 29
秦王国　78, 79, 80, 82
数鹿流の滝　277
清河原　81
祖父間　357, 359
帯方郡　82, 112
高島山作所　245
鷹ノ巣山（鷹巣山，鷹の巣）　42, 45, 46, 48, 50, 53, 54, 55, 92, 100, 102, 103, 105
鷹巣金鉱山　48, 53, 54, 55, 111, 139
高安　26, 27
大宰府　79, 80, 154, 155, 156, 158, 216, 226
田上山（太神山）　177, 205, 234, 235, 247
田上山作所　234, 235
玉造　16, 21, 35, 266, 337, 339, 340, 341, 342, 343, 344, 345, 346, 347, 348, 351, 353, 362, 364, 365, 379
丁里　76, 77, 78, 87
遠野　111, 112
塔里　77, 87
常世　107, 108, 109, 110, 112, 113, 114
鳥坂郷　104
鳥取郷　104, 105, 363
鵄田　356, 358, 359, 360
豊浦宮　279, 280
長登（鉱山，銅山）　91, 140, 177, 210, 212, 213, 214
梨原宮　223
難波宮（京）　201, 202, 208, 260, 348, 350
名張川　73, 254, 255
丹生（の）川　241, 242
蛇草（はぐさ）　357, 359, 360, 364
白村江　219
八面山　128
花山（香山）　188, 189
飯道山　197, 205, 234, 235, 236, 237, 238
彦山（英彦山）　24, 40, 42, 43, 44, 45, 46, 47, 48, 50, 52, 53, 68, 69, 70, 109, 134, 138
比志方　131
菱形池　50, 51, 139
菱形山　131, 139
蛭谷　244, 246
深草　273
伏見　80, 273, 359, 360
藤原宮　239, 247
平城京　127, 185, 201, 202, 206, 207, 208, 210, 213, 223, 227, 240, 244, 247, 249, 255
勾原（まがりのはら）　370
真木山（槙山）　206, 254
槙山杣　254
茨田堤　74, 261, 262, 264, 265, 269
茨田屯倉　265

三宅寺　262, 263
妙見神　93, 140
妙見菩薩　140, 141
洩矢（守矢）神　374
弥富都比売　291
倭姫命　165

D　地名・場所名

相川鉱山　48
青景　212
青谷　105
赤（山口県美祢郡）　97, 215
赤絵堂　212
赤村　96, 97
葦原　358, 359, 370
味間（村，味鋺村，味真野村）　292, 293, 294, 296
足代（あじろ）　357, 359, 360
阿曾隈　81, 90, 91, 92, 93, 94, 95, 139, 214
阿都（阿斗）　354, 361
跡部（郷）　354, 355, 357, 361
天山杣　249, 251
荒城　131
荒陵　16, 266, 337, 340, 341, 343, 345, 346, 347, 348, 351, 353, 354
生島　276, 277
生雲（いくも）　212
泉木津（泉津）　247, 248, 255
板蠅杣　250, 251, 252, 254
稲積山　128, 129, 130, 134, 138
意福　211
石見銀山　141
院内　295
宇佐　40, 42, 45, 46, 50, 53, 127, 128, 129, 130, 131, 132, 134, 136, 138, 141, 162
太秦　258, 259, 266, 267, 273, 274, 276
鵜の瀬　238
榎葉井（朴井）　280, 281, 282, 283, 286, 287, 289, 291, 304
円満井（座，竹田座）　284, 285, 286, 287, 288, 289, 291, 304, 314, 315, 384
大堰川（桂川）　277
大切銅山　213
小倉山（小椋山，亀山）　46, 50, 133, 134, 137, 138, 139
於勢　358, 359, 360, 362, 364
小墾田宮　279, 280
御許山（馬城峰）　137
笠置山　188, 189, 190, 191, 192
加自久也里　77, 87
春日（奥）山　188, 189, 191
摸江　358, 359, 360
片江　358, 360, 364
楽戸郷　290
桂川　74, 277
葛城山　192
葛野　64, 74, 113, 258, 259, 272, 273, 277, 333, 350
葛野大堰　277
辛島郷　129, 131, 134
雁多尾畑　105, 106
香春（鹿春）　24, 40, 42, 47, 48, 50, 53, 55, 63, 70, 73, 77, 78, 80, 81, 82, 83, 86, 87, 89, 90, 91, 92, 93, 94, 95, 96, 97, 100, 106, 107, 108, 109, 110, 111, 126, 128, 134, 136, 138, 139, 140, 214, 216, 259, 263
香春岳　47, 48, 81, 88, 89, 90, 91, 94, 109, 110, 112, 120, 128
咸池　61
甘淵　61
衣摺（きずり）　357, 359, 360, 364
北杣　234, 235, 254
木津川（泉の河，山背川）　190, 191, 199, 206, 247, 248, 249, 251, 252, 253, 254, 255
君ヶ畑　246
金峯山　217
下松　141
恭仁京　199, 202, 205, 206, 207, 208, 240, 253
熊凝　359, 360, 364
鞍作　356, 357, 359

常世岐姫神社　106
鳥坂寺　105, 262, 263
鳥取神社　101
豊浦寺　279, 280, 281, 282, 283, 301
豊日別神社（豊日別宮）　50, 73
新開神社　278
二月堂　190, 238, 239
鐸比古鐸比売神社（ぬでひこぬでひめじんじゃ）　104
能勢妙見　141
蜂岡寺　63
八幡大神　52, 126, 127, 135, 136, 144, 145, 148, 149, 150, 151, 152, 153, 154, 155, 157, 162, 163, 164, 166, 167, 210, 223
八幡神社（水間町）　299
匹野神社　91, 92
悲田院　32, 33
比売語曾神祠　96
放生会　50, 73, 76, 94, 95, 124, 134, 310
法隆寺　14, 32, 64, 67, 229, 243, 267, 269, 270, 303, 334, 335, 336, 337, 344, 360, 361, 363, 365, 366, 368, 369, 383, 387
法隆寺（斑鳩寺）若草伽藍　336, 337, 347
法輪寺　332
北辰殿　93, 136, 137
北辰妙見社　140, 215
法起寺　64
壬生神社　215
妙見宮　141
妙見社　138, 140, 141
妙楽寺　129, 130
弥勒寺　52, 69, 124
村屋坐弥富都比売神社　291, 372
物部神社　292, 296
守屋祠（守屋堂）　31, 33, 34, 35, 36, 37, 38, 337
守屋神社　374
薬師寺　127, 156, 255, 286, 311, 367
弥都波売神社　300
山下寺　262, 263

C　神名・仏名

龍ヶ鼻権現　47
赤留（阿加流）比売命　96
阿蘇大神　277
天津彦根命　94
天鈿女命　303
天之御影命　94
天目一箇神　94
天日槍　96, 97
宇奈根神　73
味間見命（宇麻志麻治命，宇麻志間知命，うましまみのみこと）　292, 296, 302
忍骨命　92, 93, 94, 95, 96
遠敷明神　238
金屋子神　98
金山毘古神　215
辛国息長大姫大目命　92, 93, 94, 95, 96, 139
香春大明神　138
蹴裂権現　278
興成明神　238
事代主　74
新羅（の国の）神　24, 45, 70, 81, 83, 91, 95, 108
熔神　60, 98
スクナヒコナ　42, 43, 46
諏訪明神　278
多度神　124
手向山八幡宮　222, 223
豊比咩命　81, 90, 91, 92, 93, 94, 95, 96
ニギハヤヒ　192, 292, 293, 296, 365, 382, 383, 384, 387
鐸石別命　103, 104
波比岐神　92
日金析命　278
彦山権現　52, 138
比売咩（大）神　93, 136, 139
北辰（の）神　93, 130, 134, 137, 138, 139, 141, 215
摩多羅神　276

金鷲寺　182
金山孫（彦）神社　105
金山孫女（姫）神社　105
韓国宇豆峯神社　135
苅田嶺神社　101
賀磨能峯神社　215
河俣神社　74
香春神社　89, 91, 92, 93, 94, 95, 96, 97, 106, 107, 108, 110, 139, 214
元興寺（がんごうじ，法興寺）　62, 70, 250, 266, 279, 321, 341, 342, 366
教興寺（高安寺，秦寺）　64, 266, 267, 272, 273, 284, 362
鏡作明神　289
金勝（鐘）寺（羂索院〔堂〕，三月堂，法華堂）　68, 69, 179, 180, 181, 182, 183, 184, 186, 187, 188, 205, 222, 224, 239
国作神社　73
敬田院　32
敬満神社　115
蹴裂神社　278
甲賀寺　199, 201, 203, 204, 205, 210, 224, 240
向原寺（広厳寺，葛木寺，豊浦寺，桜井寺）　64, 279, 280, 281, 282, 283
香山寺　188
興福寺　249, 250, 255, 300, 302, 311, 312, 314, 316
高良神社　82
広隆寺　63, 64, 65, 66, 266, 267, 272, 273, 276, 351
広隆寺桂宮院　276
黄金山神社　230, 231
狛坂寺　68
狛坂磨崖仏　68, 69
古宮八幡宮（古宮社）　50, 77, 90, 92, 94, 100
薦神社（大貞八幡宮）　74, 75, 76
金光明寺　182, 185, 205
西大寺　18, 255
蔵王権現　217
酒井泉社（酒井社／泉社）　131, 132
佐久神社　277, 278
志紀県主神社　355
磯長（しなが）御廟　20
正倉院　227
勝鬘院（愛染堂）　31, 32
聖霊院　369
聖霊会　36, 38, 317, 364, 378, 379, 380, 381, 382, 383
白国神社　270, 271
白鳥神社　50, 100
白鬚神社　246
神宮寺（小浜）　238
神護寺（神願寺）　263, 264
秦楽寺（新楽寺）　266, 267, 287, 289, 290, 291, 301
真福寺　373, 374
勝部神社　302
諏訪大社　374
清祀殿　50, 73
施薬院　32
瀬社（郡瀬社）　132
大安寺　181, 228, 229, 255, 305
大恩寺　266, 267
大聖将軍寺　355
高井田廃寺　104
鷹居社　132, 133, 134, 135, 136
高住神社　42, 43, 46
鷹栖宮　42, 46
高祖神社（高磯神社）　96
橘寺　64, 284
竜田神社　106, 303
手向（山）八幡宮　123, 222, 223, 299
智識寺　122, 201, 202, 259, 260, 261, 262, 263
中宮寺　64, 66
鶴岡八幡宮　123
東大寺　123, 124, 126, 179, 180, 181, 182, 183, 185, 186, 187, 188, 189, 190, 191, 192, 203, 213, 220, 221, 222, 223, 224, 228, 229, 230, 232, 233, 234, 235, 237, 238, 244, 246, 251, 254, 255, 256, 260, 299, 311, 366, 367
東大寺大仏殿　188, 193, 213, 222, 223, 230, 238, 254, 256

物部（大連）麁鹿火　328
物部阿遅古連　292, 299
物部荒猪連　282
物部尾輿（連公）　356
物部雄君連（公）　282, 291, 292, 372
物部認勝　291
物部目連　216
物部真椋連　84, 85
物部大斧手　216
紅葉山楽人　317
森川桜男　73
森田悌　185, 186
守屋毅　310
文武天皇　171, 208, 219, 305
八代国治　222, 224
柳田国男　275
藪田嘉一郎　283, 290, 300, 301, 303
山内登貴夫　98
山口忌寸人麿　228
山路興造　299
山背大兄皇子　24, 273
東漢直駒　324, 325, 326, 327
山上憶良　173
山辺大鶙（天湯河枚挙命）　99, 100, 101, 102, 103
山辺公　100, 102, 103
山本昭　105
山本博　106
雄略帝　63, 84, 85, 243, 273, 324, 354
弓削浄人　147
弓削夙人　303
弓削小連　34, 37
弓削物部　294
柳東植　61
用明天皇　37, 84, 85, 324, 346, 351
横田健一　184, 185, 186
吉田兼好　312
吉田東伍　82, 177, 178, 297, 298
頼巌上人　129, 130
劉向　172
若尾五雄　194
和気朝臣　102, 103
和気清麻呂　123, 128, 142〜151, 153〜164, 166, 167, 263, 264
和田萃　347
和田清　78

B　神社仏閣・仏像名・祭祀名

赤郷八幡宮　97, 140, 215
味鋺神社　296
足見田神社　48
飛鳥寺　353
愛宕念仏寺　301
天湯川田神社　104, 105
荒陵寺　34, 355
現人神社　96
斑鳩寺　269, 337
生国魂神社　31
石山寺　217, 234, 235, 239, 240, 244, 246
石上神宮　326, 363
石清水八幡宮　123, 253
岩神社　263
宇佐神宮　73, 95, 124, 136, 137, 139, 147, 220
太秦寺　284
宇奈岐日女神社　278
宇奈抵社（雲梯神社）　74
宇留富志禰神社　73
家原寺　262, 263
円満院（円満寺）　285, 286, 287, 300, 301
大帯姫廟神社　136
大酒神社（大避神社，大辟神社）　276
大里寺　262, 263
多神社　292
大高山神社　101
大鳥神社　101
乙咩神社　131
小山田社　134, 135, 136
笠置寺　189, 190, 191
笠置山千手窟　190, 191
鵲杜宮　21, 346
春日社　302
春日山石窟仏　189, 191
片埜神社　372
葛木寺（かつらぎでら）　64, 280

秦久麻 65, 67
秦酒公（太秦公） 82, 243, 250, 263, 276, 278, 350
秦氏（秦姓） 24, 25, 53, 62, 65, 66, 67, 71, 72, 74, 75, 76, 77, 78, 80, 81, 82, 87, 114, 115, 116, 122, 126, 133, 138, 187, 243, 244, 246, 247, 258, 259, 261, 262, 263, 264, 266, 267, 268, 269, 270, 271, 272, 273, 274, 275, 276, 277, 278, 283, 284, 285, 288, 289, 290, 292, 304, 306, 312, 313, 314, 315, 317, 330, 331, 332, 333, 348, 350, 351, 352, 383, 384, 387
秦下嶋麻呂 350
秦成女 114
秦人部稲麻呂 115
秦弘爕 69
蜂子皇子 194
泊瀬部皇子 325, 326, 329
服部幸雄 314, 315
林屋辰三郎 283, 286, 301, 306, 307, 309, 310, 311, 312, 313, 314, 315
原井太夫 238
敏達天皇 57, 65, 70, 101, 274, 324, 325, 338, 351, 354, 356
飛驒匠 239, 240, 241, 243
飛驒番匠 241
平岡定海 186, 187
平野邦雄 77, 78, 109, 115, 156, 157, 161, 264, 270
花郎（ファラン） 57, 58, 59, 61, 62, 63, 70, 333, 334, 351
福永光司 76
藤井由紀子 368
藤原家隆 31
藤原宇合 119, 201
藤原宮子 201, 208
藤原恒雄 44
藤原豊成 240
藤原広嗣 80, 199, 201, 208
藤原不比等（藤原朝臣史） 117, 121, 201, 208
藤原武智麻呂 119
藤原頼通 308
仏哲 305, 381
布都姫 326, 327
船木宿奈万呂 235
古江亮仁 196
日置紡子 91, 214
平群臣神手 329, 342, 345
方回 172
法興王 57
豊璋 71, 219
北条高時 28
北条時頼 17
法然 27
法蔵 178, 179
法蓮 45, 46, 48, 52, 70, 75, 76, 85, 86, 87, 109, 110, 124, 141
堀一郎 294
本田済 174
前川明久 65, 67, 229
前田晴人 347
勾部猪麻呂 239
槇佐知子 174, 176, 177
孫八（グラル孫八） 83
益田直金鍾 178, 179
真野首弟子 283
茨田連衫子 264
茨田宿禰 261, 262
茨田宿禰弓束女 259, 260, 261, 262
茨田勝 75, 262, 264, 265
丸子連宮麻呂 195
三品彰英 59, 61, 70
三田首五瀬 219
路真人豊永 146
御杖人 165
満田良順 197
南谷美保 316
見野文二郎 379
味摩之 282, 283, 284, 287, 300, 301
敏満童子 300
宮本常一 244, 245
三輪君根麻呂 291
三輪文屋君 273
村田治郎 345, 362
室屋邦重 291

高田良信　334
高取正男　165
高野辰之　285
高向村主　74
滝川政次郎　366
竹田皇子　329
高市皇子（たけちのみこ）　116, 120, 121
武諸木　72
多至波奈大女郎　65
達率奈末智　64
橘奈良麻呂　220
辰巳正明　119
たなか・しげひさ　336
棚橋利光　313, 358, 359, 360
玉造七郎兵衛　379
玉造徳三郎　365, 379
玉野永之助　379, 383
玉野邦次　382, 383
玉野節雄　382, 383
玉野多吉　379
田村圓澄　62, 63, 126, 351
竹世士　64
仲哀天皇　352
調使首　369
調子麻呂（調子丸）　14, 20, 366, 367, 368, 369
調使王（つきのつかひきみ）　368
闘鶏御田（猪部御田）　243
逵日出典　134
辻善之助　19, 180, 218, 219, 221
鶴賀氏　92, 93, 97
出口常順　338, 339, 353, 358, 362, 365
天武天皇　86, 106, 116, 120, 121, 178, 282, 338, 372
道鏡　123, 146, 147, 148, 150, 151, 154, 155, 157, 161, 162, 165, 263, 356
道欣　79
東野治之　227
常世連　107, 108, 109, 110, 112, 114, 120
鳥取氏　102, 104, 105, 263
捕鳥部万　341, 342
迹見赤檮　20, 37, 335, 336, 337, 370
豊国奇巫　63, 84, 85
豊国法師　84, 85, 323
豊島修　189, 191
豊原時元　309
内藤正敏　111
中臣勝海（連）　34, 35, 37, 84, 302
中野幡能　70, 75, 124, 130, 156, 157, 161, 165
長屋王　116, 117, 118, 119, 120, 121, 173
中山太郎　277
夏花　72
難波皇子　329
難波吉士　350, 351, 352
難波吉士木蓮子　351
難波吉士忌寸　351, 352
難波吉士磐金　346, 351
難波吉士神　351
奈末智洗爾　64
西岡好治　54
忍性　31, 387, 388
忍辱　44, 45
仁賢天皇　339
仁徳天皇　99, 261, 262, 264, 269, 354
能勢朝次　285, 297, 298, 302
野々村戒三　286
裴世清（文林郎裴清）　78, 79, 80
橋本鉄男　244, 245, 246, 247
秦忌寸足長　350
秦氏安　284, 285, 288, 289
秦大炬　277
秦大津父　273
秦人部弟嶋　115
秦河勝　20, 21, 24, 62, 63, 64, 65, 66, 67, 113, 114, 115, 116, 259, 266, 267, 272, 273, 275, 276, 279, 282, 283, 286, 287, 288, 289, 290, 291, 314, 329, 330, 331, 332, 333, 334, 336, 362, 383
秦川満　283
秦公定　309
秦公信　309

景行天皇　72, 74
継体天皇　44, 57, 328
慶俊　43
元雅　29
玄昉　182, 200, 205
顕真　14, 344, 368, 369
元明天皇　87, 171, 184, 202
甲賀真束　233
皇極天皇　113, 115, 273, 322, 323
孝謙天皇　104, 223, 226, 230, 246, 254, 259, 260, 261, 277
公孫淵　107, 109, 112
光仁天皇　103, 155, 162, 263
光明皇太后　121, 200, 209, 223, 226, 230, 260
幸若五郎右衛門　295
小滝久雄　286
後鳥羽上皇　328
小林剛　66
狛氏　306, 311, 313
狛行貞　310, 311
狛行高　309
強頸　264, 265
西郷信綱　211
最澄　108
狭井連（さいむらじ）　71
佐伯有清　87
佐伯宿禰今毛人　230
嵯峨天皇　45, 46, 68
坂戸物部　303
佐々木進　69
佐平福信　71
三方楽人　315, 316, 317
慈円　12, 19
実忠　190, 191, 192, 237, 238, 239, 256
四天王寺楽人　310, 311, 313, 314, 316, 317
（司馬）多須奈　357
司馬達等　357
（司馬）止利　357
朱蒙（東明聖王）　60
俊厳　344
俊徳丸（しんとく丸，信徳丸）　26, 27, 29, 30
称徳天皇　119, 142, 145, 148, 150, 151, 154, 157, 162, 215, 243, 262, 263, 365, 367
聖武天皇　118, 121, 122, 134, 180, 181, 182, 183, 198, 199, 200, 201, 202, 203, 204, 205, 206, 207, 208, 209, 210, 217, 219, 221, 222, 223, 224, 225, 226, 230, 260, 261, 262, 305, 340, 366, 381
新羅王子（金泰廉）　228, 229
白洲正子　178
神吽　149, 150
神功皇后（息長帯比売命）　73, 92, 94, 103, 136
真興王　57, 63, 333
真慈　57, 58
真智王（しんち）　57, 58
真平王　63
推古帝　16, 64, 65, 141, 269, 272, 274, 279, 280, 281, 282, 287, 305, 314, 338, 340, 341, 342, 345, 346, 347, 351, 353, 383
燧人　60
垂仁天皇　92, 96, 99, 101, 102, 103, 214, 363
習宜阿蘇麻呂　146, 147, 148, 153
杉山二郎　194
厨子王　27
崇峻天皇　39, 132, 134, 274, 281, 321, 323, 324, 325, 326, 327, 330, 340, 341, 342, 343, 351, 370
鈴木市郎　231
首智買　64
世阿弥（秦元清）　274, 285, 303, 384
（百済）聖明王　368, 369
善光　219
善信尼　357
善正　44, 45
禅竹　274, 279, 285
蘇我稲目　280, 282, 338
蘇我入鹿　24, 273, 274, 322, 323
蘇我蝦夷　273, 322, 323, 335
蘇我嬪河上娘　324, 325, 326, 327

大生部多　113, 114, 115, 273
大生部三穂麻呂　115
大生直山方　115
大家勝衣麻呂　76
大江匡房　252
大神氏　52, 126, 128, 130, 133, 134, 136, 138, 139, 142, 147, 149, 150, 157, 161, 165, 214, 221, 306
大神田麻呂　126, 142, 147, 148, 156, 159, 164, 223
大神杜女　126, 127, 128, 142, 147, 148, 150, 156, 164, 165, 166, 223
大神比義　51, 92, 133, 135, 149
太田亮　107, 219, 371
大田南畝　36
大津皇子　116
大友皇子　116
大伴狭手彦　339
大伴嬪小手子　324, 325, 327
多朝臣　261
多氏　72, 116, 261, 306, 311, 313
多資忠　308, 309
多近方　309
多正方　309
大林太良　60
大矢良哲　291
大和岩雄　53, 112
大分君　72
奥田尚　352
小栗判官　27
忍熊皇子（王）　103, 352
弟彦王　103
小野妹子（蘇因高）　79, 305
小野重朗　236
小野精一　130
オヤケアカハチ　83
折口信夫　32, 99, 100, 300
尾治王　65
柿本人麿　369
景山春樹　178, 187, 195
香西精　298
炊屋姫（かしきやひめ）　325, 326
葛洪　116, 172, 173
加藤謙吉　120
金田久璋　238
鹿深臣　70, 71
鎌田茂雄　56, 58, 62
神坂次郎　249
鬼前大后（かむさきのおおきさき）　369
亀井輝一郎　355
亀菊（伊賀局）　328
韓国連広足（辛国行者）　192, 193, 194
辛嶋氏　52, 93, 122, 126, 128, 129, 130, 131, 133, 134, 135, 136, 138, 139, 142, 147, 148, 150, 157, 164, 165
辛嶋勝意布売　132
辛嶋勝乙目　131, 132, 133, 135, 162
辛嶋勝久須売　128, 142
辛嶋勝志奈布女　128, 142
辛嶋勝波豆米　134, 135, 136
辛嶋勝与曾女　128, 142, 143, 144, 148, 150, 151, 153, 154, 155, 158, 160, 161, 162, 164, 166, 167
桓武天皇　146, 259, 305
木内石亭　195
義淵　180, 181, 184, 185
鬼室集斯　71
岸俊男　121
木下寂善　305
吉備内親王　117, 119
行基　198, 199, 200, 205, 209
行信　127, 156
行智　196
敬福（百済王）　217, 218, 219, 220, 221, 224, 225, 226, 230, 231, 232
欽明帝　50, 62, 273, 274, 280, 338
金庾信　59
空海　173
公人（公人長者）　38, 363, 364, 365, 378, 379, 380, 382, 383, 339
久野健　66
久保文雄　293
久米邦武　323, 325, 326, 328, 329, 333, 345, 352
桑原村主訶都　86, 87, 120

◉ 主要索引

（物部守屋、蘇我馬子、聖徳太子、良弁、
八幡神、四天王寺は頻出するので割愛した）

A　人名・氏族名

赤染石金　116, 120
赤染部首馬手　115
赤染部大野　115
赤染帯縄　107
赤染連清　108
赤染国持　107
赤染古万呂　108
赤染佐弥万呂　108
赤染氏　92, 106, 107, 108, 109, 110, 112, 114, 115, 116, 120, 121, 263
赤染高麻呂　107
赤染造徳足　116
赤染豊嶋　116, 120
赤染造長浜　107, 114
赤染人足　107
赤染造広足　107
赤染依売　115
県犬養広刀自　121
浅井了意　36
安積親王　121
飛鳥衣縫造　341
安達時顕　28
阿刀氏　354, 355, 361, 363
穴穂部皇子　85, 323, 324, 327, 328, 329
新井白石　82, 338
新川登亀男　332, 348
生山和四郎　129, 157, 167
池田善文　214
伊佐比宿禰　352
石原道博　78
石母田正　250
出雲臣真足　115
市辺押磐皇子　324
一遍　27
伊藤常足　47
伊東信雄　231
猪名部　65, 66, 67, 243
位奈部橘王　65
井上辰雄　91
井上秀雄　60
今井啓一　277, 279, 342, 346
新漢済文（いまきのあやのさいもん）283
允恭天皇　62
上田正昭　115
上原和　335, 363
宇佐池守　75, 76, 147, 160, 161, 162, 163
太秦公　82, 263, 350
太秦公忌寸宅守　350
菟名手（豊国直菟名手）　72, 73, 74, 75
雲梯連（うなでのむらじ）　74
采女　166, 192, 243
宇野茂樹　68
馬子の妻　320, 321, 322, 323, 325, 326, 327, 328
漆部氏　187, 233
叡尊　17, 18, 19
恵弥　79
朴市田来津　71
依智秦氏（えちはたし）　71, 244, 247
朴市秦造　71
朴井連雄君　372
依智秦造　71
エリアーデ　22
役行者（役小角）　45, 192, 193, 194, 196
円満井金春（大夫）　284, 285, 286
応神天皇　52, 92, 123, 126, 133, 136, 243, 299
大石良材　350
大内氏　141

●解説——

谷川金属民俗学の掉尾

前田速夫

本書は二〇〇六年五月、河出書房新社より書下ろしで刊行された単行本の文庫版である。原形は二〇〇一年十二月号の『新潮』に一挙掲載された「四天王寺の黒鳥」（二二〇枚）で、発表時の担当編集者だった筆者は、それが五年後大幅に加筆され、面目を一新して出現したことに、著者の並々ならぬ意欲と『青銅の神の足跡』に始まる谷川民俗学の集大成を目のあたりにして一驚したことを忘れない。

初期の代表作『青銅の神の足跡』では、ヤマトタケルの物語の背後に、水銀を中心とした金属精錬集団の悲劇があることを突きとめ、その続編『鍛冶屋の母』では、中世の物語や説話の中に見え隠れする鍛冶族の姿をとらえた著者は、『白鳥伝説』でさらに歴史空間を拡げて、天皇家との戦いに敗れて東へ北へ「ヒノモト国」の東遷とともに移動する物部氏の跡を追った。『四天王寺の鷹』はその掉尾を飾る四部作最後の作品で、舞台は大阪の四天王寺や豊前の香春《かわら》、宇佐のみならず、甲賀、近江、播磨と、各地に及んでいる。

谷川健一が早くから金属器の製作に関心を寄せていたことは、若き日に編集した『風土記日本』で「金属文化のなかへ」や「かな山掘りの話」という章を設けていることからも分かるが、未開拓な領域に切り込むきっかけは、風だった。

一九七五年（昭和五十）十一月八日、私は岐阜県不破郡垂井町にある南宮《なんぐう》大社のふいご祭を見にいった。南宮大社の祭神は金山彦命《かなやまひこのみこと》である。その日の祭りは、神社の拝殿正面に設けられた祭場で、ふいごを動かし、炉の炭火をおとしたあと、炉の火に焼いた鍬先を禰宜が金槌で鍛えるだけの素朴なものであった。祭りが終わったあと、社務所で宮司の宇都宮敢から話を聞いた。それによると、垂井町では伊吹おろしと呼ばれる冬の西北風がつよく、むかしは、たたらを風の方向にむけておくと、足でふまないでも、風が炉に入って炭をおこすことができたという。その時、私に閃いたのは、「吹く」というのは銅や鉄を製錬することを意味することから、南宮神社の近くにある伊富岐《いぶき》神社も、またそれを氏神とする古代の伊福部《いふくべ》氏も、金属精錬に関係があるのではないかということであった。

私の連想はとっさの間に花火に火が付いたように燃えはじめた。早速家に帰って調べてみると、伊福部氏に関係あると思われる伊福部が『和名抄』に六ヵ所記されているが、そのうち四ヵ所が銅鐸などの出土地であることが分かった。そこから銅鐸の製作には伊福部氏が関与していたのではないかという仮説をたて、それを実地に検証する旅行を三年間、毎月のようにくりかえした。私が手がかりにしたのは地名と神社であった。

炉に風を送ることをその姓名に冠した伊福部氏を主役に七九年に『青銅の神の足跡』を著した。この書物は柳田國男批判も含み大きな反響を生んだ。柳田によれば、「天目一箇神《あめのまひとつのかみ》」あるいは「目一つの神」というのは、大昔、祭りの日にいけにえとなる者があらかじめ一眼をつぶして置かれた習俗の名残りである、というものであるが、私説では銅や鉄を溶解する仕事にたずさわる労働者が、炉の火を長く見つめすぎて一眼を失したことが「目一つ神」の名の由来である。私説は現在では大方の研究者や読者の承認を得ている。(自伝『妣の国への旅』)

風の連想から銅や鉄を精錬する「吹く」を思い浮かべ、そこから伊福部氏を導き出す。これが谷川民俗学の真骨頂で、その閃きがあるかないか、それを一箇の「事件」として認識し得るかどうかが、凡百の民俗学者との岐かれ目なのである。

『青銅の神の足跡』と『鍛冶屋の母』の二著は、師説を鵜呑みにし追随する一方だった民俗学界にあって、柳田が稲作を重視し、常民の民俗に偏重していたことに挑戦した作としても、よく知られている。といって、谷川の柳田に対する尊敬は、ゆるぎなかった。師を尊敬するがゆえに、師のやり残したこと、足りないところが見えてきたのである。

後続の作品については、こう述べている。

『青銅の神の足跡』を書いたあと、銅鐸を製作した伊福部氏を支配した物部《もののべ》氏のあとを追う『白鳥伝説』（八六年刊）にとりかかった。物部氏は白鳥を始祖とする白鳥信仰をもっていたと考えられる。その一方、東北地方には、昭和の初め頃まで、熱烈な白鳥信仰が残っていた、それを遡ると蝦夷の活躍していた時代にたどりつく。こうして物部氏と蝦夷を主人公とした古代の物語を、『白鳥伝説』で、九州から津軽の果までで展開した。

物部氏は敗者として正史から抹殺されている。敗者は記録を残さない。陽の眼を見ることのなかった敗者の歴史を、敗者になりかわり世に知らせたいという物書きとしての姿勢は、処女作の『最後の攘夷党』以来、一貫している。

敗者である物部氏のかくれた歴史は『四天王寺の鷹』（二〇〇六年刊）でも追及した。蘇我氏とたたかって滅亡した物部守屋の配下の後裔が四天王寺の大祭「聖霊会」の長者役として今も欠かせない存在であることを知ったのは大きな驚きであった。四天王寺の片隅には、物部守屋を祀る小祠もある。このような形で敗者の歴史が古代からとだえることなく伝わり、現代まで生きつづけていることに私は深く感動し、それが『四天王寺の鷹』の執筆動機になったのであった。（同）

敗者の側に立って、正史が抹殺した古代の物語を掘り起こす。それが谷川の一貫した姿勢である。それは多くを公式の文書資料に頼らざるを得ない歴史学者のよくなし得ないところで、民俗学の独壇場であるといっていい。

その場合、谷川が編み出した方法は四つあった。一つは地名、二つは式内社などの古い神社、三つは地名や神社にまつわる伝説、四つはその地方に盤踞する豪族である。この四つを組み合わせれば、文書史料がないところでも、不足や欠陥を補うことができ、ある程度古代の姿を復元できると考えたのであった。これが、柳田とも折口とも違う、谷川が開発した学問の独創である。そのために、『青銅の神の足跡』や『白鳥伝説』を書いているときは、カラスの鳴かない日はあっても、吉田東伍の『大日本地名辞書』（冨山房）を開かない日はなかった。

本書でも、その方法が遺憾なく発揮されていることは、たとえば物部氏の原郷で、渡来系氏族秦氏とも接触が深かった九州の香春や宇佐や彦山で、採銅所、鷹ノ巣山などの地名や、現人《あらひと》神社、白鳥神社、宇佐八幡の北辰殿などの神社に着目して、その伝承を探り、さまざま考証を重ねていることにもあらわれている。

こうした事実の破片を丹念に拾い集め、眼光紙背に徹した洞察力で、ジグソー・パズルを組み立て直すとどうなるか。その過程をつぶさに語り、行く先々で遭遇した「事件」を織り交ぜながら、「それにたずさわる人々の生態はいうまでもなく、哀歓も見落とさないようにつとめ」て、一篇の長編ヒューマン・ドキュメントに仕上げたのが本書なのである。

たとえば、第16節の東大寺「大仏塗金の実相」。大仏塗金のための黄金が足りず、良弁が祈禱祈願すると、その後いく日もせずに陸奥国の百済王敬福《きょうふく》から献上があったとする裏には、詐略があったとするところや、第22節の、馬子の妻（守屋の妹）が守屋を殺すよう馬子をそそのかしたとするマクベス夫人ばりのたくらみ、こうしたあたりは、小説家ならずとも舌なめずりしたくなるような異彩を放っている。

私は四天王寺には精霊会その他で二度、九州の香春、宇佐、彦山の旅にも一度、著者と同行している。そのときのことは別に書いたことがある（拙著『辺土歴程』所収「鷹の舞う空　谷川健一氏豊前取材同行の記」）ので、ここでは割愛するが、取材というと、ノートやテープレコーダー、カメラを手放さない研究者や作家が多いなかで、谷川は一切そういうことをせず、いつも手ぶらで体当たり。「昔からそうでしたか」と問うと、「だって、聞きたいことは、忘れないでしょ」の一言。編集者時代、ほかにも、宮古島、八重山、釧路、信州、近江と、あちこち従《つ》いてまわるうち、筆者が定年退職後、在野の一民俗学徒に転身するはめになったのも、谷川に感化されたせいで、本書はその意味でも、私にとって忘れがたい作品となったが、この本を手にする読者なら誰でも、「四天王寺は法隆寺と比べてみるとその違いがよく分かる」に始まる終章の一節（三八三ページ）を読むとき、ほとんど著者と一体となったごとくに、その不思議な読後の余韻にひたれること請け合いである。

（民俗研究家）

＊本書は、二〇〇六年五月小社刊の
同名書を文庫化したものです。

四天王寺《してんのうじ》の鷹《たか》
謎《なぞ》の秦氏《はたし》と物部氏《もののべし》を追《お》って

二〇二一年一二月一〇日　初版印刷
二〇二一年一二月二〇日　初版発行

著者　谷川健一《たにがわけんいち》
発行者　小野寺優
発行所　株式会社河出書房新社
〒一五一-〇〇五一
東京都渋谷区千駄ヶ谷二-三二-二
電話〇三-三四〇四-八六一一（編集）
〇三-三四〇四-一二〇一（営業）
https://www.kawade.co.jp/

ロゴ・表紙デザイン　粟津潔
本文フォーマット　佐々木暁
本文組版　株式会社ステラ
印刷・製本　中央精版印刷株式会社

Printed in Japan ISBN978-4-309-41859-9

河出文庫

口語訳 遠野物語

柳田国男　佐藤誠輔〔訳〕　小田富英〔注釈〕　41305-1

発刊100年を経過し、いまなお語り継がれ読み続けられている不朽の名作
『遠野物語』。柳田国男が言い伝えを採集し簡潔な文語でまとめた原文を、
わかりやすく味わい深い現代口語文に。

ニギハヤヒと『先代旧事本紀』

戸矢学　　　　　　　　　　　41739-4

初代天皇・神武に譲位した先代天皇・ニギハヤヒ。記紀はなぜ建国神話を
完成させながら、わざわざこの存在を残したのか。再評価著しい『旧事
記』に拠りながら物部氏の誕生を考察。単行本の文庫化。

ツクヨミ 秘された神

戸矢学　　　　　　　　　　　41317-4

アマテラス、スサノヲと並ぶ三貴神のひとり月読尊。だが記紀の記述は極
端に少ない。その理由は何か。古代史上の謎の神の秘密に、三種の神器、
天武、桓武、陰陽道の観点から初めて迫る。

日本人のくらしと文化

宮本常一　　　　　　　　　　41240-5

旅する民俗学者が語り遺した初めての講演集。失われた日本人の懐かしい
生活と知恵を求めて。「生活の伝統」「民族と宗教」「離島の生活と文化」
ほか計六篇。

辺境を歩いた人々

宮本常一　　　　　　　　　　41619-9

江戸後期から戦前まで、辺境を民俗調査した、民俗学の先駆者とも言える
四人の先達の仕事と生涯。千島、蝦夷地から沖縄、先島諸島まで。近藤富
蔵、菅江真澄、松浦武四郎、笹森儀助。

生きていく民俗 生業の推移

宮本常一　　　　　　　　　　41163-7

人間と職業との関わりは、現代に到るまでどういうふうに移り変わってき
たか。人が働き、暮らし、生きていく姿を徹底したフィールド調査の中で
追った、民俗学決定版。

著訳者名の後の数字はISBNコードです。頭に「978-4-309」を付け、お近くの書店にてご注文下さい。